ERNEST VAN DYCK ET JULES MASSENET
UN INTERPRÈTE AU SERVICE D'UN COMPOSITEUR
LETTRES ET DOCUMENTS

Dans la même collection

Michèle Reverdy. Compositrice intranquille, par Emmanuel REIBEL et Yves BALMER, 2014, 198 pages.

Les Variations pour piano, *op. 27 d'Anton Webern. Essai d'analyse sémiologique*, par Luiz Paulo de OLIVEIRA SAMPAIO, préface de Jean-Jacques NATTIEZ, 2014, 252 pages.

Le compositeur, son oreille et ses machines à écrire. Déconstruire les grammatologies du musical pour mieux les composer, par Fabien LÉVY, 2013, 288 pages.

L'essor du romantisme : la fantaisie pour clavier. De Carl Philipp Emanuel Bach à Franz Liszt, par Jean-Pierre BARTOLI et Jeanne Roudet, 2013, 400 pages.

Analyses et interprétations de la musique. La mélodie du berger dans le Tristan et Isolde *de Richard Wagner*, par Jean-Jacques NATTIEZ, 2013, 402 pages.

Bruxelles, convergence des arts. 1880-1914, sous la direction de Malou Haine et Denis Laoureux en collaboration avec Sandrine Thieffry, 2013, 408 pages.

Du politique en analyse musicale, sous la direction de Esteban Buch, Nicolas Donin et Laurent Feynerou, 2013, 256 pages.

Écrits de compositeurs aux XIXe et XXe siècles. Contextes et enjeux, sous la direction de Michel Duchesneau, Valérie Dufour et Marie-Hélène Benoit-Otis, 2012, 440 pages.

SERGE DIAGHILEV, *Danse, musique, beaux-arts : lettres, écrits et entretiens*, présentés et annotés par Jean-Michel Nectoux, 2012, 544 pages.

CAMILLE SAINT-SAËNS, *Écrits sur la musique et les musiciens 1870-1921*, présentés par Marie-Gabrielle Soret, 2012, 1200 pages.

Franz Liszt et la France : Musique, culture et société dans l'Europe du XIXe siècle, sous la direction de Malou Haine, Nicolas Dufetel, Dana Gooley et Jonathan Kregor, 2012, 616 pages.

Généalogies du romantisme musical français, sous la direction d'Olivier Barra et Alban Ramaut, 2012, 284 pages.

Le Conservatoire national de musique et de déclamation 1900-1930. Documents historiques et administratifs, par Anne BONGRAIN, 2012, 752 pages.

La symphonie dans la Cité. Lille au XIXe siècle, par Guy GOSSELIN, 2011, 504 pages.

Le style de Claude Debussy, par Sylveline BOURION, 2011, 514 pages.

Lettres de Franz Liszt à la princesse Marie de Hohenlohe-Schillingsfürst, née de Sayn-Wittgenstein, présentées et annotées par Pauline POCKNELL, Malou HAINE et Nicolas DUFETEL, 2010, 464 pages.

Charles Koechlin, Compositeur et humaniste, sous la direction de Philippe CATHÉ, Sylvie DOUCHE et Michel DUCHESNEAU, 2010, 624 pages.

Composer au XXIe siècle, sous la direction de Sophie STÉVANCE, 2010, 208 pages.

ERNEST VAN DYCK ET JULES MASSENET
UN INTERPRÈTE AU SERVICE D'UN COMPOSITEUR
LETTRES ET DOCUMENTS

par
Jean-Christophe Branger et Malou Haine

*Ouvrage publié avec le concours du CIEREC
(Centre Interdisciplinaire d'Études et de Recherches
sur l'Expression Contemporaine, Université de Saint-Etienne)*

VRIN

MusicologieS

La collection *MusicologieS* présente des ouvrages qui répondent aux attentes des mélomanes, des musiciens, des musicologues mais aussi à celles de toutes les personnes qui s'intéressent à la musique et qui souhaitent découvrir et explorer son histoire, son langage, sa place et son rôle au cœur des sociétés occidentales et non occidentales.
La musicologie contemporaine possède de multiples orientations disciplinaires : histoire, histoire de l'art, philosophie, psychologie, psychanalyse, esthétique, sociologie ou anthropologie, pour ne citer qu'elles. Les ouvrages de la collection puiseront à ces univers et contribueront à la connaissance et à la compréhension des musiques savantes et populaires de toutes les époques.

MusicologieS
collection dirigée par
Malou Haine et Michel Duchesneau

imprimé en France
ISSN 2114-169X
ISBN 978-2-7116-2547-5
www.vrin.fr

LES RELATIONS ENTRE VAN DYCK ET MASSENET : DES LIENS AMICAUX OU PROFESSIONNELS ?

Jules Massenet (Saint-Étienne, 12 mai 1842 – Paris, 13 août 1912) est considéré comme le chantre de la femme. Cette image, qui prend corps dès les premières années créatrices du compositeur, tient d'abord à une personnalité dont la fragilité et la sensibilité ont souvent été relevées. Elle tient aussi à sa musique, jugée d'une sensualité prétendument féminine, et surtout aux multiples héroïnes qui figurent au cœur de ses oratorios (*Marie-Magdeleine*, *Ève*, *La Vierge*) ou opéras (*Manon*, *Esclarmonde*, etc.). De même, ses liens privilégiés avec des cantatrices renommées, telles Sibyl Sanderson ou Emma Calvé, sont connus. Massenet compose pour la célèbre soprano américaine les rôles d'Esclarmonde et de Thaïs, puis il destine peu après ceux d'Anita (*La Navarraise*) et de Sapho à la plus célèbre Carmen de son temps. Enfin, quelques années plus tard, il éprouve une passion platonique pour la contralto Lucy Arbell qui lui inspirera, entre autres, les figures de Thérèse, d'Amadis ou de Cléopâtre. Dès lors, les interprètes masculins du compositeur ont souvent été relégués dans l'ombre, alors que Massenet entretint aussi des relations privilégiés avec certains d'entre eux, comme le ténor Jean de Reszké qui devait créer le rôle-titre du *Mage* après s'être brillamment illustré dans les rôles de Jean (*Hérodiade*) et du Cid conçu rapidement pour lui[1]. Au lendemain d'une représentation de cet ouvrage, dont il avait assuré la création au Palais Garnier le 30 novembre 1885, Reszké confie à Massenet :

> J'ai été profondément touché en lisant votre télégramme de ce matin. Quel agréable réveil et comme on ne sent plus de fatigue, après un tel témoignage du compositeur !
> Mon cher ami, vous avez été toujours bon pour moi et c'est à vous que je dois ma situation artistique, sans *Hérodiade*, sans *Le Cid*, qui sait si j'aurais repris la carrière théâtrale[2] !
> Je ne l'oublierai pas et je serai toujours mon cher Massenet votre dévoué et fidèle interprète[3].

---

1. Après avoir assuré la création parisienne du rôle de Jean dans *Hérodiade* au Théâtre-Italien, le 1er février 1884, Jean de Reszké attire l'attention de Massenet, lequel est sur le point de composer *Le Cid*. Cet ouvrage, dont le livret est écrit conjointement par Adolphe d'Ennery, Édouard Blau et Louis Gallet d'après la pièce de Pierre Corneille, est créé le 30 novembre 1885 à l'Opéra de Paris. Entre 1885 et 1893, cet opéra en quatre actes connaîtra 92 représentations.

2. Jean de Reszké a en effet reconnu que, sans Victor Maurel et Massenet qui l'encouragèrent à créer le rôle de Jean à Paris en 1884, il aurait sans doute mis un terme à sa carrière.

3. Lettre-carte (photocopie) de Jean de Reszké à Jules Massenet, Paris, [cachet postal peu lisible : 21 janvier 1890 ?], archives Patrick Gillis, *Autographes – dessins / photographies / Musiciens / Lettres et*

On pourrait encore citer Jean-Baptiste Delmas[4] ou Lucien Fugère, baryton basse qui excellait dans le registre bouffe et s'illustra brillamment, notamment dans le Diable de *Grisélidis* (1901) ou Sancho de *Don Quichotte* (1910) dont il est le dédicataire[5].

Cependant, parmi les grands chanteurs qui jalonnent la carrière de Massenet, le nom d'Ernest Van Dyck mérite une attention particulière, car la relation entre les deux artistes reste singulière dans l'histoire de la musique. Connu surtout pour son interprétation du répertoire wagnérien[6], le ténor belge va se montrer un des plus ardents défenseurs de Massenet en créant à Vienne, en allemand, le 16 février 1892, le rôle-titre de *Werther*, opéra aujourd'hui le plus joué, mais aussi le plus personnel du compositeur qui, en proie à de profondes crises de mélancolie, a pu s'identifier avec son personnage principal. Ensuite, outre son interprétation régulière des rôles de Des Grieux (*Manon*) ou, dans une moindre mesure, d'Araquil (*La Navarraise*), Van Dyck fournit au compositeur le livret d'un ballet, *Le Carillon*, dont la première représentation se tient, également à Vienne, quelques jours après *Werther*. Conçu en collaboration avec Camille de Roddaz, ce livret illustre une activité secondaire méconnue que le célèbre ténor menait parallèlement à sa carrière d'interprète.

À partir de nombreux documents en grande partie méconnus, le présent ouvrage souhaite retracer une relation amicale et professionnelle qui s'étend principalement entre 1890 et 1912, année de la mort du compositeur : documents archivistiques privés[7] dont les correspondances de Massenet et de Roddaz adressées au chanteur[8], complétées de diverses lettres éclairant leur collaboration qu'elle soit triangulaire ou non; documents iconographiques (Van Dyck, sa famille et ses collègues, Massenet et Roddaz, manuscrits et partitions de travail); transcription annotée du livret du *Carillon* et d'articles méconnus dans lesquels le ténor évoque ses relations avec Massenet[9].

Ce vaste corpus permet de cerner les rouages d'une collaboration entre un compositeur et ses collaborateurs (librettiste ou interprète) ou des directeurs de théâtre au tournant des XIXe et XXe siècles. Il enrichit aussi notre connaissance de Massenet dont la rencontre avec un des chanteurs wagnériens les plus célèbres de son temps reste inattendue : si les œuvres de Massenet héritent ponctuellement des procédés de Wagner,

---

manuscrits autographes [...], Hôtel Drouot, 18 avril 1989, Étude Couturier Nicolay, lot 104. Le 20 janvier 1891, l'Opéra de Paris reprenait *Le Cid*.

4. Entre 1891 et 1912, Jean-Baptiste (Francisque) Delmas crée à l'Opéra de Paris les rôles d'Amrou (*Le Mage*), d'Athanaël (*Thaïs*), de Pirithoüs (*Ariane*) et de Fabius Maximus (*Roma*).

5. Massenet écrivit le rôle-titre de *Don Quichotte* pour Fédor Chaliapine qui en assure la création au Théâtre de Monte-Carlo le 19 février 1910. Mais il ne fut pas pleinement satisfait de son interprétation et dédicace l'ouvrage à Fugère après que ce dernier se soit emparé avec succès du rôle de Sancho, lors de la première parisienne en décembre suivant.

6. Voir Malou Haine, *Ernest Van Dyck, un ténor à Bayreuth suivi de la correspondance avec Cosima Wagner*, Lyon, Symétrie, 2005. Voir également Maurice Van den Eynde et Malou Haine, *Mary Warocqué, admiratrice du ténor wagnérien Ernest Van Dyck*, Molanwelz, Musée royal de Mariemont (Monographies du Musée royal de Mariemont n° 9), 1998.

7. Un grand nombre de ces documents sont conservés par les descendants d'Ernest Van Dyck. La référence à ces archives sera simplement indiquée par la mention « Archives privées », sans précision de lieu, selon le souhait de la famille.

8. Malheureusement les lettres de Van Dyck ou de Roddaz à Massenet ne sont pas localisées. Seul un extrait d'un catalogue de vente (voir la lettre 115 de notre corpus) atteste de la relation épistolaire du chanteur avec Massenet.

9. Voir les annexes 1 à 5 du présent ouvrage.

elles relèvent surtout d'une tradition française parfaitement assumée alors que le théâtre wagnérien domine l'art lyrique du temps. Van Dyck appréciait tout particulièrement cette indépendance d'esprit quand il assimile Massenet à « un peintre de genre » auquel il assigne une place aussi juste que précise dans l'histoire de la musique :

> Il semble que pour l'art dramatique musical, il n'y ait qu'un critérium : celui que les compositeurs de « simili-Wagner » [...] ont imposé. Si nous nous en rapportions à ces farouches aristarques, et si nous osions établir un rapprochement entre la musique et la peinture, il suffirait de Rubens, de Michel-Ange et des autres Titans de la palette : ni Boucher, ni Fragonard, ni Greuze n'auraient le droit d'exister.
> Or, Massenet est, en musique, de la même race que Boucher en peinture. L'étude des grands maîtres ne lui a pas ravi sa personnalité : il est le musicien français par excellence, dont les œuvres maîtresses vivront, aux feux de la rampe, à côté des drames lyriques les plus grandioses, comme celles de Boucher auront toujours, à la cimaise des musées, une place de choix à côté des Madones les plus réputées [10].

Ernest Van Dyck avant sa rencontre avec Massenet

Ernest Van Dyck (Anvers, 2 avril 1861 – Berlaar, 31 août 1923) fait ses tout premiers pas en amateur sur la scène du Collège des Jésuites à Anvers en 1877 et 1878, lors de séances littéraires, dramatiques et musicales données par « Messieurs les Membres de l'Académie de rhétorique et de poésie » [11], avec le concours d'élèves d'autres classes. Le jeune étudiant joue à la fois dans des œuvres dramatiques et dans des œuvres lyriques. Il n'est pas toujours aisé de cerner avec exactitude si Van Dyck chante ou s'il joue au piano. Les auteurs des œuvres dramatiques ne sont par ailleurs que rarement mentionnés. Van Dyck a suivi des cours privés de musique auprès de Joseph Callaerts, organiste de l'église du Collège, qui lui avait enseigné le solfège, le piano et le chant. Le jeune homme chante aussi quelquefois à l'église Notre-Dame attenante au Collège.

Citons quelques-unes des prestations d'Ernest Van Dyck à cette époque [12] : il joue le rôle de Pedro dans le drame en deux actes intitulé *Guzman de Tarifa* ; celui de Cléon du *Joueur*, comédie en trois actes et en vers, ainsi que dans celui du jeune avocat Charel de la comédie en trois actes de *Hij wordt franc-maçon* ! Il interprète aussi, à Anvers le 11 mars 1877, le rôle d'Enguerrand de Foigny dans l'essai dramatique *Raoul le Maudit* qu'il a lui-même conçu en collaboration avec un autre élève, Flor Heuvelmans [13] d'après une nouvelle de Paul Féval. Van Dyck écrit à la même époque *Hoe de heer Meulemans niet burgemeester wierdt* (Anvers, 25 octobre 1877) puis *Les Voleurs*, comédie vaudeville en un acte (Anvers, 9 juillet 1878).

Après le Collège, Van Dyck s'inscrit en 1878 à la Faculté de Philosophie et Lettres de l'Université Catholique de Louvain, où il décroche un diplôme de candidature en droit en 1880. Il se tourne alors vers le notariat et suit les cours de candidature sanctionnés, deux ans plus tard, par un diplôme. Son intérêt pour la musique interfère souvent avec ses

---

10. Voir annexe 3b : Ernest Van Dyck, « Jules Massenet par un de ses interprètes », *Le Guide musical*, 51 e année, n°52, 24 décembre 1905, p. 846-847.

11. Voir les programmes des années 1883-1887 (Archives privées).

12. Notons que nous ne connaissons pas toujours les auteurs des pièces évoquées.

13. Ce texte en français est imprimé chez L. Beerts, à Anvers, en 1877.

études. Néanmoins, il effectue deux stages chez des notaires de Louvain d'octobre 1880 à avril[14].

Mais le jeune homme est plus enclin à fréquenter assidûment un cercle littéraire formé de jeunes étudiants presque tous d'origine anversoise[15]. Ces jeunes intellectuels donnent tour à tour une conférence suivie de discussions; parfois, des séances théâtrales ou musicales remplacent ces réunions sérieuses. C'est là qu'Ernest Van Dyck rencontre Albrecht Rodenbach (fondateur de l'organisation culturelle flamande le « Davidsfonds » au sein de l'Université), Émile Verhaeren, Iwan Gilkin, Max Waller, Georges Kaïser, Ernest Verlant et Albert Kayenbergh (qui écrira plus tard sous le pseudonyme d'Albert Giraud), Victor Robyns (futur président du Cercle artistique d'Anvers), Florimond Heuvelmans et Guillaume Streel (plus tard tous deux députés), Emile Van Aerenbergh (futur juge de paix à Ixelles), les futurs avocats Jean Hoefnagels, Serigiers et Henri de Ravenne, etc. La plupart d'entre eux s'inscrivent à la société « Émulation », présidée par le professeur Léon Mabille et quelques-uns animeront bientôt la revue littéraire *La Jeune Belgique*. Cette revue accueille d'ailleurs les premiers poèmes et articles écrits par Ernest Van Dyck sous son propre nom ou sous le pseudonyme de Charles Arade.

Van Dyck partage ainsi ses loisirs et intérêts entre la littérature et la musique. Il se produit aux soirées littéraires et musicales de la « Société générale des Étudiants » ou du « Taal- en Letterlievend Studenten-Genootschap » qui apprécient ses doubles talents de dramaturge et de comédien. On recense ainsi une vingtaine de prestations où l'on remarque sa voix « d'un timbre délicieux et d'une fraîcheur exquise »[16]. Il chante notamment la « Cavatine » de la *Reine de Chypre*, des « Couplets » de *Paul et Virginie*, tous deux de Victor Massé, et le « Grand Air » du *Juif errant* d'Halévy. Pour le Davidsfonds, Van Dyck interprète la romance *La Charité* de Gabriel Fauré. De plus, dès l'année 1878, ses débuts en amateur lui ouvrent la voie à d'autres manifestations plus mondaines que les seules soirées de l'Université. Le premier salon dans lequel le jeune ténor se fait apprécier est celui de la cantatrice et compositrice Mme Van den Staepele, née Thérèse Van Mechelen, de 32 ans son aînée, et habitant alors à Louvain. Van Dyck est à peine âgé de 17 ans et chante le duo de *Roméo et Juliette* avec son hôtesse. Il participera à plusieurs reprises aux soirées de cette musicienne qui le prendra en affection. On l'entend aussi dans une soirée théâtrale et musicale à Boom où il chante le « Récit et Marche » de la *Rubenscantate* d'Émile Wambach, et l'« Arioso » du *Roi de Lahore* de Massenet. Notons que le compositeur anversois Émile Wambach[17] exerce une

14. Voir Malou Haine, « Les prestations bruxelloises du ténor wagnérien Ernest Van Dyck de 1883 à 1912 », dans Manuel Couvreur (dir.), *La Monnaie wagnérienne*, Bruxelles, Université Libre de Bruxelles / GRAM (Groupe de Recherche en Art Moderne), 1998, p. 179-217.

15. Georgius, « Ernest Van Dyck à l'Université », *Le Petit Belge*, 17 mai 1904.

16. Henri de Curzon, *Ernest Van Dijck* [sic] : *une gloire belge de l'art lyrique*, Bruxelles, Librairie d'art et d'histoire, 1933, p. 13.

17. Émile Wambach (1857-1924). Dans ses mémoires inédites, Yseult Van Dyck juge primordiale l'influence de ce compositeur, avec celle de Chabrier et de Mottl, dans l'orientation wagnérienne du goût de son père : « Certains êtres ont le pouvoir de stimuler nos facultés, physiques et morales. En ce qui concerne mon père, trois musiciens l'ont – de son propre aveu – fortement influencé. Ce fut d'abord son camarade Émile Wambach qui lui fit connaître les premiers ouvrages de Wagner. Wambach était jeune, enthousiaste, débordant de lyrisme et d'amour pour la musique. Il aimait à entendre la belle voix du jeune Ernest, déjà stylée par l'excellent Callaerts, chef de la maîtrise de la cathédrale d'Anvers qui lui avait inculqué, magistralement, les notions élémentaires de bel canto. » (*Une famille d'artistes*, Archives privées, p. 86).

influence certaine sur Ernest Van Dyck, car il l'initie aux œuvres de Wagner et plus particulièrement à *Lohengrin*. En décembre 1879, le jeune homme aborde pour la première fois Wagner dans la « Romance de l'Étoile » de *Tannhäuser*. Notons également au passage qu'il commence par chanter un répertoire de baryton, mais qu'à partir d'octobre 1880, sa voix évolue vers celle de fort-ténor.

En tant qu'auteur dramatique, il se fait également apprécier avec *Wolgar*, drame lyrique (selon la conception de Peter Benoit) en quatre actes, musique d'Emile Wambach[18], créé partiellement le 17 mars 1880 puis intégralement à Louvain, le 14 juin 1880. Puis, *Le Joli Château*, drame fantastique en trois actes écrit en collaboration avec Flor Heuvelmans d'après une légende de Paul Féval, est joué avec succès au Cercle Catholique de Bruxelles le 27 novembre 1881. Van Dyck est encore l'une des vedettes du deuxième Grand Concert de la Société Générale des Étudiants de Louvain (mars 1883) : il chante des « Stances » de *Polyeucte* de Gounod, mais il est surtout l'interprète des soli du *Désert* de Félicien David donné en entier dans la seconde partie du programme.

Ainsi, avouera Van Dyck, « on ne me rencontra plus guère que dans les salons ou les concerts ; les partitions avaient remplacé, sur ma table de travail, les codes et les livres de jurisprudence, et je finis par déserter l'Université »[19]. Ainsi, le pianiste Edmond Michotte invite à plusieurs reprises le jeune ténor dans ses salons de la rue Royale à Bruxelles. En janvier 1883 notamment, Van Dyck y chante[20], accompagné de Michotte lui-même au piano, quelques extraits du *Mephistopheles* d'Arrigo Boïto qui va être créé à la Monnaie le 19 janvier 1883. C'est en cette année 1883 que Van Dyck quitte définitivement l'Université pour entrer dans l'étude de Maître Lagasse, notaire établi à Bruxelles, et président par ailleurs de la Société des Concerts Populaires de Bruxelles. Van Dyck fait ainsi la connaissance de son chef d'orchestre, Joseph Dupont (également chef d'orchestre à la Monnaie), qui, après l'avoir entendu chanter le « Preislied » des *Maîtres-Chanteurs*, l'engage pour le concert donné à l'Alhambra le dimanche 8 avril 1883 et dédié à la mémoire de Richard Wagner décédé deux mois auparavant. Pour Ernest Van Dyck, c'est sa première manifestation dans un véritable concert public devant un public régulier. Selon la coutume, son nom est indiqué anonymement « M. X » sur le programme[21], aux côtés de la soprano Rose Caron et de la basse Émile Blauwaert. Quelques journaux[22] soulignent brièvement la belle performance du jeune ténor de 22 ans, mais seul *L'Art moderne* s'étend sur ses qualités naissantes :

> M. Van Dyck, a fait dans le rôle de Walther un début extrêmement brillant. Sa voix semble faite pour chanter les rôles écrits par Wagner. Chaude, souple, harmonieuse, elle s'est épanouie dans ce *chant de concours*, qui a été pour le jeune artiste un air de maîtrise, comme il l'est, dans l'œuvre de Wagner, pour le personnage qu'il représentait. Personne

18. Information aimablement communiquée par Hedwige Baeck-Schilders que nous remercions.

19. Ernest Van Dyck, « Ma carrière musicale », *Musica*, 1re année, octobre 1902, p. 10-11.

20. Le programme ne mentionne que les initiales des chanteurs, mais Georges Eekhoud, présent à cette soirée, fera part de ses souvenirs en avril 1896 dans un article intitulé « Ernest Van Dyck » paru dans une revue non identifiée conservée dans les Archives privées de la famille Van Dyck.

21. Voir l'annonce parue dans le supplément à *L'Art moderne* du dimanche 1er avril 1883.

22. Voir *L'Étoile belge* : « La voix superbe d'Ernest Van Dyck a transporté l'auditoire » ; *La Gazette de Bruxelles* : « Le jeune ténor anversois, Ernest Van Dyck, doué d'une voix superbe, a mis l'ampleur et l'élan, et le style voulus dans l'air difficile du Concours des *Maîtres Chanteurs* ».

n'eût refusé de le couronner du laurier d'or, symbole de la victoire qu'Eva dépose sur le front de Walther à la fin des *Maîtres chanteurs*[23].

Mais ce qui décide Van Dyck à tenter sa chance à Paris, ce sont les encouragements de Charles Gounod de passage à Bruxelles[24] pour diriger les répétitions de sa trilogie sacrée *La Rédemption*, donnée le dimanche 22 avril 1883 par la Nouvelle Société de Musique. Van Dyck, invité par Michotte dans une soirée privée en l'honneur du compositeur[25], interprète le second tableau du deuxième acte de *Polyeucte*. Gounod félicite le jeune chanteur et lui prédit un bel avenir; il incite le jeune chanteur à poursuivre pendant trois ans des études appropriées avant d'entamer véritablement une carrière professionnelle. Le lendemain, chez Léon Bérardi, le directeur de l'*Indépendance belge*, Gounod retrouve l'occasion d'entendre le ténor dans quelques lieder.

LA PREMIÈRE RENCONTRE : ERNEST VAN DYCK À PARIS EN 1883

Lorsqu'il arrive à Paris en avril 1883, Ernest Van Dyck n'est qu'un simple chanteur qui prend encore des cours particuliers et gagne sa vie comme journaliste. Il écrit des articles pour *La Patrie* et adresse à un journal anversois (*L'Escaut*) ses « Lettres de Paris », « dans lesquelles il parle des salons, des événements politiques, littéraires, artistiques et musicaux de la capitale française »[26]. Mais, peu de temps après, un événement va subitement donner un nouvel élan à sa carrière d'interprète. Le mercredi 20 juin 1883, Van Dyck rencontre un élève de Massenet, Paul Vidal, qui, l'accompagnant au piano dans le salon d'Henriette Fuchs[27], ne peut manquer d'apprécier son talent naissant que souligne un chroniqueur du *Gaulois* :

> Mercredi, chez Mme Fuchs, la gracieuse et vaillante directrice de la *Concordia*, cette réunion d'une élite d'amateurs de musique, il y avait une séance hors ligne. Les chœurs excellents de la société ont interprété, avec leur supériorité ordinaire, entre autres morceaux, un chœur inédit de M. Vidal, prix de Rome de l'année dernière[28].
> Gounod a accompagné Mme Fuchs, disant différentes mélodies de la composition du maître, avec ce style et cet accent dont elle a secret.
> Un ténor, M. Van Dyck, descendant direct du grand peintre [*sic*][29], s'est révélé comme un artiste merveilleusement doué, notamment dans le duo de *La Walkyrie* de la tétralogie de Wagner, qu'il a chanté avec Mme Fuchs[30].

---

23. Article non signé, « Un festival funèbre », *L'Art moderne*, 15 avril 1883, p. 117-119.
24. *L'Art moderne*, 15 avril 1883, p. 121.
25. *Le Guide musical*, n° 17, 26 avril 1883.
26. Malou Haine, « Le ténor wagnérien Ernest Van Dyck aux concerts Lamoureux (1883-1887) », dans Michelle Biget-Mainfroy et Rainer Schmush (dir.), *« L'esprit français » et la musique en Europe*, Hildesheim, Georg Olms, 2007, p. 662-680, ici p. 663.
27. En 1880, Henriette Fuchs (1836-1927), qui a travaillé le chant avec François Delsarte, fonde avec son époux une société chorale amateur, la *Concordia*, dont Gounod est le président d'honneur. Vidal puis Debussy en seront les accompagnateurs.
28. Vidal avait reçu un second Prix de Rome non pas en 1882 mais en 1881.
29. Affirmation erronée.
30. Un domino, « Nos échos », *Le Gaulois*, 22 juin 1883.

Aussi, le lendemain après-midi, Vidal arrive-t-il chez Van Dyck « comme un ouragan »[31], car Victor Warot[32], le ténor qui doit interpréter sa cantate du Prix de Rome, *Le Gladiateur*, est indisposé et ne pourra donc pas chanter. Vidal lui demande de le remplacer au pied levé et de venir le soir même apprendre son rôle. La répétition a lieu chez Eugène Crosti[33] qui, avec Massenet, fait travailler Van Dyck dans un rôle exigeant (28 minutes de chant) jusqu'à 1 heure du matin. La première lecture de la cantate se tient à huis-clos dès le lendemain à midi devant le jury du Conservatoire – « jury composé de Gounod, Thomas, Delibes, Guiraud, Paladilhe, Benjamin Godard, Saint-Saëns, etc. », écrit Van Dyck à sa mère. Et il ajoute :

> N'ayant pas répété avec mes partenaires, Mlle Lureau[34] (de l'Opéra) et Giraudet (basse de l'opéra)[35], j'ai été faible dans les parties d'ensemble, ce qui n'empêcha pas que le jury m'a spécialement complimenté. Rentré chez moi à cinq heures, j'ai encore revu toute ma partition, – puis je me suis couché et je n'ai pas dormi ; mes nerfs étaient tendus à se rompre. Le lendemain, samedi, à midi, cravaté comme il fallait et pâle comme ma cravate, je suis arrivé à l'Institut de France, où était réuni le grand jury composé des messieurs déjà mentionnés plus haut et de tous les membres de l'Académie des Beaux-Arts, les plus grands noms de France. Environ 200 personnes (des dames de la *high life* et du monde artistique) assistaient à la solennité. La cantate de Vidal était chantée la seconde, et c'est vers 1 heure que j'ai commencé. Au bout de la troisième mesure, j'ai retrouvé tout mon aplomb et j'ai chanté comme jamais je n'ai chanté. À 4 heures le concours était terminé, et à cinq heures et demie après une demi-heure de libération [*sic*], le jury proclamait Vidal vainqueur. [...] mon premier beau succès[36].

La prestation du ténor ne passe pas en effet inaperçue dans la presse :

> M. Vidal, second grand prix de 1881, élève de M. Massenet, s'est affirmé musicien accompli et déjà plein d'expérience en son art, bien qu'à peine majeur. Il a remporté cette fois le premier grand prix avec un éclat incontestable, et cependant, à la dernière heure, son ténor, M. Warot, indisposé, a dû être remplacé par M. Van Dyck, un chanteur belge, excellent musicien et d'une obligeance à toute épreuve comme on le voit[37].

En revanche, Massenet inscrit de façon laconique sur le manuscrit de *Manon* : « Paris, dimanche 24 juin / 83 matin hier, jugement du concours de Rome / 1er grand Prix : Vidal / Melle Lureau (Opéra) / Mr Van Diclh [*sic*] (d'Anvers) / Mr Giraudet (Opéra) »[38].

---

31. Lettre d'Ernest Van Dyck à sa mère, Paris, 26 juin 1883 (Archives privées).

32. Après s'être brillamment illustré à l'Opéra-Comique puis à l'Opéra, où il participe à la création de *L'Africaine*, le ténor belge Victor Warot (1834-1906) interprète plusieurs rôles wagnériens au Théâtre de la Monnaie à Bruxelles entre 1870 et 1874.

33. Le baryton Eugène Crosti (1833-1909), qui fut, entre autres, membre de la troupe de l'Opéra-Comique, est un professeur de chant réputé du Conservatoire de Paris. Il compte parmi ses élèves les ténors Henri Jérôme, Léon Escalaïs et Étienne Gilbert.

34. La soprano Maria Lureau-Escalaïs (1860-1923) fait ses débuts à l'Opéra de Paris en 1883 dans *Les Huguenots*. Elle y crée en 1891 le rôle d'Anahita du *Mage* de Massenet.

35. Alfred Giraudet (1845-1911) tient de nombreux emplois de basse à l'Opéra de Paris avant d'être « nommé en 1888, professeur d'une des classes d'opéra au Conservatoire. » (« Nécrologie », *Le Monde musical*, n° 21, 15 novembre 1911, p. 331).

36. Lettre d'Ernest Van Dyck à sa mère, Paris, 26 juin 1883, collection privée.

37. « Nouvelles diverses », *Le Ménestrel*, 49e année, n° 31, 1er juillet 1883, p. 246.

38. *Manon*, partition d'orchestre, manuscrit autographe (Paris, Bibliothèque nationale de France, Bibliothèque-musée de l'Opéra, Rés. 541 (IV), acte IV, f. 69).

Cet événement scelle pourtant la rencontre entre un compositeur et un interprète qui, quelques années plus tard, allait devenir un des plus grands ambassadeurs de sa musique.

Car, entre-temps, le ténor gagne l'estime de la critique et du public grâce à Charles Lamoureux, lequel, après avoir assisté à la séance de l'Institut, l'engage immédiatement pour participer régulièrement à la Société des « Nouveaux-Concerts », plus communément appelés « Concerts Lamoureux »[39].

En décembre 1883, le critique wagnérien Victor Wilder félicite Lamoureux de tenir « un ténor doué d'un organe très agréable et d'une diction remarquable. C'est un chanteur plein d'avenir »[40]. De décembre 1883 à mai 1887, Van Dyck se produit une trentaine de fois aux Concerts Lamoureux, notamment dans des extraits d'œuvres de Bach (*Le Défi de Phoebus et de Pan*), Beethoven (*Symphonie n°9*), Berlioz (*La Damnation de Faust*), Reyer (*Sigurd*), Delibes (la cantate *La Mort d'Orphée*), Gluck (*Télémaque*), Goldschmidt (*Les Sept Pêchés capitaux*), d'Indy (*Le Chant de la Cloche*) et surtout, bien entendu, dans Wagner (*Tristan et Isolde*, *Lohengrin*, *La Walkyrie*). Dès l'automne 1884, Charles Lamoureux programme en entier le premier acte de *Tristan et Isolde*, dans une traduction française de Victor Wilder, et ce pour la première fois à Paris. Le 14 février 1886, c'est au tour du premier acte de *La Walkyrie* d'être apprécié. Van Dyck a « triomphé sur toute la ligne du redoutable rôle de Siegmund », tandis que Mme Brunet-Lafleur interprète, « avec un art exquis » le rôle de Sieglinde[41].

Notons aussi que Van Dyck se marie, le 31 juillet 1886, avec Augusta Servais, fille cadette du célèbre violoncelliste belge Adrien-François Servais et sœur du compositeur Franz Servais. Le couple part en voyage de noces à Bayreuth où il arrive le 19 août 1886 pour assister, le soir même, à la représentation de *Tristan* sous la direction de Felix Mottl et le lendemain à celle de *Parsifal* sous la baguette de Hermann Levi. Le couple belge accompagne ce groupe de musiciens français venus s'imprégner de la manière dont on interprète les œuvres du maître. En cette fin d'été 1886, les Van Dyck se rendent également à Munich avec, entre autres, Charles Lamoureux, Victor Wilder, Antoine Lascoux, Vincent d'Indy et Jules Massenet pour assister aux séances de la *Tétralogie* sous la direction de Hermann Levi[42].

Revenons aux Concerts Lamoureux et à l'audition intégrale, le 3 mai 1887, de *Lohengrin* dans lequel Ernest Van Dyck est reconnu comme un interprète « incontournable », dirions-nous aujourd'hui, des rôles wagnériens. Des salves d'applaudissements saluent sa prestation magistrale ainsi que celle de Mme Fidès Devriès dans Elsa. Or, malheureusement à l'extérieur du Théâtre, de violentes manifestations de rue s'improvisent. L'émotion produite par l'incident Schnaebelé[43] a contribué à retarder cette

39. Voir Haine, « Le ténor wagnérien Ernest Van Dyck aux concerts Lamoureux (1883-1887) ».

40. Victor Wilder, « Concerts et soirée », *Le Ménestrel*, 50e année, n° 2, 9 décembre 1883, p. 16.

41. Édouard Noël et Edmond Stoullig, *Les Annales du Théâtre et de la Musique : Année 1886*, Paris, G. Charpentier et Cie, 1887, p. 535.

42. Dans une lettre envoyée de Munich le 24 août 1886 et adressée à sa femme, Vincent d'Indy mentionne le nom des Van Dyck parmi ceux de plusieurs autres Français qui se sont déplacés de Bayreuth à Munich. Voir Vincent d'Indy, *Ma Vie. Journal de jeunesse. Correspondance familiale et intime, 1851-1931*, éd. Marie d'Indy, Paris, Séguier, 2001, p. 411-412.

43. Lorsque le commissaire de Pagny-sur-Moselle, Schnaebelé, se rendit dans la partie de la Moselle occupée par les Allemands pour discuter d'une simple question de service, il fut arrêté pour espionnage. Cet incident, apparemment insignifiant, s'acheva par la libération du commissaire, mais suscita en France une vague de nationalisme revanchard.

première de *Lohengrin*, et les troubles publiques qui se poursuivent le lendemain aux alentours du Théâtre incitent Lamoureux à abandonner les représentations. En mai 1887, le chanteur est remarqué à Paris par l'intendant général du Théâtre de Bayreuth, Adolphe von Gross, et l'un de ses chefs d'orchestre, Hermann Levi. Ceux-ci le recommandent à Cosima Wagner qui l'engage pour le festival de Bayreuth de l'année suivante, après une audition à Munich le 12 septembre 1887. Après un apprentissage intensif de l'allemand et des études musicales auprès de Felix Mottl à Carlsruhe, Van Dyck chante pour la première fois à Bayreuth au mois de juillet 1888 : sa prestation dans *Parsifal* lui vaudra d'interpréter ce rôle lors de huit autres festivals[44]. Deux mois plus tard, le chanteur belge s'installe à Vienne où il est engagé au Hofoper. Commence alors véritablement une brillante carrière internationale[45].

Durant les dix années passées à Vienne (1888-1898), Van Dyck participe à 358 représentations qui recouvrent une quinzaine de rôles différents dont la fréquence témoigne de la plus ou moins grande popularité des œuvres : *Manon* 69 fois, *Faust* 50, *Werther* 42, *Bajazzo (Paillasse)* 42, *Roméo* 39, *Evangelimann* 35, *Lohengrin* 18, *Ernani* 17, *Rheingold* 16, *Le Vassal de Szigeth* 13, *La Navarraise* 9, *Armide* 6, *Cornelius Schüt* 6, *Le Chevalier d'Harmental* 4, et *Walkyrie* 2.

À Vienne, Van Dyck jouit d'une protection haut placée, celle de la princesse Marie de Sayn-Wittgenstein, épouse du prince Constantin de Hohenlohe-Schillingsfürst, grand-maître de la Cour de l'empereur François Joseph et administrateur des théâtres impériaux. La princesse est la fille de Carolyne de Sayn-Wittgenstein, seconde compagne de Franz Liszt. Or celui-ci a entretenu des relations privilégiées avec la famille Servais, belle-famille d'Ernest Van Dyck. Franz Servais (frère aîné d'Augusta Servais) fut un de ses élèves préférés. Par ailleurs, Liszt a plusieurs fois été invité dans la villa Servais à Hal, au sud de Bruxelles, lors des festivals de ses œuvres organisés par ses anciens élèves[46]. Et c'est précisément lors d'une cérémonie d'hommage à Liszt lors du festival de 1885 que le ténor a rencontré sa future femme chez les Lynen, à Anvers.

LES PREMIÈRES ŒUVRES : DE *MANON* À *WERTHER*

Van Dyck a raconté à plusieurs reprises comment le directeur de l'Opéra de Vienne, Wilhelm Jahn, lui proposa d'assurer la création allemande de *Manon*[47] au cours de la saison 1890-1891[48]. Mais, peu convaincu du succès, Jahn décide de monter l'ouvrage à

44. On sait que les rôles étaient joués en alternance par deux ou trois chanteurs au cours du même festival. Ernest Van Dyck incarna le rôle de Parsifal lors des festivals de Bayreuth de 1888, 1889, 1891, 1892, 1894, 1897, 1901, 1911 et 1912. Il fut en outre Lohengrin en 1894.

45. Voir Malou Haine, « La carrière internationale du ténor belge Ernest Van Dyck » *Bulletin des Musées royaux d'Art et d'Histoire [Bruxelles]*, t. 73, 2002, p. 223-254.

46. Voir Malou Haine, *Franz Servais et Franz Liszt : une amitié filiale*, Sprimont, Mardaga, 1996.

47. *Manon*, opéra-comique en cinq actes, rencontre un succès croissant depuis sa création, le 19 janvier 1884, à la salle Favart avec Alexandre Talazac (Des Grieux), Marie Heilbronn (Manon), Alexandre Taskin (Lescaut) et Arthur Cobalet (le comte Des Grieux). Voir illustrations 12, 19, 21, 23 et 24.

48. Voir les annexes 3a-3c : C. L. de Moncade, « Van Dyck », *La Liberté*, 15 novembre 1903 ; Ernest Van Dyck, « Jules Massenet par un de ses interprètes », *Le Guide musical*, 51e année, n°52, 24 décembre 1905, p. 846-847 ; Louis Schneider, « Massenet et ses interprètes : conversation avec M. Van Dyck », *Le Gaulois*, 18 août 1912.

moindre frais en utilisant des décors préexistants, ce qui suscite des réserves de Massenet, venu soutenir son ouvrage donné dans une version mutilée et transposée. Sans compter les récitatifs qui remplacent les épisodes parlés[49], le rôle de Manon a été transposé[50] pour la mezzo-soprano Marie Renard[51] qui, selon Henri Rabaud, l'interprétait de façon particulière : « Nous avons été voir aussi la charmante Melle Renard que nous avons applaudie hier dans *Manon*. – C'est une artiste bien intéressante – mais quelle Manon peu française ! »[52]. Massenet est en revanche, comme son éditeur Georges Hartmann[53], particulièrement satisfait de Van Dyck puisqu'il écrit à son épouse, le 18 novembre 1890 : « Hier répétition générale [...] il y a là un Des Grieux remarquable [...] »[54].

Aussi l'ouvrage est-il accueilli avec un immense succès dont *Le Figaro* se fait l'écho : « De Vienne, par dépêche. "Très grand succès pour *Manon*; la presse autrichienne tout entière est enthousiaste ! Van Dyck (des Grieux) et Mme Renard (Manon), sont absolument remarquables" »[55]. Et *Le Ménestrel* de préciser : « Après le troisième acte, on a rappelé les interprètes principaux et demandé l'auteur, qui se trouvait dans les coulisses. Mme Cosima Wagner assistait à la représentation »[56]. Quelques mois après, en mai 1891, Van Dyck retrouve Massenet à Londres (Covent Garden) où il fait de nouveau triompher l'opéra-comique mais dans sa version française[57] avec, comme partenaire, l'égérie du compositeur, Sibyl Sanderson[58], dont l'interprétation est éclipsée par celle du ténor[59] :

> Les honneurs de la soirée reviennent au ténor Van Dyck, le créateur du rôle dans la version allemande à Vienne, un Des Grieux de tout premier ordre. Beau cavalier, comédien excellent et plein de chaleur, il a chanté d'un bout à l'autre de l'ouvrage avec une sûreté, un charme et une variété de nuances qui dénotent l'artiste accompli. La voix est facile, d'un timbre agréable, et conduite avec beaucoup de goût. Le public lui a fait une véritable ovation[60].

---

49. Voir lettre 1 de notre corpus.

50. Voir Jean-Christophe Branger, *Manon de Jules Massenet ou le crépuscule de l'opéra-comique*, Metz, Serpenoise, 1999, p. 109. La version allemande de *Manon* conserve les épisodes parlés contrairement à la version italienne.

51. Voir illustrations 15 et 17.

52. Lettre de Henri Rabaud à Massenet, s.l., 26 janvier [1896 ?], dans Branger, *Manon de Jules Massenet ou le crépuscule de l'opéra-comique*, p. 109.

53. Voir, illustration 9, la dédicace portée sur un exemplaire de luxe de la partition de *Manon*.

54. Lettre de Jules Massenet à son épouse, Vienne, 18 novembre 1890, dans Branger, *Manon de Jules Massenet ou le crépuscule de l'opéra-comique* p. 108.

55. Georges Boyer, « Courrier des théâtres », *Le Figaro*, 21 novembre 1890.

56. « Nouvelles diverses », *Le Ménestrel*, 56e année, n° 48, 30 novembre 1890, p. 381.

57. Van Dyck est un des rares interprètes de cette époque à privilégier la langue originale d'un ouvrage. Dans *The Topical Times* du 6 juin 1891, il confie : « For one thing it is easier to sing, and another important consideration is that the composer's work can be rendered with more fidelity and truth. »

58. Après avoir rencontré, en 1887, Massenet qui lui fait travailler le rôle-titre de *Manon*, qu'elle interprète avec succès à La Haye l'année suivante, la soprano américaine Sibyl Sanderson (1864-1903) devient l'égérie du compositeur qui lui écrit *Esclarmonde* (1889) puis *Thaïs* (1894). Elle sera la partenaire de Van Dyck à plusieurs reprises. Voir annexe 4 (Liste des œuvres de Massenet chantées par Ernest Van Dyck) et illustration 22.

59. De nombreux critiques jugent la voix de la soprano trop faible pour le volume de la salle.

60. « Nouvelles diverses », *Le Ménestrel*, 57e année, no 21, 24 mai 1891, p. 165.

Dès lors, Van Dyck incarnera régulièrement le Chevalier Des Grieux un peu partout dans le monde et surtout à Vienne[61] où l'enthousiasme du public, qui ne faiblira pas au cours de ses différents séjours au Hofoper, l'incite à demander rapidement un ouvrage inédit à Massenet. Le compositeur français lui propose aussitôt *Werther*, « drame lyrique » achevé depuis plusieurs années, comme le rappelle Arthur Pougin dans un article retraçant assez justement la genèse de l'ouvrage :

> [...] le hasard, les circonstances sont pour beaucoup dans ce fait d'une œuvre française, écrite sur un sujet allemand et représentée en Allemagne. En réalité, cette œuvre avait bien été conçue pour la France, et d'ailleurs elle n'est pas de naissance aussi récente qu'on pourrait le supposer, car [si] l'idée première en remonte à 1879[62], c'est aux premiers jours de 1886 qu'elle fut sérieusement mise en train, et elle était complètement achevée dès le commencement de 1887[63]. À cette époque, le compositeur la fit entendre à M. Carvalho, alors directeur de l'Opéra-Comique, en présence de Mme Caron[64], que ce théâtre cherchait à disputer à l'Opéra et à qui M. Massenet aurait souhaité voir personnifier Charlotte. M. Carvalho se montra un peu surpris, un peu effrayé peut-être par le côté sombre du sujet ; bref, il restait hésitant, et rien n'était décidé lorsqu'un événement terrible, l'incendie de l'Opéra-Comique vint tout remettre en question[65].

Achevé depuis 1887, le drame lyrique semble avoir en effet été refusé la même année par le directeur de l'Opéra-Comique, Léon Carvalho, qui, s'il avait certes jugé le sujet trop triste pour son théâtre[66], entendait surtout conserver la maîtrise de la mise en scène que Massenet souhaitait entièrement superviser[67]. Aussi la proposition de Van Dyck[68]

---

61. Voir annexe 4 : Liste des œuvres de Massenet chantées par Ernest Van Dyck.

62. Dans son numéro du 18 novembre 1879, *Le Figaro* (« Courrier des théâtres ») informait en effet ainsi ses lecteurs : « M. Massenet vient de remettre à son éditeur la partition entièrement terminée d'*Hérodiade*, son grand opéra en cinq actes et sept tableaux, dont on a beaucoup parlé ces derniers temps. À son retour de Madrid, où M. Massenet va assister à la première représentation de son *Roi de Lahore*, chanté par Mlle de Reszké [Joséphine, sœur de Jean et d'Édouard] et M. Lassalle, il entreprendra un drame lyrique en trois actes et cinq tableaux, destiné à l'Opéra-Comique. Titre : *Werther.* » Après les représentations de Vienne, qui s'accompagnent d'une première édition en trois actes et quatre tableaux, la partition de *Werther* sera découpée en quatre actes et cinq tableaux, l'interlude symphonique « La Nuit de Noël » devenant un tableau à part entière du dernier acte désormais composé de deux tableaux.

63. D'après le manuscrit chant et piano aujourd'hui non localisé (*Autographs, Travel and Americana, Literature, Fine Books and Hebrew Books*, Sotheby Parke Bernet Inc., 15 octobre 1974, lot 16), Massenet compose entre 1885 et 1887 sa partition chant et piano qu'il orchestre de mars à juillet 1887 (Paris, Bibliothèque nationale de France, Bibliothèque-musée de l'Opéra, Rés. 542).

64. La soprano Rose Caron (1857-1930) excelle dans les grands rôles tragiques de Gluck, de Wagner et de Reyer.

65. Arthur Pougin, « *Werther* et la musique », *Le Ménestrel*, 58 ͤ année, n° 45, 6 novembre 1892, p. 356. Selon *Le Ménestrel* (53 ͤ année, n° 22, 1 ᵉʳ mai 1887), des négociations étaient en effet engagées avec Rose Caron peu avant l'incendie de la salle Favart, le 25 mai 1887.

66. Voir aussi les commentaires de Van Dyck sur ce point en annexe 3a : C. L. de Moncade, « Van Dyck », *La Liberté*, 15 novembre 1903.

67. « Depuis le 25 mai date de l'incendie, rien de décidé pour l'Opéra-Comique, *Werther* n'y aurait pas été représenté car je veux une scène appropriée à mon ouvrage qui exige qu'on me laisse faire tout ce que je demanderai ; la mise en scène des personnages est spéciale et c'est moi qui désire m'en occuper. Désir incompatible avec certaine direction ! ... » Lettre de Jules Massenet à un correspondant non identifié, Trouville, 14 juillet 1887, dans Branger, Manon *de Jules Massenet ou le crépuscule de l'opéra-comique*, p. 81. La mainmise de Carvalho sur la mise en scène sera de nouveau critiquée lors de la création parisienne de 1893. Voir la lettre 79 du présent corpus.

est-elle aussitôt acceptée par le compositeur mais également par Georges Hartmann, malgré ses probables réticences. Éditeur du compositeur jusqu'en mai 1891, mais aussi colibrettiste de *Werther*, Hartmann avait fait graver la partition de l'ouvrage dont il n'avait pas cédé les droits lors de la vente de son fonds à Henri Heugel[69]. Ce sera chose faite au début de l'été 1891 puisque, en septembre suivant, un contrat est signé entre Heugel, Massenet et ses librettistes[70].

Massenet fait alors travailler Van Dyck dès juin 1891[71] et sans doute plusieurs fois à l'automne lorsque le ténor vient à Paris créer *Lohengrin* au Palais Garnier tandis que, parallèlement, *Manon* s'impose à l'Opéra-Comique lors de sa reprise avec Sanderson[72]. La participation active du ténor aux préparatifs de la création viennoise avait d'ailleurs été mentionnée dès la fin du mois d'août par *Le Ménestrel*, organe de presse de l'éditeur Heugel :

> On sait que c'est M. Van Dyck qui doit créer cet hiver, à Vienne, le *Werther* de M. Massenet. Dès après la première représentation de *Lohengrin*, il se mettra à la disposition de M. Massenet pour travailler avec lui non seulement son rôle, mais encore la partition entière pour pouvoir indiquer bien exactement, lors des premières répétitions, toutes les intentions de l'auteur[73].

Le compositeur est en effet en relation constante avec le ténor, devenu son interlocuteur privilégié aussi bien pour la traduction et l'édition allemande de son opéra que pour le choix des chanteurs ou de la mise en scène dont il suit avec attention les préparatifs[74] avant d'arriver à Vienne fin janvier pour superviser une création particulièrement importante : sa réputation est en jeu aussi bien en France, où son ouvrage n'avait pas trouvé refuge, qu'en Europe. Comme il le rappellera par la suite, seuls, parmi les compositeurs étrangers, Verdi et Wagner, avaient été reçus avec de telles attentions par les Autrichiens[75].

Hébergé par Van Dyck pour une partie de son séjour[76], Massenet est en effet accueilli avec de nombreux égards puisque, outre l'exécution de sa suite symphonique d'*Esclarmonde* par l'orchestre philharmonique sous la direction de Hans Richter, il rencontre diverses personnalités (Brahms, Johann Strauss, le prince de Holenlohe[77], la

68. L'action de Van Dyck fut également déterminante puisque le ténor adressa un courrier à Jahn en juillet 1891 où il encourageait le directeur à prendre officiellement la décision de créer *Werther*.

69. Voir les lettres 8 et 9 de notre corpus. Les éditions successives de la partition chant et piano conservent ainsi la trace d'une cote Hartmann dans les pages intérieures.

70. Voir annexe 1b : Contrat de *Werther* signé entre le compositeur, ses librettistes et l'éditeur Heugel, le 20 septembre 1891. Le livret de *Werther* est cosigné par Georges Hartmann, Paul Milliet et Alfred Blau. Sur cette collaboration tumultueuse, voir la lettre 18 de notre corpus.

71. Voir la lettre 13 de notre corpus.

72. Comme l'indique une note autographe du *Carillon* (Paris, Bibliothèque nationale de France, Bibliothèque-musée de l'Opéra, Rés. 554), Massenet retrouve ses deux interprètes chez Sanderson : « Paris – 2 oct. / 91 – matin / hier dîner chez Mme & Mlle Sanderson – (Gille, Van Dyck, Boyer...) » (f. 81).

73. « Nouvelles diverses », *Le Ménestrel*, 57e année, n° 35, 30 août 1891, p. 279.

74. Voir entre autres la lettre 59 de notre corpus.

75. Voir « Conversation avec J. Massenet », *L'Écho de Paris*, supplément gratuit, [janvier 1893].

76. Massenet a semble-t-il séjourné aussi à l'hôtel. Voir la lettre 64 du présent corpus.

77. Voir lettre de Jules Massenet à sa femme, 1er février 1892, dans Anne Massenet, *Jules Massenet en toutes lettres*, Paris, Éditions de Fallois, 2001, p. 96-97.

princesse Metternich[78]). De son côté, le compositeur use de son influence pour faire décorer Jahn qui sera nommé Chevalier de la Légion d'Honneur à titre étranger par décret du 29 décembre 1891.

Parallèlement, Massenet assiste tous les matins aux répétitions de *Werther* dont il décrit à sa femme le déroulement tout en lui faisant part de ses impressions :

> Aujourd'hui on commence sous ma directions les études de *Werther* – il paraît qu'on a lu « l'orchestre » et L'ON DIT que c'est une œuvre de premier ordre.
> Si c'était pourtant vrai ? ! !
> Je n'y crois pas encore – je jugerai cela dans quelques jours car on travaille l'orchestre sans moi pour me donner une belle 1re impression.
> On paraît content au théâtre – on espère beaucoup. La mise en scène est très soignée dit-on – il y a un effet extraordinaire au 3e acte de Werther – le tableau de la Nuit de Noël ! ! ![79].
> [...]
> On ne donnera pas la 1re avant 3 semaines, on ne peut pas avant, DIT-ON. [...]. Où cela me mènera-t-il ? Je n'en crois rien, mais je suis très inquiet[80].

Mais, le 11 février 1892, alors qu'il peut désormais suivre toutes les répétitions, il se lamente auprès de son épouse :

> Ici, les répétitions générales continuent et parfois je m'imagine que j'ai écrit là un ouvrage de mérite ? L'instrumentation est parfois pleine de choses que je n'ai jamais faites ? ... [...]
> Je n'ose trop parler des impressions sur *Werther*. C'est tellement en dehors de tout... que ce sera très bien ou très faible ?
> J'ai souvent « mes nerfs » pendant les répétitions[81] et j'ai tort car le théâtre est Impérial ici, alors tout prend des proportions diplomatiques ! ! Mais je suis vif et les « années » (!) ne m'ont pas calmé. La mise en scène est vraiment réussie[82].

Van Dyck mentionne en effet, dans ses multiples souvenirs concernant le compositeur, l'anxiété de ce dernier et un différend qui les opposa à propos de l'interprétation du duo final[83]. Une lettre méconnue nous révèle aussi qu'un proche du compositeur, Coquelin l'aîné[84], alors présent à Vienne où il interprète *Thermidor* de Sardou[85], est intervenu dans cette mésentente et suggéra un jeu scénique lors de l'épisode

78. Voir Walter Vogt, « Courrier de Vienne », *Le Figaro*, 17 février 1892.

79. Selon Van Dyck, la neige, qui tombait dès l'exécution de l'épisode symphonique « La Nuit de Noël », accompagnait ensuite tout le duo final. Voir annexe 3c : Louis Schneider, « Massenet et ses interprètes : conversation avec M. Van Dyck », *Le Gaulois*, 18 août 1912.

80. Lettre de Jules Massenet à sa femme, 27 janvier 1892, dans Anne Massenet, *Jules Massenet en toutes lettres*, p. 96.

81. Au lendemain de la création, le correspondant du *Gaulois* (G. P., « *Werther* à Vienne », *Le Gaulois*, 17 février 1892) écrira : « Massenet était, durant ses répétitions, fort énervé, et, quoique intérieurement satisfait, se démenait beaucoup, restant toujours, malgré ses emportements, le plus aimable des compositeurs, ce qui a donné lieu à un mot assez drôle – en ce sens qu'il caractérise bien le maître – dit par M. Mayerhofer, qui chante le rôle du bailli. En voici la traduction littérale : "Il se démène comme un ours dans une volière".

82. Lettre de Jules Massenet à sa femme, Vienne, 11 février 1892, dans Anne Massenet, *Jules Massenet en toutes lettres*, p. 97.

83. Massenet aurait jugé mal réglé le duo final, ce qui suscita des tensions avec Van Dyck. Voir annexe 3c : Louis Schneider, « Massenet et ses interprètes : conversation avec M. Van Dyck », *Le Gaulois*, 18 août 1912.

84. Coquelin l'aîné (1841-1909), créateur du rôle-titre de Cyrano de Bergerac. Massenet lui avait composé, en 1879, la musique a cappella de l'air « Je préfère à richesse » chanté par Figaro dans *Le Mariage de Figaro* de Beaumarchais.

85. Voir Walter Vogt, « Courrier de Vienne », *Le Figaro*, 17 février 1892.

symphonique qui relie les deux derniers tableaux. Le célèbre comédien écrit au compositeur :

> Cher ami
> Tu me diras que je suis bien théâtre et bien coco, mais, moi, je ferais traverser le théâtre à la petite femme allant chez Werther pendant le tableau de la neige – la symphonie en est admirable et tu trouveras bien, sur un motif vers la fin, le moyen de faire passer ton héroïne. Van Dyck a fort artistiquement pris mon observation, je le trouve excellent. Tu vas avoir un énorme succès j'en suis bien honteux pour Paris et ravi pour toi.
> Ton vieux Coq[86].

La prédiction de Coquelin était juste. Le 16 février 1892, la création de *Werther*, sous la direction musicale de Jahn, remporte un triomphe mémorable, et l'ouvrage sera repris régulièrement au cours de la saison[87]. Ce succès colossal est naturellement aussitôt rapporté par la presse parisienne et a fortiori par *Le Ménestrel*. Dans trois numéros, l'hebdomadaire des éditions Heugel cite de larges extraits de la presse viennoise et étrangère. Massenet et ses interprètes sont unanimement félicités, notamment par Édouard Hanslick qui, après avoir rappelé « l'incomparable interprétation viennoise de *Manon* » et analysé *Werther*, apprécie le talent du compositeur qu'il juge particulièrement adapté au genre « de l'opéra dialogué, tantôt gai, tantôt émouvant, c'est-à-dire la *musique intime* »[88]. Quant au correspondant du *Temps*, il confie : « On connaît Van Dyck à Paris : on croira donc volontiers qu'il eût été difficile de trouver un Werther plus passionné et mieux pénétré de son rôle »[89]. De retour à Paris, Massenet, conscient de la qualité des interprètes dont il a bénéficié à Vienne, écrit à son ami et compositeur Paul Lacombe[90] :

> C'est fait, cher ami, *Werther* a été joué à Vienne – maintenant quel sera le sort de cet ouvrage autre part ?
> Je ne m'attendais pas à un tel accueil...
> Je frémis des suites quand nous n'aurons plus l'admirable interprétation de l'Opéra de Vienne.
> Merci pour vos chères félicitations reçues en ces jours d'émotion inoubliable[91] !

Massenet ne se trompait pas : si de nombreux théâtres s'emparent de l'ouvrage, le rôle de Werther va souvent souffrir, comme à Paris en 1893, d'une interprétation médiocre ne pouvant rivaliser avec celle de Van Dyck qui s'impose rapidement comme

---

86. Lettre de Coquelin l'aîné à Jules Massenet, [Vienne], Hôtel Continental, [janvier ou février ? 1892] (Yale University, Beinecke Rare Book and Manuscript Library, Gen Mss Music Misc.).

87. Information d'après les agendas d'Augusta Van Dyck, l'opéra est donné ensuite les 19, 22, 25, 29 février, 6, 13, 16 mars, 21, 26 avril et 16 mai (Archives privées).

88. « *Werther* devant la presse viennoise », *Le Ménestrel*, 58ᵉ année, n° 9, 28 février 1892, p. 69.

89. Article non signé, « La première de *Werther* à Vienne », *Le Temps*, 18 février 1892.

90. Paul Lacombe (1837-1927), compositeur et ami de Massenet depuis la fin de la guerre de 1870, avait déjà eu la possibilité d'apprécier *Werther* en 1890 puisqu'il demande à Henri Heugel la partition peu avant la création viennoise en précisant : « J'ai un grand désir de revoir cette œuvre que j'ai déjà lue il y a deux ans et que je considère comme une des meilleures et des plus personnelles de Massenet. / Si vous publiez *Le Carillon* envoyez-le moi aussi. » Lettre de Paul Lacombe à Henri Heugel, Carcassonne, 31 janvier 1892 (Paris, collection particulière).

91. Lettre de Jules Massenet à Paul Lacombe, Paris, 25 février 1892 (Carcassonne, Bibliothèque municipale).

une référence. Ainsi lorsque, en mai 1894, Van Dyck succède à Julien Leprestre sur la scène de la Monnaie, la comparaison tourne sans conteste à son avantage :

> C'est la première fois (sauf à Saint-Pétersbourg), que le créateur de Werther à Vienne chantait le rôle en français. Il lui donne une physionomie, une coloration, que M. Leprestre, qui l'a chanté ici, avec une très belle voix, mais d'une façon trop uniformément mélodramatique et sombre, n'avait pu lui donner. C'est une merveille de « composition ». Au point de vue vocal, M. Van Dyck y apporte tour à tour un charme, une tendresse, une passion absolument remarquables, mettant en relief certaines pages dont on n'avait pas saisi le vrai caractère, et faisant vivre l'œuvre exquise de M. Massenet d'une vie nouvelle. Il a rétabli, en outre, dans son entier, l'admirable scène finale de la mort de Werther, dans laquelle on avait pratiqué une large coupure, fort intempestive, et qui a causé une vive impression[92].

Et *Le Guide musical* de préciser :

> Ce qui a particulièrement intéressé dans son interprétation de Werther, c'est la variété des nuances. [...] M. Van Dyck, en passant avec de saisissantes nuances de la joie de vivre à la désespérance, en marquant fortement la jalousie et le croissant désir de la mort, donne du personnage une interprétation plus naturelle et plus vivante ; les luttes, les hésitations, les retours, les emportements de cette âme blessée sont exprimés avec une intensité de relief dont les précédentes exécutions, si louables qu'elles eussent été, ne donnaient pas le soupçon. Ce qui n'est pas le moins admirable, c'est la souplesse de l'artiste, qui passe avec tant d'aisance du ton héroïque au ton naturel du drame bourgeois[93].

Aussi Van Dyck peut-il à bon droit s'exprimer fermement lorsqu'il est mécontent d'une production d'un ouvrage qu'il a travaillé auparavant sous l'autorité du compositeur. Après ses triomphes à Vienne dans *Manon* et *Werther*, le ténor est en effet considéré comme le garant de l'interprétation de ces deux opéras qu'il chante régulièrement dans la capitale autrichienne et parfois lors de séjours à l'étranger (États-Unis, Russie ou Belgique notamment)[94]. Ainsi, en 1898, Van Dyck manifeste son désaccord lors d'un bref séjour au Théâtre de la Monnaie à Bruxelles :

> M. Van Dyck a chanté *Tannhäuser* et *Lohengrin*, où il s'était fait applaudir souvent déjà à Bruxelles, et il a chanté aussi *Manon*. Retardée à plusieurs reprises, – par indisposition, assurait-on officiellement, sans ajouter si cette indisposition n'était pas surtout objective, la mise en scène et l'interprétation générale du chef-d'œuvre de Massenet à la Monnaie ayant soulevé de la part de M. Van Dyck de multiples observations, – cette création nouvelle du grand artiste ne pouvait manquer de piquer vivement la curiosité du public[95].

Un cadeau reçu l'année suivante par Van Dyck atteste encore de cette aura qui perdure jusqu'au début du XXe siècle. Bien après la création viennoise de *Werther*, la reine Victoria offre au ténor, en souvenir cet événement mais aussi d'une soirée musicale

---

92. Lucien Solvay, « Nouvelles diverses », *Le Ménestrel*, 60e année, n° 19, 13 mai 1894, p. 149.
93. Article non signé, « Bruxelles », *Le Guide musical*, 40e année, n° 19, 6 mai 1894, p. 440-441.
94. Voir annexe 4 : Liste des œuvres de Massenet chantées par Ernest Van Dyck.
95. « Nouvelles diverses », *Le Ménestrel*, 1er mai 1898, 64e année, n° 18, p. 141.

au château de Balmoral le 10 juin 1899[96], une boîte à priser incrustée de turquoises, surmontée des initiales couronnées « VRI » (Victoria Regina Imperatrix)[97].

Cette relation privilégiée entre Massenet et son interprète est d'autant plus forte que, entre-temps, le ténor s'est fait aussi le collaborateur du compositeur en lui offrant le livret d'un ballet qui devait d'abord servir de complément au drame lyrique lors de sa création en 1892.

VAN DYCK LIBRETTISTE : GENÈSE ET CRÉATION DU *CARILLON*

Quelques jours après la création de *Werther*, l'Opéra impérial assure, le 21 février, la création du *Carillon*, « légende dansée et mimée » sur un livret d'Ernest Van Dyck et de Camille de Roddaz dont le sujet se passe au XVe siècle à Courtrai en Belgique[98]. Interprété, sous la direction de Josef Hellmesberger, par Mlle Cerale et Louis Frappart notamment, ce ballet, qui, en raison de son sujet, devait sans doute être donné dans la foulée à Bruxelles[99], occupe une place particulière dans la carrière du célèbre ténor. Parallèlement à ses nombreux engagements sur les scènes internationales, Van Dyck exerça aussi une importante activité littéraire qui remonte, on l'a vu, à ses années de formation. Ainsi, quelques jours après la première représentation parisienne de *Lohengrin*, en septembre 1891, *Le Ménestrel* se plaît à citer un extrait d'un périodique belge :

> On lit dans *L'Éventail*, de Bruxelles : « Les Parisiens qui ont applaudi M. Van Dyck mercredi soir, ignorent fort probablement que notre compatriote, avant d'embrasser la carrière du chant, faisait un doigt de cour aux belles-lettres. Nous avons sous les yeux une brochurette de cinquante-quatre pages, publiée en 1880 chez Palmé et intitulée : LE JOLI CHÂTEAU, *drame fantastique en trois actes mêlés de chant d'après une légende de Paul Féval par MM. E. Van Dyck et F. Heuvelmans.* » La scène se passe « au joli château de Coquerel, en Bretagne, vers l'an 1450 ». Musique de Wambach. Si nous ne nous trompons pas, *Le Joli Château*, qui ne contient aucun rôle de femme, a été représenté au collège Saint-Louis. En cherchant bien, nous retrouverions encore les traces d'une collaboration de M. Van Dyck à un journal d'étudiants aux idées très avancées en littérature. Les succès de Vienne et de Bayreuth auront fait oublier à M. Van Dyck ces épisodes de jeunesse ; peut-être ces souvenirs lointains évoqueront-ils de joyeuses années d'université[100].

Accaparé par sa carrière lyrique internationale, le ténor va cependant poursuivre cette seconde activité mais le plus souvent en compagnie de Camille de Roddaz, un de ses plus proches et anciens amis avec lequel il va concevoir plusieurs ouvrages pour la scène chorégraphique ou dramatique, Roddaz se chargeant le plus souvent de développer un scénario arrêté par Van Dyck[101]. Outre *Le Carillon*, les deux hommes produiront *Mateo Falcone* drame en un acte d'après Prosper Mérimée, créé au Theater An der Wien, le

---

96. Voir annexe 4.

97. Ce bijou est aujourd'hui encore conservé dans la famille des descendants d'Ernest Van Dyck.

98. Voir le scénario en annexe 2 : Transcription du livret du *Carillon*, « légende mimée et dansée », de Camille de Roddaz et d'Ernest Van Dyck, musique de Jules Massenet.

99. Voir, en annexe 1a : Contrat du *Carillon* liant Massenet et ses librettistes à l'éditeur Heugel.

100. « Nouvelles diverses », *Le Ménestrel*, 57e année, n° 39, 27 septembre 1891, p. 311.

101. L'écrivain se charge aussi d'aider son ami lors de ses déplacements à Paris ou à l'étranger.

2 février 1893, puis *Les Cinq Sens* (*Die fünfte Sinne*), ballet en sept tableaux mis en musique par Josef Hellmesberger, créé au Hofoper de Vienne à l'automne 1893.

Probablement d'origine belge, Camille de Roddaz (1846-1896) reste aujourd'hui une personnalité méconnue [102]. Ses premiers écrits, qu'il complète de ses propres gravures, semblent remonter au début des années 1880 et touchent avant tout l'histoire de l'art [103]. Il se fait ainsi remarquer en 1889 en prenant la défense de Gustave Eiffel :

> La Tour ne ressemble à rien de connu, il est vrai ; elle n'est d'aucun style, ni grec, ni gothique, ni renaissance ; elle est construite en fer, sa forme est adaptée à la nature de ses matériaux, et [...] il est évident, il est indéniable que l'avenir nous réserve un style d'architecture du fer [104].

Puis, Roddaz se livre exclusivement à une importante activité d'écrivain dramatique qui le conduit à fréquenter diverses personnalités parisiennes, telles Adolphe Aderer [105] ou André Messager [106], avec lesquelles il s'implique dans l'opérette, la comédie, le drame mélodramatique et surtout dans de multiples projets chorégraphiques, comme le révèlent ses lettres à Van Dyck : sans compter des projets avortés avec Messager, Chabrier, Strauss ou Hubay, Roddaz achève sa carrière avec *L'Étoile* d'André Wormser, créée au Palais Garnier le 31 mai 1897 (soit quelques mois après sa mort survenue en juin 1896). De la correspondance exploitée dans le présent ouvrage se dégage une personnalité attachante et sympathique, mais plutôt conformiste [107] et âpre au gain, car engluée dans des difficultés financières consécutives à de multiples échecs. Roddaz est resté dans l'ombre de ses multiples collaborateurs dont certains ont accédé à une reconnaissance que la postérité lui a refusée [108].

Ses lettres à Van Dyck sont à cet égard particulièrement riches en informations concernant l'activité débordante des théâtres parisiens où le nombre de projets avortés et de créations sans lendemain est considérable. Elles démêlent aussi les rouages des collaborations et relations complexes qui unissent les auteurs aux directeurs de théâtre dont les intérêts sont divergents malgré leur recherche commune du succès. Ainsi, Massenet s'engage dans la composition du *Carillon* lorsque les incertitudes concernant la création viennoise de *Werther* sont levées. Le ballet, qui devait un temps servir de lever de rideau au drame lyrique, sera en définitive représenté quelques jours après en complément du *Barbier de Bagdad* de Cornélius. Bien accueilli par la presse, il quitte

---

102. Voir illustration 40. Camille de Roddaz est probablement le pseudonyme sous lequel il écrit, puisque *Le Figaro* du 21 octobre 1890 annonce le mariage de « Jean-Célestin-Eugène Pescheux, dit de Roddaz avec Mlle Célestine-Marie Torchebœuf ». Voir la lettre 7 de notre corpus.

103. Camille de Roddaz (dir.), *L'Art ancien à l'exposition nationale belge*, Bruxelles, Rozez / Paris, Didot, 1882.

104. Camille de Roddaz, « À travers l'exposition universelle », *L'Art*, 15e année, 1889, p. 139. Roddaz précise cependant en note : « Nous sommes convaincus que ce style, s'il doit le moins du monde durer, sera autrement artistique que l'aspect de la Tour Eiffel. Au point de vue artistique, celle-ci n'existe à aucun titre. »

105. Adolphe Aderer (1855-1923), journaliste, écrivain français et chroniqueur dans divers périodiques parisiens. Roddaz écrira avec lui les livrets de *L'Étoile* et de *L'An 2000*. Voir la lettre 74 de notre corpus.

106. Avec *Le Carillon*, son plus beau titre de gloire reste sans doute le livret de l'opérette de Messager, *La Fiancée en loterie*, créée aux Folies-Dramatiques, le 13 février 1896.

107. Voir la lettre 80 de notre corpus qui mentionne des extraits de son entretien avec Hermann Bahr.

108. Voir notamment les lettres 19 et 20 de notre corpus.

cependant rapidement l'affiche du Hofoper[109] au grand désespoir de Massenet[110] et de Van Dyck. Ce dernier aurait eu de multiples démêlés avec Hassreiter, le maître de ballet, et Hellmesberger, le chef d'orchestre[111]. Sa fortune ne sera néanmoins guère plus brillante en France ou à l'étranger : seules Anvers, en décembre 1892, Lyon, en 1896[112], puis Milan, au cours de la saison 1898-1899[113], accueillent un ouvrage jamais représenté à Paris malgré les efforts de Roddaz.

En effet, soutenu plus ou moins par Van Dyck, Roddaz tentera, mais en vain, de faire jouer à l'Opéra de Paris *Le Carillon* mais aussi un autre ballet, *Le Talisman*, dont on peut suivre, dans la correspondance du présent ouvrage, les multiples rebondissements d'une genèse avortée[114]. Roddaz demande à Van Dyck de jouer de sa position de ténor convoité pour obtenir l'accord du directeur de l'Opéra, Eugène Bertrand, mais aussi de Massenet, lesquels auraient bénéficié du talent du chanteur dans les *Maîtres chanteurs* ou *Hérodiade* si *Le Talisman* avait été monté à Paris. Mais ces diverses combinaisons seront contrecarrées par l'adjoint de Bertrand, Pedro Gailhard, et le librettiste et homme d'affaires Jacques de Reinach qui souhaitaient bénéficier de la notoriété de Massenet pour un autre ouvrage chorégraphique, *La Maladetta*. Ce dernier échoira en définitive à Paul Vidal[115], tandis que Roddaz devra se contenter d'être le collaborateur d'Adolphe Aderer et d'André Wormser pour *L'Étoile*[116]. Quant à Van Dyck, il ne se produira jamais dans les *Maîtres-chanteurs* ou *Hérodiade* sur la scène de l'Opéra de Paris... En revanche, il continue de se montrer un interprète privilégié de *Manon* et de *Werther* sur les autres scènes lyriques du monde entier où il est acclamé.

109. Selon les agendas d'Augusta Van Dyck, on compte dix représentations données au cours de la saison.

110. Voir les lettres 75, 87 et 89 de notre corpus.

111. Voir annexe 3c : Louis Schneider, « Massenet et ses interprètes : conversation avec M. Van Dyck », *Le Gaulois*, 18 août 1912. Des problèmes analogues auraient également surgi lors des répétitions des *Cinq Sens*. « La réception du ballet les *Cinq Péchés*, de M. Van Dyck, à l'Opéra de Vienne, a donné lieu à tout un petit scandale, motivé par la jalousie et une misérable question de droits d'auteurs. À l'Opéra de Vienne, il est d'usage de faire retoucher tous les ouvrages chorégraphiques par un des deux compositeurs et maîtres de ballet, Gaul et Hassreiter, qui, de cette façon, participent aux droits d'auteurs. M. Van Dyck a cru pouvoir s'affranchir du joug qu'on lui imposait; il a protesté, il s'est défendu, et le résultat fut que son ballet a été purement et simplement mis de côté. Plus tard, grâce à des interventions complaisantes, tout finit par s'arranger. Et voici quel fut l'arrangement : M. Van Dyck, qui n'avait pas voulu d'un collaborateur, dut se résigner à en subir... quatre ! *Les Cinq Péchés* seront signés par cinq auteurs, un par péché : MM. Van Dyck, de Roddaz, Hassreiter, Gaul et le Kapellmeister Hellmesberger ! Il y a un proverbe anglais qui dit : Trop de cuisiniers gâtent le ragoût. Espérons que dans le cas présent le proverbe aura tort. » (« Nouvelles divers », *Le Ménestrel*, 59ᵉ année, n° 42, 5 octobre 1893, p. 333.)

112. Voir les lettres 71 et 106 de notre corpus.

113. Selon un livret italien conservé à la Bibliothèque nationale de France (Arts du spectacle, 8-RO - 3796), le ballet sera donné dans une chorégraphie de Giorgio Saracco, des costumes d'Alfredo Edel avec Edea Santori (Berta) en prima ballerina assoluta.

114. Voir les lettres 8, 16 et suivantes de notre corpus.

115. Voir la lettre 53.

116. Un projet reliant Roddaz, Aderer et Wormser, qui est annoncé par Gailhard dans la presse au cours de l'été 1894 (voir « La saisons théâtrale de 1894-1895 », *Le Matin*, 26 août 1894), se substitue, semble-t-il, à celui du *Talisman* qui perdure au moins jusqu'en 1892.

APRÈS *WERTHER*

Malgré l'échec relatif du *Carillon* et de leurs projets communs sur la scène de l'Opéra de Paris, Van Dyck et Massenet vont nouer une amitié durable que la correspondance et les souvenirs du ténor recueillis dans le présent volume laissent clairement entrevoir. Aussi le compositeur est-il suffisamment proche de Van Dyck pour qu'il puisse rapidement engager ses élèves à solliciter de sa part un interprète renommé dont les prestations à Bayreuth sont très convoitées. Ainsi, en 1891, Gustave Charpentier[117] obtient des places pour *Parsifal*[118] et, l'année suivante, Reynaldo Hahn[119], alors âgé de 18 ans, entreprend une démarche similaire d'autant plus légitime que le jeune musicien avait relu les premières épreuves de *Werther*[120] et s'était enthousiasmé pour le drame lyrique bien avant sa création. À Paul Lacombe, Hahn écrivait au début des années 1890 :

> Après plusieurs supplications, je suis parvenu à attendrir monsieur Hartmann, et J'AI LU WERTHER !
> J'ai été ravi, charmé, renversé, enthousiasmé, abasourdi ! Voilà un chef-d'œuvre ! la facture est remarquable, tout cela se tient, progresse ; et comme inspiration quelle fraîcheur, comme c'est séduisant. Voilà ce que c'est ; si vous n'étiez pas venu à Paris, je n'aurais pas eu l'idée de demander à voir cet ouvrage[121].

Si elle ne fait aucune allusion à *Werther*, à la création duquel il avait envisagé d'assister, la lettre qu'il adresse quelques mois plus tard à Van Dyck est particulièrement intéressante, car elle témoigne d'un engouement pour Wagner a priori inattendu chez un auteur dont le nom rime surtout avec musique légère. Le 7 juin 1892, Hahn écrit :

> Monsieur,
>
> Pardonnez-moi la liberté que je prends en vous écrivant sans avoir l'honneur d'être connu de vous, mais j'y suis enhardi par l'approbation de mon maître, Monsieur Massenet.
>
> Des changements imprévus modifient brusquement mes plans de voyage pour cet été et me permettent d'aller passer quelques jours à Bayreuth ; or, je crains qu'à l'époque avancée où nous sommes je ne puisse plus trouver une place en m'adressant directement à l'administration du théâtre. J'ai donc pensé que, par votre entremise, il me serait plus facile

---

117. Gustave Charpentier (1860-1956) entre en 1883 dans la classe de Massenet qu'il quitte après avoir obtenu un premier grand Prix de Rome en 1887. Lorsqu'il rédige sa lettre, Charpentier est soutenu dans les salons par Massenet. Voir la lettre 74 de notre corpus.

118. Après avoir écrit à Van Dyck : « J'aimerais voir surtout *Parsifal* & *Tristan* surtout *Tristan* que j'ignore », Charpentier (lettre à Ernest Van Dyck, Paris, 25 juillet 1891, Archives privées) remercie son correspondant en lui signalant : « Je regrette que les places que vous possédez soient pour la même date, car j'aurais bien aimé voir 2 fois *Parsifal*. » (Lettre de Gustave Charpentier à Ernest Van Dyck, Paris, 30 juillet 1891, Archives privées).

119. Entré au Conservatoire en 1885, Hahn (1874-1947) est élève de Massenet probablement depuis 1889 ou 1890. Lorsqu'il écrit à Van Dyck, le jeune musicien est déjà l'auteur de plusieurs mélodies remarquées et s'est lancé depuis quelques mois dans la composition de son premier opéra, *L'Île du rêve*, « idylle polynésienne » créée à l'Opéra-Comique le 23 mars 1898.

120. Voir Reynaldo Hahn, « Millième de *Werther* », 11 octobre 1938, dans Reynaldo Hahn, *Thèmes variés*, Paris, J. B. Janin, 1946, p. 131.

121. Lettre de Reynaldo Hahn à Paul Lacombe, Paris, [papier à en-tête « G. Hartmann & Cie / Éditeurs / 20 rue Daunou / Paris, le .... 189... » sur lequel Hahn a seulement indiqué « lundi »], s.d. (Carcassonne, Bibliothèque municipale, Ms 18430, f. 113). Hahn avait confié ses premières œuvres à Hartmann qui lui fournira, en collaboration avec André Alexandre, le livret de *L'Île du rêve*.

d'obtenir cette place tant désirée et je me permets de vous écrire pour vous prier instamment de vouloir bien faire usage de votre influence en faveur d'un jeune apprenti musicien dont le souhait le plus fervent est d'aller entendre à Bayreuth quelques ouvrages qu'il admire déjà passionnément, d'autant plus que les représentations vont être suspendues pendant quelques années. Et puis ce pèlerinage me serait si utile au point de vue instructif ! Tous les artistes sont un peu frères, c'est pourquoi j'ose m'adresser à vous bien que je sois qu'un très humble commençant.

Il s'agirait donc, Monsieur, pour moi, d'avoir une place pour chacune des représentations suivantes

24 juillet (*Thanhauser* [*sic*])
25…//…(*Maîtres chanteurs*)
28…//…(*Parsifal*)
29…//…(*Tristan*)
31…//…(*M.*[*aîtres*] *Ch.*[*anteurs*])
1 er août…(*Parsifal*)

Je n'ai pas besoin de vous dire, monsieur, qu'une prompte réponse me ferait le plus grand plaisir, et je ne crains qu'une chose, c'est que vous ne preniez mal cette lettre sans doute très intempestive ; pourtant j'espère que la carte que mon maître m'a donnée vous fera accueillir avec un peu de bienveillance mon indiscrète demande et que vous voudrez bien m'excuser.

Si la chose se fait, je me réserve le plaisir de vous remercier de vive voix à Bayreuth, et ce sera une occasion pour moi de vous dire ma sincère et profonde admiration pour votre grand talent.

Croyez, Monsieur, à ma reconnaissance anticipée, et à tous mes meilleurs sentiments.

Reynaldo Hahn [122]

Van Dyck répondra sans doute favorablement à la demande du jeune compositeur qui, au cours de l'été 1892, entendra à Bayreuth Heinrich Vogl dans *Tristan* [123], mais sans doute aussi Van Dyck en Parsifal.

Van Dyck va également entrer en relation avec certains interprètes fétiches de Massenet, comme Emma Calvé, avec laquelle il ne semble cependant s'être jamais produit [124], bien qu'il soit possible que le ténor ait envisagé de chanter *Sapho* [125] avec celle qui triompha dans cet ouvrage lors de sa création à l'Opéra-Comique en 1897.

122. Lettre de Reynaldo Hahn à Ernest Van Dyck, Paris, 6 rue du Cirque / Champs-Élysées, 7 juin 1892 (Archives privées).

123. Voir Reynaldo Hahn, *Du chant*, Paris, Lafitte, 1920, p. 147.

124. Voir illustration 50. Comme le souligne cette lettre non datée de la cantatrice (Archives privées), un projet relia les deux interprètes en 1905 alors que Van Dyck avait chanté *Tristan* en avril et en mai à l'Opéra de Paris : « Je n'ai pas besoin de vous dire que moi aussi je me faisais une fête de chanter *Faust* avec *l'admirable Tristan* que j'ai tant admiré le soir de la première. / Votre lettre me prouve que vous êtes le plus courtois et le plus galant des amis. / À bientôt le plaisir de chanter ensemble. / Croyez-moi votre admiratrice et dévouée camarade / E. Calvé / P. S. J'étudie sans rien dire bien des rôles de Wagner ! Je voudrais tant pouvoir chanter moi aussi ces merveilles ! Si j'avais un peu plus de force, il y a longtemps que ce serait fait. »

125. La présence, dans les archives du chanteur, d'une première édition de la partition chant et piano entretient cette hypothèse. Voir l'annexe 5 (Liste des partitions de Massenet conservées dans les archives Ernest Van Dyck) et les illustrations 45 à 49.

En revanche, Van Dyck va nouer de solides liens amicaux avec Sibyl Sanderson dont il sera le partenaire à plusieurs reprises dans *Manon*, notamment à Londres [126], on l'a vu, ou encore à Saint-Pétersbourg [127]. La soprano devait aussi chanter avec lui Charlotte (un rôle pourtant peu adapté à ses capacités vocales) dans le cadre de représentations de *Werther* prévues à Nice en 1893 [128]. Dans un courrier qui atteste de ses demandes concernant l'interprétation du drame lyrique, Sanderson l'informe aussi de l'atmosphère tendue qui règne à l'Opéra-Comique [129] où se prépare la création parisienne de *Werther* :

> Merci pour votre lettre avec indications costumes Werther [*sic*]. Je ne crois pas que la pièce passera ici avant le 16 [130] – date de mon départ pour Nice et comme les indications dans la mise en scène pour les costumes de Charlotte sont tout autres que celles faites à Vienne et comme je tiens à être [illisible] dans le style même si c'est allemand. J'espérais pouvoir voir les photographies. Mille excuses de mon indiscrétion...
> Mon dieu ! je ne sais pas du tout si je regretterai l'Opéra-Comique – il faut espérer que non. Pour le moment je n'ai aucun regret. Car le travaille excessive [*sic*] qu'on y fait commence à me lasser. Puis les appointements et les vacances de l'Opéra me seront plus acceptables. J'ai vu que vous étiez indisposé. J'espère que ce n'était rien de sérieux. Ici il fait un froid très grand et je passe mon temps à me soigner. Ce rôle idiot de la *Flûte* est si difficile si ingrat.
> Les de Reszké commencent une série de représentations ici le 4 janvier. J'ai du [*id est* pour je devais] chanter avec Jean la 100e de *Roméo* puis Carvalho a refusé [131]. Quand venez-vous [132] ?

Probablement malade, Van Dyck déclarera forfait pour les représentations niçoises de *Werther* comme il ne participera pas à la création parisienne de ce même ouvrage, le 16 janvier 1893, mais en raison de ses difficultés relationnelles avec le directeur de l'Opéra-Comique, Léon Carvalho. Figure importante et respectée de la vie théâtrale, Carvalho fait en effet preuve d'un caractère autoritaire, relevé aussi bien par Sanderson que par Roddaz dont plusieurs courriers à Van Dyck fournissent de précieux renseignements sur la qualité de la production parisienne dominée par les prestations remarquables de la jeune Marie Delna et de Henri Albers qui tranchent avec celle, plus que médiocre, du rôle-titre incarné par Guillaume Ibos [133]. Cependant, malgré les récriminations de Massenet ou de Heugel, Carvalho, qui dirige l'Opéra-Comique jusqu'à sa mort en décembre 1897, ne trouvera (ou ne cherchera) jamais un terrain d'entente avec Van Dyck

---

126. Sibyl Sanderson manifestera peu après son enthousiasme lorsque le ténor belge se produit à Paris dans *Lohengrin* en septembre 1891 : « J'ai bien envie de vous porter mes félicitations, car avec mon mauvais français, je ne puis assez bien vous dire combien je vous ai trouvé grand et superbe et superbe ce soir. La discrétion emporte cependant sur le désir et [illisible]. Je veux pourtant vous dire qu'aucun artiste ne m'a fait le plaisir que vous m'avez fait ce soir. » Lettre de Sibyl Sanderson à Ernest Van Dyck, [Paris, 16 septembre 1891] (Archives privées).

127. Voir l'annexe 4 : Liste des œuvres de Massenet chantées par Ernest Van Dyck.

128. Voir la lettre 74 de notre corpus.

129. Elle quittera en effet la salle Favart à la fin de l'année suivante pour rejoindre le Palais Garnier.

130. Sanderson fait allusion à la création parisienne de *Werther* qui précède de peu celle de Nice.

131. Jean de Reszké, indisposé, ne chantera pas dans *Roméo et Juliette* le 4 janvier 1893, mais participe, avec son frère Édouard et la soprano Lucy Berthet, à la centième représentation de l'ouvrage de Gounod, le 18 janvier.

132. Lettre de Sibyl Sanderson à Ernest Van Dyck, [Paris ?], 30 décembre 1892 (Archives privées).

133. Voir les lettres 78 et suivantes de notre corpus.

ni en 1894[134] ni en 1896, années durant lesquelles des négociations semblent avoir été menées[135].

LES PREMIERS ÉCHECS : *LA NAVARRAISE* À VIENNE ET *WERTHER* À PARIS

Le ténor pensait sans doute prendre sa revanche sur Carvalho lorsque, en 1895, il participe activement à la création viennoise de *La Navarraise* donnée peu après les premières représentations parisiennes[136]. Cependant, malgré la présence de Massenet, venu superviser les derniers préparatifs dans la capitale autrichienne[137], et les triomphes renouvelés de Van Dyck dans *Manon* et *Werther*, cet « épisode lyrique » ne rencontre pas le succès escompté. L'ouvrage tombe au bout de neuf représentations, et le ténor ne semble plus s'y être produit par la suite. De même, le projet de chanter *Le Roi de Lahore*, avec le grand baryton Theodor Reichmann, reste sans lendemain[138].

Van Dyck subit ensuite un nouvel échec, mais plus inattendu, lorsqu'il chante *Werther* en 1903 à l'Opéra-Comique dont les portes lui sont désormais ouvertes. Nommé en 1898, le nouveau directeur, Albert Carré, connaît Van Dyck depuis deux ans. Les deux hommes se sont rencontrés à Vienne en 1896 au moment de la création mouvementée du *Chevalier d'Harmental*[139] d'André Messager, lequel admire le talent du ténor depuis ses prestations parisiennes dans Wagner[140]. Peu après la première, Van Dyck écrit à Carré :

> J'ai été enchanté de vous connaître de plus « près » et je me permets de vous assurer de ma bien vive sympathie.
> *Le Chevalier [d'] Harmenthal* [*sic*] qui avait rencontré bien du mauvais vouloir à Paris a à lutter ici avec plus de mauvaise foi encore. La presse a été en dessous de tout. D'une mauvaise foi et d'une injustice flagrantes. Je répète mauvaise foi car il m'est revenu que des influences parisiennes se seraient fait jour ici pour nuire à ce pauvre Messager[141].

Or, lorsque Carré est nommé à la tête de l'Opéra-Comique, il engage aussitôt Messager comme directeur musical dont le talent fait rapidement l'unanimité. Aussi n'est-il pas surprenant que des représentations de *Tristan et Isolde* avec Van Dyck soient envisagées en 1901 puis en 1902 mais en vain[142] : les représentations scéniques du

---

134. Voir les lettres 91 et 93.

135. Peu avant sa rentrée à l'Opéra de Paris dans *Lohengrin*, Van Dyck confie ses projets à la presse pour la saison suivante : « Il avait été question, pour moi, de donner d'abord à votre Opéra-Comique quelques représentations de *Werther*, mais je ne crois pas pouvoir m'entendre avec M. Carvalho. » (« À l'Opéra », *La Patrie*, 9 juin 1896).

136. Voir les lettres 97, 107 et suivantes de notre corpus et illustrations 41 à 44.

137. Voir les lettres 107 et 108.

138. Voir les lettres 81 et 89.

139. *Le Chevalier d'Harmental*, opéra-comique, livret de Paul Ferrier, créé à l'Opéra-Comique, le 5 mai 1896.

140. Voir la lettre 5 de notre corpus.

141. Lettre d'Ernest Van Dyck à Albert Carré, Vienne, Victorgasse 5[a], 3 décembre 1896 (Harry Ransom Humanities Research Center, The University of Texas at Austin, Carlton Lake Collection, inv. 63.1).

142. « Mon cher directeur, Il est entendu que nous reportons mon engagement aux conditions convenues au mois d'octobre 1902. Je chanterai *Tristan* 15 fois du 15 octobre au 1er décembre et j'arriverai le 1er octobre pour les répétitions. » Lettre d'Ernest Van Dyck à Albert Carré, Paris, le 26 octobre 1901 (Harry Ransom Humanities Research Center, The University of Texas at Austin, Carlton Lake Collection, inv. 63.1).

répertoire wagnérien restent encore l'apanage de l'Opéra où Van Dyck chante avec un succès constant *Tannhäuser* et *Lohengrin* à la même époque. De même, dans le cadre de la saison de la Société des grandes auditions musicales, le ténor se produit brillamment dans *Tristan* à Paris, en juin 1902, avec Félia Litvinne.

Aussi, en octobre de l'année suivante, le ténor belge se propose-t-il d'interpréter *Manon* et *Werther* à l'Opéra-Comique sans doute aussi pour remercier Massenet qui avait entrepris en juillet des démarches pour le faire décorer de la Légion d'honneur [143]. C'est aussi sans doute à cette époque qu'il enregistre l'air d'Ossian pour Pathé [144].

Mais sa première prestation dans *Werther*, en partie chahutée [145], éclipse les suivantes qui s'étirent jusqu'en décembre où paradoxalement le ténor est fait chevalier de la Légion d'honneur. Les articles relatant les représentations restent en effet plutôt rares ou peu développés, car l'interprétation, dont la qualité est toujours soulignée, ne semble pas faire l'unanimité, comme le laisse entendre Henri de Curzon. Le critique du *Guide musical* note, en outre, que Van Dyck n'apparaît pas en possession de tous ses moyens :

> Quel dommage que, comme pour *Lohengrin*, *Tannhäuser* ou *La Walkyrie*, Ernest Van Dyck ne soit pas venu aussi établir à Paris les traditions du rôle de Werther ! Quelle puissance de vie il a su donner à ce personnage, trop facilement inconsistant si un vrai artiste ne le galvanise, et comment on sent, au-delà du rôle et du personnage lyrique, le type même de Goethe se dessiner et prendre corps ! C'est qu'un lettré et un intuitif comme M. Van Dyck étudie toujours l'histoire et l'esprit de ses héros jusqu'à prendre vraiment leur place sur la scène. Oublier un moment l'interprète, est-il possible d'éprouver une impression plus à l'honneur de l'artiste ?
>
> C'est tout à fait celle que donne celui-ci dans *Werther*, et justement dans ce second acte, que l'on trouve généralement inférieur et même inutile. Tout le caractère du héros de Goethe est là. Il est vrai qu'il faut le mettre en relief comme sait le faire M. Van Dyck, qui jamais ne fut plus « créateur » en effet. Je sais bien que d'aucuns trouvent que la voix n'est plus à la hauteur de l'intention. Pour eux, la qualité du timbre et le charme de la sonorité passent avant tout. Mais je sais aussi que je n'ai jamais mieux éprouvé cette impression, qui semble paradoxale et qui est pourtant si vraie, que Reyer formulait un jour à propos de Mme Krauss [146] : c'est que la voix est la chose la moins nécessaire pour *bien* chanter. [...]
>
> Mais enfin, puisqu'il faut tout de même parler des artistes en tant qu'interprètes, je vous dirai que jamais la diction de M. Van Dyck n'a été plus merveilleuse, plus juste, plus pleine de pensée, jamais son geste plus sûr et pleine d'autorité, que des ovations croissantes l'ont suivi dans l'évolution si éloquente de son rôle [147].

Aussi, Van Dyck, dont la voix, à cette époque, s'est probablement détériorée, ne rencontre-t-il qu'un succès d'estime d'autant qu'il tombe rapidement malade. Son interprétation est alors rapidement estompée par celle de Léon Beyle [148] qui, avant même

143. Voir les lettres 120 et suivantes de notre corpus.

144. Enregistrement avec accompagnement de piano (numéro de face : Pathé 797).

145. Voir la lettre 128.

146. De 1875 à 1888, la soprano Gabrielle Krauss (1842-1906) jouit d'un immense prestige au Palais Garnier où elle crée, entre autres, les rôles de Pauline du *Polyeucte* (1878) de Gounod, de Catherine d'Aragon dans *Henry VIII* de Saint-Saëns, mais aussi celui de la Vierge dans l'oratorio éponyme (1880) de Massenet.

147. Henri de Curzon, « Chronique de la semaine », *Le Guide musical*, 49e année, n° 47, 22 novembre 1903, p. 811.

148. Léon Beyle (1871-1922), premier ténor de l'Opéra-Comique entre 1898 et 1914, assure la reprise de *Werther* en avril 1903 et chante la 100e en 1905.

la fin des représentations avec Van Dyck, reprend un rôle-titre qu'il avait endossé quelques mois auparavant avec succès [149]. Quelques jours après sa dernière apparition sur la scène de l'Opéra-Comique, le ténor belge fait part de son amertume après avoir proposé de nouveau ses services mais en vain :

> J'irai en Autriche en février mais si vous jouiez *Evangelimann* [150], je pourrais être à votre disposition une partie du mois de mars pour les répétitions et chanter à l'Opéra-Comique pendant tout le mois d'avril – une partie de mai et juin.
> Je serais enchanté de revenir à votre aimable théâtre où on a été un peu étonné de me voir, mais où j'avais fini tout de même par conquérir quelques sympathies [151].

La correspondance entre Van Dyck et Massenet va dès lors s'espacer. L'ensemble du corpus épistolaire du présent volume soulève ainsi non seulement la question de la relève d'un interprète-créateur dans un rôle auquel il fut rapidement identifié, mais soulève aussi la validité de son interprétation qui fut supplantée par celle d'autres ténors dès le début du XXe siècle.

VAN DYCK, INTERPRÈTE DE MASSENET

Contrairement à certains de ses ouvrages, Massenet n'avait pas d'interprète précis à l'esprit lorsqu'il envisage la composition de *Werther*. Dans une lettre adressée à Paul Lacombe en 1880, il écrivait ces propos éloquents : « Je me repose et je prends de nouvelles forces pour écrire *Werther* un drame lyrique en quatre tableaux – cet ouvrage, tout spécial, est destiné à me satisfaire, d'abord » [152]. Peu après, une distribution est cependant arrêtée, puisque *Le Ménestrel* reproduit une information largement diffusée, semble-t-il, dans la presse :

> Encore un nouveau projet prêté à M. Massenet. Il s'agit cette fois d'un *Werther*, traité en opéra de genre et destiné à l'Opéra-Comique pour la saison prochaine. Les journaux font déjà la distribution de l'ouvrage : Capoul [153], Taskin [154] et Mlle Bilbaut-Vauchelet [155].

149. La reprise se tient le 24 avril 1903. Beyle se révèle « un Werther idéal, à l'aspect mélancolique, à la voix tendre et caressante, au jeu plein de chaleur et de passion, qui a remporté là un véritable triomphe et conquit sa réputation. » Voir Edmond Stoullig, *Les Annales du théâtre et de la musique : Année 1903*, Paris, Paul Ollendorff, 1904, p. 126.

150. *Evangelimann*, opéra en deux actes de Wilhelm Kienzl, créé le 4 mai 1895 à Berlin. Ernest Van Dyck en assure la première à Vienne, le 11 janvier 1896, dans le rôle de Mathias. Il le reprend également à Londres l'année suivante. L'Opéra-Comique de Paris ne programmera jamais cette œuvre.

151. Lettre d'Ernest Van Dyck à Albert Carré, Berlaer-Lez-Lierre, 31 décembre 1903 (Harry Ransom Humanities Research Center, The University of Texas at Austin, Carlton Lake Collection, inv. 63.1).

152. Lettre de Jules Massenet à Paul Lacombe, Paris, 25 septembre 1880 (Carcassonne, Bibliothèque municipale, Ms 14833, f. 201).

153. Membre de la troupe de l'Opéra-Comique jusqu'en 1872, Victor Capoul (1839-1924) se distingue par l'élégance de son chant et de son maintien. Il avait participé à la création du premier ouvrage scénique de Massenet, *La Grand'Tante*, opéra-comique en un acte créé à la salle Favart en 1867.

154. Le baryton Alexandre Taskin (1853-1897) incarnera le rôle de Lescaut lors de la création de *Manon* en 1884. Voir illustration 23.

155. « Nouvelles diverses », *Le Ménestrel*, 46e année, n° 48, 31 octobre 1880.

Toutefois, les tractations sont rapidement suspendues : Carvalho se serait-il dès cette date désengagé d'un projet qu'il aurait jugé trop triste ? Capoul, dont la voix séduisante ne brillait cependant pas par sa puissance, était-il déjà trop âgé ou trop limité pour endosser un rôle-titre a priori écrasant ? *Werther* est, dans tous les cas, momentanément abandonné au profit d'*Hérodiade*, que Massenet refond en trois-actes, puis de *Manon* et du *Cid*, composés dans la foulée entre 1882 et 1884. Puis, lorsqu'il met sérieusement son ouvrage sur le métier en 1885 et 1886, Rose Caron est pressentie pour incarner Charlotte, mais le rôle-titre ne semble pas encore distribué[156]. L'ouvrage est alors définitivement suspendu au lendemain de l'incendie de l'Opéra-Comique.

Après la création à Vienne en 1892, Van Dyck impose donc l'interprétation d'un rôle qui ne lui était pas destiné, mais qu'il a travaillé avec le compositeur afin d'en transmettre scrupuleusement toutes les intentions. Peu avant les représentations de *Werther* à l'Opéra-Comique en 1903, Van Dyck explique dans un article pour *Musica* comment Wagner a révolutionné l'interprétation :

> Richard Wagner a mis la musique au service du drame. Le geste illustre la mélodie, la parole commande au geste. Toute attitude conventionnelle est désormais choquante et impossible. Nous n'avons plus devant nous un ténor, une basse, un soprano, une falcon ou une galli-marié – dénominations de « genres immuables ! » – mais des personnages qui doivent vivre le poème et qui sont obligés d'être au même titre que le décor qui l'encadre, que l'orchestre dont la symphonie l'illustre et l'accompagne, les interprètes d'une action dramatique, et non plus des chanteurs donnant un concert en costumes. [...]
> La « mode » et ses exigences aura désormais moins de prise sur l'art d'interprétation, qui devra être à l'avenir un collaborateur probe, respectueux et intelligent de l'acte créateur[157].

Un témoignage sur l'art de Van Dyck en 1894 accrédite cet engagement au service de l'œuvre où prime une attention soutenue accordée à la traduction musicale du texte comme à sa compréhension :

> La voix de M. Van Dyck a l'éclat et la puissance, en même temps qu'elle a la souplesse et le charme. Il n'est pas de ceux dont le chant est tout d'une venue et qui interprètent dans les mêmes conditions d'émission et de timbre des passages qui doivent cependant différencier les situations et le sens des paroles. Il s'attache moins à l'intensité de la sonorité, monotone à la longue, qu'à la justesse des accents, traduisant dans une interprétation intelligente les sentiments exprimés par le personnage dans l'état d'esprit où le place chaque incident du drame. Cette recherche attentive de la variété des inflexions donne à son chant un intérêt soutenu. On ne l'écoute pas seulement avec l'oreille, on l'écoute avec l'esprit, et la variété des impressions qu'il produit sur l'auditeur, par des colorations vocales scéniquement motivées, est une des qualités essentielles de son chant qui est toujours en rapport avec le sens de la phrase musicale traduisant elle-même, dans la pensée du compositeur, des idées, des sentiments ou des passions. À chaque instant, dans cette exécution colorée, non arbitrairement, non mécaniquement, mais intelligemment. Des nuances délicates succèdent à d'énergiques accents ; chaque parole a son interprétation vraie dans l'impression comme dans le degré d'intensité du timbre.

---

156. Massenet aurait cependant songé au ténor Émile Cossira qui chantera le rôle à Nice en 1893.

157. Ernest Van Dyck, « Richard Wagner et l'interprétation », *Musica*, 2e année, n° 13, octobre 1903, p. 203.

> Un des grands mérites de M. Van Dyck, c'est une admirable articulation des paroles. On ne perd pas un seul mot du texte poétique dont s'est inspiré le compositeur. Dans les nuances les plus délicates comme dans les plus fortement prononcées, c'est la même prononciation claire, ferme, détachant toutes les syllabes, ce qui sert à préciser le sens musical des phrases, en même temps qu'à rendre la pièce intelligible, ce qui n'est pas absolument inutile comme semblent le croire tous nos chanteurs, même les meilleurs à d'autres titres.
> [...]
> M. Van Dyck n'est pas seulement le chanteur de ses rôles; il en est le personnage, ajoutant la vérité de l'action mimique à celle de l'expression dramatique [158].

Quelques années plus tard, Laurent Swolfs a défini plus précisément les caractéristiques et les qualités de l'interprétation du chanteur :

> Ernest Van Dyck, notre grand ténor wagnérien, avait une sérieuse préparation intellectuelle. Avant de se mettre à chanter, il avait fait des études de droit, et se préparait, je crois, au notariat.
> Il était de grande taille et de belle prestance. Il n'avait pas la plus belle voix de ténor du monde, mais combien il savait s'en servir, quelle diction impeccable, quelle haute compréhension de sa mission artistique, quelle conscience dans l'étude, la préparation de ses rôles et la présentation des personnages qu'il voulait représenter; quelle esthétique dans sa mimique, dans son maintien, dans ses gestes, quelle harmonie dans l'ensemble.
> Tout était parfaitement étudié, préparé, savamment mis au point. [...]
> Il fut le créateur (le 16 février 1892) de *Werther* à l'Opéra Impérial de Vienne, où la pièce fut jouée un an avant les représentations de Paris.
> Il avait approfondi les études des personnages [...] Il avait lu, relu l'œuvre dangereuse [...]. Il s'était imprégné des souffrances d'amour qui devaient mettre fin d'une façon romantique et tragique à la vie du sensible Werther. Il savait que Charlotte avait vécu, que c'était Lotte Buff, l'épouse de Christian Kestner. Il avait lu Goethe, connaissant de lui *Wilhelm Meister* et *Faust*, autrement que par l'opéra excellent de Gounod.
> Il fut un grand et profond Werther, tout en sentiment intérieur, tout en passion, tout en souffrance [159].

Yseult Van Dyck insiste aussi sur certains aspects lorsqu'elle résume les « principes scéniques » de son père qu'elle réduit à « dix commandements » :

> 1. Ne jamais sortir un instant du personnage.
> 2. Savoir écouter les autres comme si on ignorait réellement ce qu'ils ont à dire.
> 3. Même de dos, rester expressif.
> 4. Ne pas oublier que les mains sont le complément expressif du visage.
> 5. Aux moments essentiels du drame, être absolument au centre de la scène et face au public.
> 6. Ne jamais être platement réaliste.
> 7. Ne jamais jouer sans répéter à fond les jeux de scène, même ceux qui semblent n'avoir pas d'importance.
> 8. Ne compter que sur soi-même.

---

158. Article signé XX [Édouard Fétis], « Théâtres & Beaux-Arts / Bruxelles / M. Van Dyck à la Monnaie », *L'Indépendance belge*, s. d., livre d'or d'Ernest Van Dyck (Archives privées).

159. Laurent Swolfs, *Souvenirs de théâtre et de coulisses*, Bruxelles, H. Wellens & W. Godenne, s.d. [vers 1920, avant le décès de Van Dyck], p. 14-15.

1. *Jules Massenet*, photographie originale du studio « Paris-Portrait », de Benque & C°, Paris. Porte un envoi : « à mon ami Van Dyck / Souvenir très sympathique / [signé :] J. Massenet / Paris [18]84. » (213 × 133 mm). (Archives privées)

2. Ex-libris d'Ernest Van Dyck portant la devise : « 1904 / À toujours / À jamais » (86 × 72 mm [étiquette] ; 53 × 39 mm [dessin]). (Archives privées)

3. René Gilbert, *Ernest Van Dyck* (1861-1923) pastel signé, envoi sur toile : « à mon ami E. Van Dyck » (530 × 45 mm).
(Archives privées)

4. René Gilbert, *Augusta Servais* (1860-1925), épouse d'Ernest Van Dyck, pastel (560 × 440 mm). (Archives privées)

5. Camille Van Camp, *Franz Servais*, esquisse pour le tableau *Souvenir de la Fête patriotique du 16 août 1880*, huile sur toile (515 × 315 mm).
(Bruxelles, MIM)

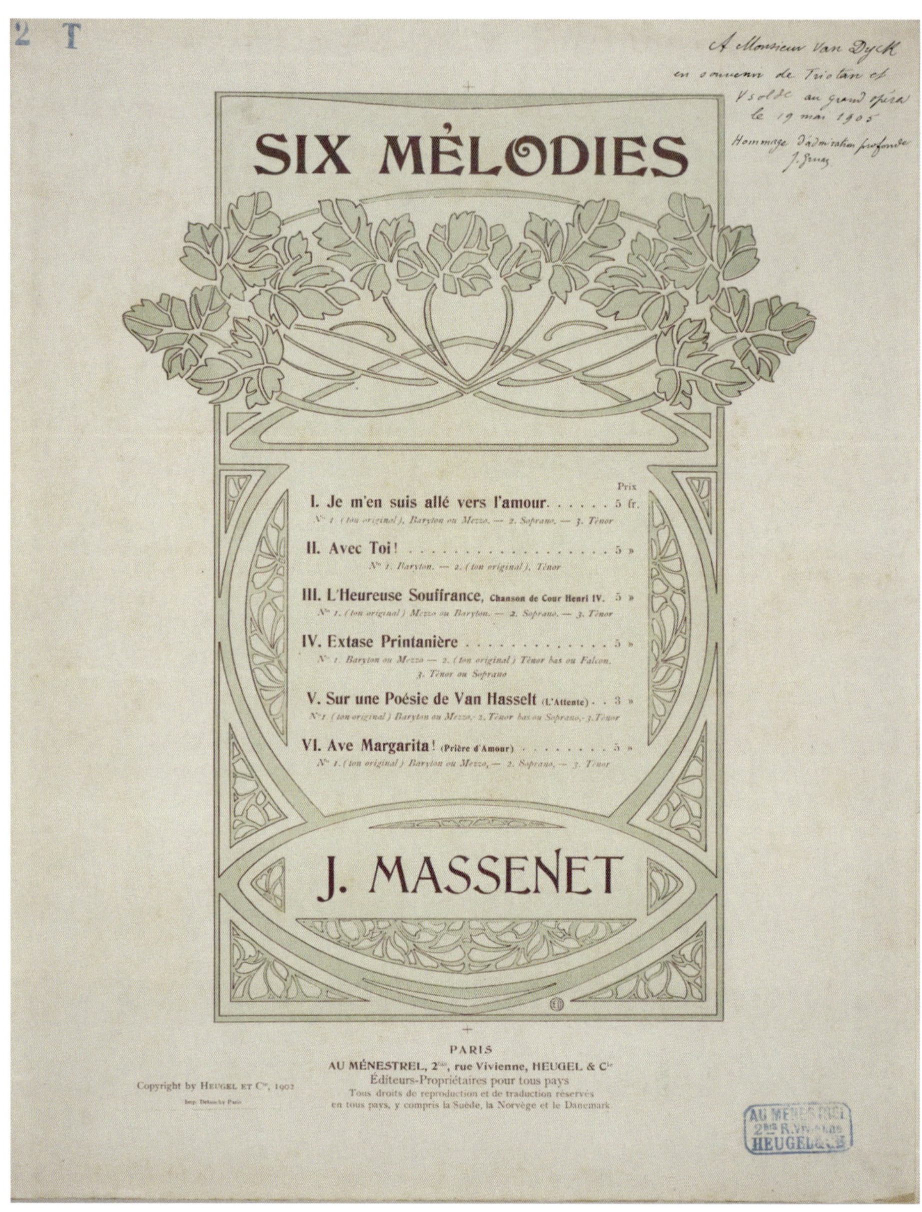

6. Jules Massenet, *Six Mélodies*, Paris, Heugel et Cie, 1902, cotage : H. et Cie 21.299, partition chant et piano, page de couverture avec envoi de Julien Gruaz, auteur de la poésie n° 2 « Avec Toi ! », seule mélodie contenue dans la partition : « A Monsieur Van Dyck / en souvenir de Tristan et / Isolde au grand opéra / le 19 mai 1905 / Hommage d'admiration profonde / [signé :] J. Gruaz » (351 × 268 mm). (Archives privées)

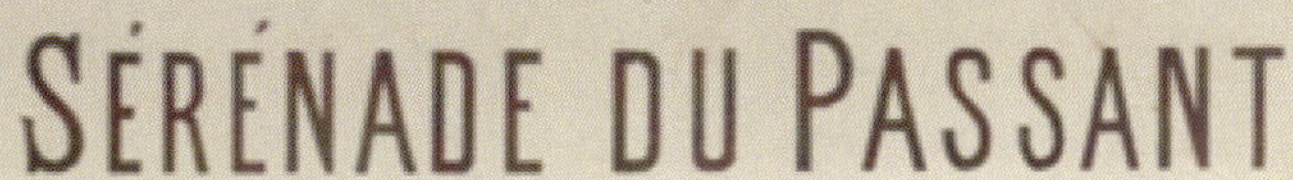

(Mein Liebchen, schon ist es April !_)
DE FRANÇOIS COPPÉE

MUSIQUE DE
J. MASSENET

L'Aurore, Collection de morceaux de chant modernes avec accomp[t] de Piano N°272 272bis

a
Pour Soprano ou Ténor
B. M. 75.

b
Pour Mezzo-Soprano ou Baryto
B. M. 75.

Propriété des Editeurs.
MAYENCE. B. SCHOTT'S SÖHNE.
Bruxelles Schott frères. Montagne de la Cour
Printed in Germany

7. Jules Massenet, *Sérénade du Passant*, Mayence, B. Schott's Söhne, cotage : 20592.A., page de couverture. Exemplaire d'Ernest Van Dyck (340 × 273 mm). (Archives privées)

8. René Gilbert, *Jean-Baptiste Van Dyc*k (1824-1909),
père d'Ernest Van Dyck, pastel (390 × 310 mm).
(Archives privées)

9. Ne pas déclamer de l'avant-bras.
10. Éviter les gestes pointus et les gestes inutiles [160].

Dès lors, cette réserve va de pair avec un rejet de tout pathos et un refus d'amplifier le lyrisme exacerbé qui affleure parfois chez Massenet. Ainsi, Yseult Van Dyck écrit non sans parti pris :

> D'instinct, mon père atténuait toujours ce qui eut pu sembler vulgaire tant dans la musique que dans l'action. Par exemple, dans *Werther* où parfois la prosodie défectueuse est jointe à une mélodie peu distinguées ; je pense au passage ; « J'aurais sur ma poitrine pressée la plus divine, etc. » Je ne sais comment il arrivait à changer l'appui du temps fort et à atténuer la faute de prosodie ! Ce genre de passage n'était pas escamoté, mais transformé et embelli au point de la rendre méconnaissable. J'abrégerai en disant qu'il améliorait ce qui était médiocre et qu'il magnifiait ce qui était beau en soi [161].

Tous ces témoignages attestent ainsi d'une personnalité artistique de premier plan dont Massenet, on l'a vu, n'a pas manqué de vanter les mérites.

Cependant, Van Dyck et Massenet n'ont pas entretenu une collaboration soutenue après *Werther* et *Le Carillon*. Le compositeur aurait pu composer un opéra expressément pour le ténor, comme il le fit pour Jean de Reszké, avec *Le Cid* ou *Le Mage*, ou Lucien Muratore avec *Bacchus* (1909).

Aussi, si l'échec des représentations viennoises de *La Navarraise* a probablement freiné l'éclosion de nouveaux projets, comment faut-il interpréter cette distance qui s'installe peu à peu entre les deux artistes ? Faut-il y déceler une volonté du ténor de ne pas se cantonner dans un répertoire qu'il visite occasionnellement et peut parfois ouvertement critiquer ? Dans un article consacré à Massenet, lequel en a probablement eu connaissance, Van Dyck affirme sans ambages à propos du *Cid* : « L'œuvre manque de souffle, et Corneille lui fait du tort » [162]. Il rejoint ainsi son ami Chabrier qui, au lendemain de la création de l'opéra, adressait ces mots ironiques à Lecocq : « Je ne suis pas allé à cet excellent *Cid*. J'y serais allé en bêcheur ; cette musique ne m'apprend rien, j'ai préféré rester chez moi » [163].

Ainsi, s'il s'engagea à plusieurs reprises en faveur de Massenet, Van Dyck n'aborda en définitive que quelques ouvrages du compositeur français [164]. Le ténor excellait avant tout dans les ouvrages wagnériens auxquels il revenait très vite après de brèves incursions dans un répertoire qui ne lui convenait peut-être pas parfaitement [165]. En 1898,

---

160. Yseult Van Dyck, Mémoires inédites : *Une famille d'artistes*, 1re partie : *Souvenir sur Ernest Van Dyck*, 1941, p. 48 (Archives privées). Voir Malou Haine, « Le ténor Ernest Van Dyck devant l'interprétation des rôles wagnériens », *Bulletin Richard Wagner (Cercle belge francophone)*, 1997, n° 4, p. 2-10.

161. *Ibid.*, p. 49.

162. Voir l'annexe 3b : Ernest Van Dyck, « Jules Massenet par un de ses interprètes », *Le Guide musical*, 51e année, n°52, 24 décembre 1905, p. 846-847.

163. Lettre d'Emmanuel Chabrier à Charles Lecocq, 1er décembre [1885], dans Emmanuel Chabrier, *Correspondance*, éd. Roger Delage et Frans Durif avec la collaboration de Thierry Bodin, Paris, Klincksieck, 1994, p. 299. Chabrier aurait aussi émis ce jugement plus lapidaire rapporté par Willy [alias Henry Gauthier-Villars], *Souvenirs littéraires... et autres*, Paris, Éditions Montaigne, s.d. [1925], p. 40) : « Mon bonhomme, me dit-il, c'est de la sous-merde. »

164. Voir l'annexe 4 : Liste des œuvres de Massenet chantées par Ernest Van Dyck.

165. On ne manquera pas aussi de s'interroger sur la transposition au demi-ton inférieur de l'air d'Ossian qui est explicitement cautionné par Massenet dans l'exemplaire personnel de Van Dyck (Archives privées). Voir illustration 31.

un critique émettait ainsi de sérieuses réserves, même s'il les associe à quelques propos doucereux sur la musique de Massenet :

> L'apparition de M. Van Dyck dans *Manon*, qui avait subi plusieurs ajournements, a enfin eu lieu cette semaine. Mieux peut-être eût-il valu qu'elle ne se fût point produite du tout. Elle n'aura rien ajouté, en effet, à la gloire de l'illustre ténor.
> La réputation de celui-ci ne saurait cependant se ressentir du fait qu'il n'a pas réussi dans un rôle si éloigné, musicalement, de ceux où il avait brillé jusqu'ici : sa valeur n'est pas moindre à nos yeux parce que sa voix, qui déclame si éloquemment les pages héroïques des drames wagnériens, n'a pas eu la mièvre délicatesse que réclament les joliesses, les préciosités de la musique de M. Massenet.
> M. Van Dyck était visiblement mal à l'aise dans les pages de douceur du rôle du chevalier des Grieux, qui en forment précisément la majeure et la meilleure partie ; il avait peine à maîtriser sa voix, et se sentait constamment exposé au double écueil d'un excès ou d'une absence presque absolue de sonorité. Pourquoi, dès lors, avoir voulu se montrer ici dans un rôle qu'il ne pouvait certes supposer lui être favorable ? Il est vrai que le répertoire du théâtre de la Monnaie, en cette indigente saison, ne lui offrait pas grand choix. Comme on l'eût entendu avec plus de plaisir dans *La Walkyrie*, toujours promise, toujours ajournée [166] ! Quoi qu'il en soit, ce que fait M. Van Dyck est toujours intéressant, et dans *Manon* même, si peu l'œuvre fût-elle appropriée à son tempérament artistique, son talent de composition a affirmé à nouveau sa puissante personnalité : il a eu des jeux de scène véritablement vécus, s'écartant absolument de la mimique conventionnelle qui est si souvent l'unique ressource des ténors d'opéra-comique. Dans les scènes dramatiques du rôle, son talent de chanteur aussi, d'ailleurs, s'est manifesté avec éclat [167].

La voix de Van Dyck, qui a pu en outre s'élargir avec le temps, reste donc avant tout adaptée au théâtre wagnérien. Le ténor n'a d'ailleurs jamais caché ses préférences, car un an après la création de *Werther*, il considère ses débuts à Bayreuth comme le plus beau souvenir de sa carrière théâtrale, et son opéra préféré reste *Parsifal* [168]. À cet égard, sa fille assigne une place fondamentale à un compositeur français dans la formation et l'engagement artistique de son père :

> Arrivé à Paris, ce fut Emmanuel Chabrier qui renforça et éclaira son goût pour le wagnérisme naissant. Le plus Français des musiciens l'initia aux splendeurs de *Tristan*. Au piano, l'auteur d'*Espana* était irrésistible. Il jouait comme un possédé, enivré par cette musique ensorcelante qu'il commentait tout en jouant : « Écoute ça, mon vieux, pige-moi c't'accord et tâche de ne pas devenir fou ! Je recommence, t'as compris… » Et cela allait ainsi des heures durant et le jeune chanteur commençait à saisir toutes les beautés d'une œuvre à laquelle il allait, peu à peu, vouer toute sa vie [169].

---

166. La création bruxelloise de *La Walkyrie* au Théâtre de la Monnaie a eu lieu le 9 mars 1887 avec Émile Engel tenant le rôle de Siegmund. Bien qu'enfant du pays de renommée internationale, Ernest Van Dyck ne participe à aucune création bruxelloise des œuvres de Wagner. Il apparaîtra seulement dans des reprises à partir de 1894. Les Bruxellois devront même attendre le 17 mai 1904 pour l'apprécier dans Siegmund. Voir Haine, « Les prestations bruxelloises du ténor wagnérien Ernest Van Dyck de 1883 à 1912 ».

167. J. Br.[unet], « M. Van Dyck dans *Manon* », *Le Guide musical*, 44ᵉ année, n° 18, 1er mai 1898, p. 417.

168. Voir référendum publié en 1893 dans un périodique français non identifié ; copie de l'article conservé dans des archives privées.

169. Yseult Van Dyck, Mémoires inédites : *Une famille d'artistes*, 1re partie : *Souvenir sur Ernest Van Dyck*, 1941 (Archives privées).

Van Dyck était sans doute plus proche du tempérament de Chabrier qu'il soutient afin que ses ouvrages puissent être joués en Allemagne. En 1888, alors qu'il accompagnait son ami venu présenter à Felix Mottl *Gwendoline* et *Le Roi malgré lui*, Van Dyck écrit à son épouse : « Chabrier fait son Massenet – commis voyageur avec beaucoup de grâce » [170].

Ainsi, il est légitime de s'interroger sur la nature des liens qui reliaient Massenet et Van Dyck. Si les deux hommes s'apprécient, ils ne sont pas, semble-t-il, suffisamment proches pour surmonter les épreuves qu'ils rencontrent conjointement. En outre, Massenet s'abstiendra de dédicacer *Werther* à Van Dyck [171] et offrira le manuscrit chant et piano de son opéra à Sibyl Sanderson [172] alors que la soprano ne possédait pas la typologie vocale du rôle de Charlotte dans lequel elle se produit d'ailleurs ponctuellement.

Dès lors, Van Dyck répondait-il parfaitement aux attentes de Massenet ? Sans aucun doute. Cependant, le compositeur souhaitait avant tout être joué au point qu'il conçoit rapidement, suite aux difficultés rencontrées lors de la création parisienne de 1893, une version pour baryton destinée à Victor Maurel [173]. De même, Massenet ne réserva pas l'exclusivité de son opéra à Van Dyck, car, dès 1894, Jean de Reszké s'empare avec succès du rôle-titre de *Werther* dont il assure la création aux États-Unis [174]. Mais le ténor d'origine polonaise échoue peu après à Londres, malgré la caution probable de Massenet [175] qui ne semble pas s'être opposé à une lecture inhabituelle de sa partition :

> La première représentation de *Werther* au théâtre du Covent Garden, à Londres, a été le premier événement important de la saison. Elle a été très curieuse et très saisissante même, à cause d'une interprétation un peu imprévue. Ce n'est plus le Werther allemand, ni même le Werther français, c'est un Werther italien excessivement chaleureux et d'une vie surabondante. Il paraît que c'est mieux pour le public anglais, qui ne se nourrit pas d'idéal. Londres est la ville des pièces saignantes. Elle a été servie à souhait. Il y a là d'ailleurs un artiste incomparable, Jean de Reszké, qui reste merveilleux jusque dans ses

---

170. Lettre d'Ernest Van Dyck à son femme, 19 janvier 1888 ; citée par Haine, *Ernest Van Dyck, un ténor à Bayreuth*, p. 18.

171. *Werther* reste un des rares opéras de Massenet sans dédicace.

172. Massenet lui offrira aussi les manuscrits d'*Esclarmonde* et de *Thaïs* qu'il avait certes conçus expressément pour elle

173. « M. Massenet vient d'écrire toute une nouvelle version du rôle de l'amoureux tragique en vue du baryton Maurel, qui, sous cette nouvelle forme, transporterait l'ouvrage à travers le monde des théâtres. Il se pourrait même, si son impresario l'y autorise, que le grand artiste commençât par donner à Paris même, au mois d'avril prochain, une série de représentations du *Werther* ainsi transformé. M. Carvalho y est tout disposé. Dans la nouvelle version, le rôle du héros étant écrit pour baryton, celui du mari de Charlotte passe dans la voix de ténor ; curieux chassé-croisé. » (« Nouvelles diverses », *Le Ménestrel*, 59ᵉ année, n° 45, 5 novembre 1893, p. 359). Cette version, que Mattia Battistini allait diffuser au début du XXᵉ siècle, ne fut cependant jamais donnée sur la scène de l'Opéra-Comique.

174. La première de *Werther* aux États-Unis a lieu à Chicago le 29 mars 1894. Massenet aurait écrit à Jean de Reszké à cette occasion : « Je vous dois mon plus grand plaisir depuis *Le Cid*. » ; cité par Clara Leiser, *Jean de Reszké and The Great Days of Opera*, Minton, Balch &Company, 1934, p. 129.

175. Massenet a supervisé les répétitions parallèlement à celles de *La Navarraise* dont la création éclipsa la seule et unique représentation de *Werther*. Jean de Reszké avait déjà abordé le rôle peu auparavant aux États-Unis avec Emma Eames et Sigrid Arnoldson.

improvisations et qu'on n'a qu'à laisser aller la bride sur le col. Il a eu des éclats superbes et on l'a acclamé et même couronné. Mme Eames [176] possède une solide voix très calme, et c'est une femme distinguée. On lui a fait sa part dans les fleurs de la soirée. Mme Arnoldson [177] tout à fait gentille dans Sophie, Albers [178] remarquable dans le rôle du mari, et Castelmary [179] un bailli irréprochable. Le maestro Mancinelli menait l'orchestre, endiablé conducteur, qui semble un Garibaldi à la tête de ses « chemises rouges ». Cela ne traîne pas avec lui, oh ! non... Maître précieux pour un théâtre comme Covent Garden, où il faut monter les œuvres les plus compliquées en quelques jours sans plus. C'est de l'art un peu bousculé sans doute, mais c'est vivant et primesautier. Gloire donc à M. Harris [180], qui vient de nous donner à son tour « son Werther » et qui l'a encadré d'une mise en scène très intelligente et très particulière [181].

Werther s'impose aussi en France en avril 1903 lorsque Albert Carré en supervise une reprise particulièrement soignée à l'Opéra-Comique. Le compositeur éprouve alors la satisfaction de voir son opéra désormais installé au répertoire de la salle Favart grâce au talent de Léon Beyle, bientôt suivis par Edmond Clément ou Thomas Salignac, lesquels incarnèrent un Werther probablement moins wagnérien ou d'un format vocal plus retenu [182]. Entre temps, lors de son séjour parisien, Van Dyck ne parvient pas à susciter l'adhésion dans un rôle qu'il va progressivement délaisser avant de mettre un terme à sa carrière en 1914.

Ainsi, malgré sa densité, la rencontre entre Massenet et Van Dyck reste exceptionnelle et ponctuelle dans le parcours respectif de ces deux artistes qui marquèrent l'art lyrique de leur temps.

---

176. Emma Eames (1865-1952), soprano américaine, fait ses débuts en 1889 à l'Opéra de Paris dans le rôle de Juliette de *Roméo et Juliette* de Gounod, avec Jean de Reszké comme partenaire. Elle participe aussi aux créations d'*Ascanio* de Saint-Saëns (1890) et de *Zaïre* de Véronge de la Nux (1890). Ses succès éclatants sur la scène du Covent Garden de Londres de 1891 à 1901 lui façonnent une réputation internationale enviée.

177. Sigrid Arnoldson (1861-1943), soprano suédoise, fait ses débuts en 1886 à Prague dans le rôle de Rosine du *Barbier de Séville* de Rossini. Ce même rôle lui vaut de beaux succès à Moscou et à Londres : les critiques la qualifient de « nouveau rossignol suédois », la situant ainsi dans la droite ligne de Jenny Lind.

178. Henri Albers (1866-1925), baryton hollandais très prisé par Massenet qui l'a entendu à l'Opéra d'Anvers en 1891.

179. Armand Castelmary (1834-1897), basse française attaché à l'Opéra de Paris de 1863 à 1870, période durant laquelle il participe à de nombreuses créations : il incarne notamment Don Diego dans *L'Africaine* de Meyerbeer (1865), Polonius dans *Hamlet* d'Ambroise Thomas (1867) et Charles-Quint dans *Don Carlos* de Verdi (1867). Il entreprend ensuite une carrière internationale qui le conduit sur la plupart des grandes scènes lyriques européennes et nord-américaines.

180. Augustus Harris (1852-1896), impresario anglais, directeur de 1888 à 1896 au Covent Garden de Londres où il assure de brillantes saisons qui sont également des succès financiers. Il y introduit les opéras en langue originale et participe activement à la diffusion des œuvres wagnériennes.

181. « Nouvelles diverses », *Le Ménestrel*, 60e année, n° 24, 17 juin 1894, p. 189.

182. Le compositeur cite ces trois « superbes et vibrants interprètes » de *Werther* dans *Mes Souvenirs*, nouvelle édition commentée par Gérard Condé, Paris, Plume, 1992, p. 183.

Remerciements

Nous tenons à exprimer toute notre gratitude à l'égard des héritiers d'Ernest Van Dyck pour avoir mis à notre entière disposition leurs archives familiales.

Nos plus vifs remerciements vont également à Sylvain Chambre, qui nous a communiqué et autorisé à reproduire une lettre de sa collection personnelle, et au CIEREC pour son soutien à la publication du présent ouvrage.

Que soient aussi remerciés Denis Herlin, Michela Niccolai, Cosima Richter (Oesterreichische Nationalbibliothek), Jacques Royer, Clair Rowden, John Snelson (Royal Opera House Covent Garden) et Lesley Wright pour leur aide dans l'élaboration du présent ouvrage.

LETTRES

1

Jules Massenet à Ernest Van Dyck

Bruxelles, 13 septembre 1890 *

Cher ami,

Hartmann[1] m'adresse ici[2] votre charmante lettre et il m'informe qu'il vous a fait parvenir de suite une partition avec récits[3].

Je ne saurais assez vous dire combien je suis touché de votre attention, de vos bonnes paroles et de votre fidèle souvenir.

Vous êtes un grand artiste et un parfait galant homme.

Certes oui, vous auriez été si parfaitement le « personnage », mais vous savez sans doute par les journaux que nous passons dans 2 mois. On travaille et l'on hâte les études[4].

Hélas, pourquoi depuis 6 mois n'avons-nous pas causé de cette combinaison ! …

Combien je vous remercie ! …

Mon plus grand désir est d'aller vous applaudir à Vienne et si j'étais au courant de l'époque (un peu à l'avance) je quitterais *Le Mage* pour courir vers « Des Grieux ».

Quel chevalier vous allez créer ! … que je suis heureux ! !

Merci de tout cœur.

Votre admirateur & vieil ami.

J. Massenet

---

* Autographe : Archives privées. Lettre publiée par Henri de Curzon dans *Le Ménestrel*, 89e année, no 5, 4 février 1927, p. 45.

1. Georges Hartmann (1843-1900), premier éditeur de Massenet et colibrettiste d'*Hérodiade* et de *Werther* notamment.

2. Massenet séjourne à Bruxelles où il supervise les répétitions d'une reprise d'*Esclarmonde* avec Sibyl Sanderson.

3. Dans la perspective de la création viennoise de *Manon*, le 19 novembre 1890, Massenet adresse un exemplaire d'une version conçue uniquement pour les représentations à l'étranger dans laquelle des récitatifs remplacent les mélodrames.

4. Massenet fait allusion au *Mage* (opéra en cinq actes sur un livret de Jean Richepin) dont les premières études ont commencé au Palais Garnier en prévision de sa création qui n'aura lieu que le 16 mars 1891. Van Dyck aurait pu endosser le rôle-titre dévolu à un ténor de son envergure, mais en définitive, c'est Edmond Vergnet qui créera le rôle, alors que Massenet aurait surtout souhaité Jean de Reszké.

2

Jules Massenet à Ernest Van Dyck

Bruxelles, 7 novembre 1890 *

Bien cher ami,

Je sais avec quelle grâce charmante vous voulez bien m'offrir l'hospitalité pendant mon séjour à Vienne[5] et je n'ignore pas que vous m'accueillerez confortablement !

Mais je viens avec deux ou trois amis et nous devons descendre ENSEMBLE à l'hôtel Impérial où, déjà, l'on a dû retenir mon logement.

Je ne serai pas là comme j'aurais été chez vous... et je dois cependant m'y résigner.

Merci encore, merci; permettez-moi d'adresser à Madame Van Dyck[6] mes plus respectueux hommages avant que j'aie l'honneur de lui être présenté et dites lui que sous la direction de son frère[7] les études de *Siegfried* à la Monnaie sont conduits par un Maître.

À bientôt ! Quelle joie de vous entendre, quel plaisir de vous revoir !

J. Massenet

3

Jules Massenet à Ernest Van Dyck

[Carte de visite : J. Massenet / 38, rue du général Foy]
Vienne, mercredi soir 12 novembre 1890 **

Bien cher ami,

Je dois être au théâtre demain jeudi à midi 1/2.

Si votre rhume le permet, quel plaisir j'aurai à vous voir puisque je ne pourrai pas vous entendre.

Ne m'en veuillez pas si je ne puis accepter votre gracieuse invitation pour demain et si je ne puis encore rien affirmer pour samedi. Il me faut connaître l'ordre du travail de la semaine.

Tout à vous
J. Massenet
Tous mes hommages à Madame Van Dyck
32 Belvedere Gasse

* Autographe : Archives privées.

5. Massenet assistera à la création viennoise de *Manon*, le 19 novembre 1890.

6. Depuis le 31 juillet 1886, Ernest Van Dyck est marié à Augusta Servais (1860-1925), fille du célèbre violoncelliste belge Adrien-François Servais (1807-1866).

7. Le frère aîné d'Augusta, Franz Servais (1846-1901) est engagé comme chef d'orchestre au Théâtre de la Monnaie en même temps qu'Édouard Baerwolf. Ce dernier dirige les œuvres françaises, tandis que Servais se consacre aux productions wagnériennes. *Siegfried* sera créé le 12 janvier 1891 à la Monnaie. Servais ne restera que deux saisons à la Monnaie, celles de 1889/90 et 1890/91. Son perfectionnisme extrême et le nombre de répétitions sans cesse croissant décourageront les directeurs de la Monnaie de renouveler son contrat.

** Autographe : Archives privées.

4

Jules Massenet à Ernest Van Dyck

Paris, 16 avril 1891 *

C'est convenu, cher ami, Hartmann écrit à M. Baschet pour que M. Collart[8] ait l'autorisation.

C'est fait.

Quelle joie me causent les belles nouvelles de *Manon* à Vienne; et combien aussi je compte sur le grand succès à Londres[9].

Je ne suis pas un ingrat vous le savez bien; mon désir est le même! et nous nous retrouverons toujours dans les mêmes conditions de complète réussite!

J'ai l'espoir d'aller à Londres pour vous revoir et vous remercier de votre fidèle et solide amitié.

Malheureusement c'est l'époque des examens et des Concours annuels pour le G[rand]d prix de Rome[10]; je ferai l'impossible et je veux venir!

Tous mes respectueux hommages à votre charmante femme et à vous de cœur

J. Massenet

5

Camille de Roddaz à Ernest Van Dyck

[Paris 8, Bd Bonne-Nouvelle[11]],
Vendredi 24 avril 1891 **

Mon cher Ernest,

Merci pour ta bonne lettre. Je suis très heureux d'apprendre que les *Illusions*[12] te plaisent; tu peux être certain que j'y changerai tout ce qu'il y faudra changer, mais [si] ces modifications ne sont donc pas pressées, pourquoi attendre 2 mois pour les faire?

Que dit le directeur de l'Opéra et surtout que dit le chef d'orchestre qui doit faire la musique[13]?

---

* Autographe : Archives privées.

8. Baschet et Collart n'ont pu être identifiés.

9. La première à Londres de *Manon* en français sera donnée le 19 mai 1891 avec Sibyl Sanderson et Ernest Van Dyck en présence de Massenet et de Camille de Roddaz.

10. Depuis 1878, Massenet enseigne la composition au Conservatoire où il prépare ses étudiants au prix de Rome avec une attention soutenue.

** Autographe : Archives privées.

11. L'*Annuaire des artistes et de l'enseignement dramatique et musical* donne pendant plusieurs années le 8 Boulevard Bonne-Nouvelle comme adresse postale de Camille de Roddaz.

12. Ce projet chorégraphique, qui revient régulièrement dans la correspondance de Roddaz, n'a semble-t-il pas vu le jour.

13. Au regard des lettres suivantes, ce projet avorté associait sans doute le directeur de l'Opéra de Vienne, Wilhelm Jahn (1835-1900), et le chef d'orchestre et compositeur Josef Hellmesberger (1855-1907). Auteur de plusieurs ballets, ce dernier dirigera la première du *Carillon* (voir lettre 14).

Le sujet lui a plu, j'espère ; je le crois favorable car on pourra en tirer de grands effets.

Je ne puis te dire combien je serai heureux de voir jouer les *Illusions*; avec quelle joie j'attends ce moment.

J'ai tant besoin d'un peu de réussite après avoir si longtemps attendu.

Merci encore mon bon vieux, je serai ravi de te devoir ce bonheur.

Venons à ce qui te concerne. Oui, certes, je vais dire que tu es le seul Lohengrin et d'autant plus facilement que j'en suis persuadé, comme je suis aussi persuadé que tu seras remarquable dans *Les Maîtres Chanteurs* [14].

Messager très enthousiaste de ton talent, va me donner un grand coup d'épaule [15].

Il est de plus très lié avec Colonne [16] (nous faisons un ballet pour l'Opéra [17]) et notre légitime réclame ne sera pas inutile, pour la rendre très fructueuse nous proposerons ferme notre [mot illisible] après Bayreuth où nous irons. Les journaux marcheront, sois tranquille.

Mais... ceci dit.... Quelles sont tes intentions ?

Être engagé en représentation car je ne puis supposer que tu aies l'intention de quitter Vienne et son opéra ?

J'attends par le prochain courrier quelques lignes à ce sujet. Nous nous réglerons là-dessus pour agir... et agir vigoureusement. Je vais faire remuer tous ceux qui t'ont applaudi à Bayreuth.

Plus de nouvelles de Noville [18] est-il malade ?

Silas [19] est ici nous le voyons tous les jours. Il va emporter l'opéra-comique de Messager et de moi [20].

---

14. La nomination d'Eugène Bertrand à la tête de l'Opéra de Paris, le 18 avril 1891, ouvre de nouvelles perspectives pour Van Dyck. Bertrand se fera l'ardent promoteur de la musique de Wagner.

15. Le compositeur et chef d'orchestre André Messager (1853-1929) rencontre un certain succès avec son ballet *Les Deux Pigeons* (1886), puis avec des œuvres légères comme *Isoline* (1888) ou *La Basoche* (1890). Ce fervent wagnérien, qui sera nommé en 1908 codirecteur de l'Opéra de Paris, n'a probablement pas ménagé sa peine pour soutenir Ernest Van Dyck et Camille de Roddaz.

16. Après avoir fondé l'association des concerts qui porte son nom, Édouard Colonne (1838-1910) est chef d'orchestre et conseiller musical à l'Opéra de Paris au début du mandat d'Eugène Bertrand. Il dirigera Van Dyck dans *La Walkyrie* en 1893.

17. Ce projet, comme la plupart des autres, avortera.

18. Henri Thirion de Noville et son épouse Mathilde sont des amis français des Van Dyck vivant à Vienne. Augusta Van Dyck est la marraine de Charlotte, l'une de leurs deux filles. Dans une lettre datée du 6 septembre 1893, H. de Noville remercie Charles Nuitter de lui avoir fourni, via Van Dyck, « quelques renseignements sur la carrière de Rosalie Levasseur à l'Opéra de 1766 à 1785 » (Bibliothèque nationale de France, Bibliothèque-musée de l'Opéra).

19. Ferdinand Silas, traducteur suisse vivant à Vienne et ami de Van Dyck, est un homme d'influence au sein de la société viennoise. Quelques semaines après la création de *Werther*, Massenet écrira : « Vous avez sans doute reçu une lettre signée F. Silas, de Vienne. / M. Silas a été pour nous (au moment de *Werther* à l'Opéra Impérial) d'une obligeance parfaite et grâce à lui bien des difficultés probables ont été aplanies. » Lettre de Jules Massenet à un correspondant non identifié, Paris, 12 avril 1892 (Harry Ransom Humanities Research Center, The University of Texas at Austin, Carlton Lake Collection).

20. Messager est l'auteur d'une opérette, *La Fiancée en loterie*, sur un livret de Camille de Roddaz et d'Alfred Douane, créée peu avant la mort de Roddaz aux Folies-Dramatiques, le 14 février 1896, avec notamment Jean Périer. Un projet d'opéra-comique avorté sur le thème de Merlin l'enchanteur aurait relié Messager et Roddaz dès 1886.

Nous ne quitterons Paris que fin juillet.
Mes hommages à ta femme, cher ami, et à toi une bonne poignée de mains.
Ma femme[21] sera très heureuse de connaître Madame Van Dyck.

Ton Camille

Messager serait heureux si *La Basoche* se jouait là-bas[22].

6

Jules Massenet à Ernest Van Dyck

Paris, 2 mai 1891 *

Cher ami

Nous espérions vous revoir hier matin et je voulais vous confier une petite note au sujet des détails de scène de « Manon ».

Je vous écris donc à Londres[23], en vous priant INSTAMMENT de faire votre possible pour obtenir que l'on se rapproche de la scène telle qu'elle est comprise à Vienne.

Je serai à la répétition lundi 11 mai à 11 heures du matin à Covent Garden.

En vous remerciant beaucoup du service que vous rendez à notre ouvrage je suis à vous

bien à vous.

J. Massenet

21. Selon *Le Matin* du 5 novembre 1890, Camille de Roddaz a épousé la veille Céleste Torchebœuf (voir illustration 39) à l'église Saint-Eugène en présence du ténor Edmond Vergnet et du baryton Gabriel Soulacroix. Augusta et Céleste deviendront de proches amies, au point où Augusta habitera chez son amie pendant plusieurs mois après le décès d'Ernest Van Dyck. Le 15 octobre 1891, Ernest et Augusta Van Dyck emmèneront Céleste entendre *Manon* à Paris. À cette même époque, Ernest Van Dyck interprète Lohengrin à l'Opéra sous la direction de Charles Lamoureux et ne participe pas à la distribution de *Manon*.

22. Opéra-comique en trois actes de Messager sur un livret d'Albert Carré, créé à l'Opéra-Comique, le 29 mai 1890, *La Basoche* avait été jouée à Hambourg, le 25 février 1891, dans une version allemande de L. Hartmann intitulée *Die zwei Könige*. Elle ne semble pas avoir été interprétée à Vienne.

* Autographe : Archives privées. Lettre publiée par Henri de Curzon dans *Le Ménestrel*, 89e année, nº 5, 4 février 1927, p. 45.

23. Ernest Van Dyck se trouve à Londres du 6 mai au 23 juin 1891 pour chanter en français dans *Manon* et *Faust* au Covent Garden. Van Dyck chantera le rôle de Des Grieux quatre fois pour la somme de 2500 francs par séance.

7

Camille de Roddaz à Ernest Van Dyck

Lundi 11 mai 1891 *

Mon cher Van Dyck

Voici le manuscrit de *L'Éventail*[24]
J'espère qu'il plaira à Massenet.
Il est gai et d'une assez jolie couleur
Je ne donne pas d'explication pour les trucs, ils sont si simples...
Néanmoins au moment voulu je fournirai les renseignements nécessaires.
J'attends de toi une réponse avec une réelle impatience, tu le comprends n'est-ce pas ?
Voici l'adresse de M. Claude Phillips[25].
3 King's Bench Walta Temple
Londres L.C.
Ma femme ne va guère mieux.
Il y a eu deux médecins samedi...

Ne dis rien des inquiétudes que m'inspire sa santé dans ta réponse au sujet du ballet, réponse que je lui montrerai.

Nous sommes à votre disposition toujours pour le logement et l'installation.

Mes compliments les plus sincères les plus affectueux à ta femme

Ton ami Camille

8

Jules Massenet à Ernest Van Dyck

Paris, 24 mai 1891 **

Cher ami,

Ma fille[26], qui a reçu des nouvelles de *Manon* par Mademoiselle Sanderson, me parle de votre succès digne continuation de Vienne.

Je pense que vous n'oubliez pas nos projets de « ballet »[27].

---

* Autographe : Archives privées.

24. *L'Éventail*, ballet en trois tableaux avec chœurs, sera en définitive mis en musique par Albert Renaud, mais bien plus tard, puisque l'ouvrage sera reçu en octobre 1909 à l'Opéra de Nice pour y être monté en février suivant avec *Werther* ou *Samson et Dalila*.

25. Claude Philipps : personnalité non identifiée.

** Autographe : Archives privées. Lettre publiée par Henri de Curzon dans *Le Ménestrel*, 89e année, n° 5, 4 février 1927, p. 45.

26. Juliette Massenet (1868-1935).

27. Les lettres suivantes ont souvent trait à la genèse du *Carillon*, composé par Massenet sur un livret de Van Dyck et de Camille de Roddaz. *Le Carillon* est créé à Vienne, dans la foulée de *Werther*, le 21 février 1892 dans une version allemande sous le titre de *Das Glockenspiel*. Ces lettres évoquent aussi un autre projet chorégraphique avorté, destiné à l'Opéra de Paris, sur un livret intitulé *Le Talisman*, projet qui perdure au moins jusqu'en 1892.

Si nous devons avoir une solution pour *Werther*, c'est Heugel qui est aujourd'hui l'éditeur de tous mes ouvrages[28].

À vous tous mes bien fidèles et reconnaissants souvenirs et tous mes hommages à Madame Van Dyck.

Votre

J. Massenet

À Paris hier 20me du *Mage* 19.868 f[29]! Et l'on jouait en même temps *Manon* à Londres ! !

9

Camille de Roddaz à Ernest Van Dyck

[Paris ?], vendredi 29 mai 1891 *

Mon cher Ernest

Encore merci pour ton aimable hospitalité. Je suis bien fâché de ne t'avoir pas vu avant de partir et de n'avoir pas remercié ta femme de vive voix.

Céleste est toujours couchée et cela l'énerve, l'attriste, ... pauvre femme elle n'est pas heureuse. Le petit mot de Madame Van Dyck lui a fait un très réel plaisir. Aussi elle attend avec impatience votre arrivée à Paris.

J'ai vu le maître jeudi à 3 h.

Il est malade, emmailloté, dans de l'ouate jusqu'au cou.

Il a pris froid et craint, dit-il, une angine.

Voici en résumé ce qu'il m'a dit. – Je ferai la musique de votre ballet avec plaisir quand l'affaire *Werther* sera arrangée à Vienne.

– Je la croyais faite

– Je l'espère, mais ce n'est pas officiel, d'ailleurs la possession de la partition peut donner lieu à un procès avec Hartmann[30] en clair car il faut que Jahn[31] signe avec Heugel. Après la signature je me mets au ballet

– Mais que dit Heugel ?

– Heugel attend Jahn

---

28. Avec son neveu Paul-Émile Chevalier, Henri Heugel (1844-1916) achète en mai 1891 le fonds de Georges Hartmann dont l'affaire avait été mise en liquidation trois mois auparavant.

29. *Le Mage* est créé le 16 mars 1891 sous la direction d'Auguste Vianesi avec, dans les principaux rôles, Edmond Vergnet (Zarâstra), Maria Lureau-Escalaïs (Anahita), Caroline Fiérens (Varehda) et Jean-François (ou Francisque) Delmas (Amrou). L'œuvre, qui ne remporta qu'un succès d'estime auprès de la critique, ne se maintient pas à l'affiche au-delà de l'année 1891 malgré de « très belles recettes ». Voir Édouard Noël et Edmond Stoullig, *Les Annales du Théâtre et de la musique : Année 1891*, Paris, Charpentier, 1892, p. 16.

* Autographe : Archives privées.

30. *Werther* avait été exclu dans un premier temps de la vente Hartmann, le 16 mai précédent. Voir lettre 8.

31. D'origine morave, le chef d'orchestre Wilhelm Jahn dirige, de 1881 à 1897, l'Opéra de Vienne où il introduit de nombreux ouvrages français au répertoire, comme *Le Cid*, *Manon*, *Werther* ou *Jean de Nivelle*. Il dirigera la première de *Werther*.

– Je croyais que Van Dyck vous avait apporté le consentement de Jahn

– oui, mais il faut traiter, voulez-vous venir avec moi chez Heugel lundi à 4h½? vous lui direz que Van Dyck est sûr que l'affaire de *Werther* est faite.

J'ai promis d'y aller mais je ne veux rien faire avant une réponse de toi qui me dicte ce que je dois dire. Donc mon ami un mot de suite je te prie que je le reçoive à temps. Le sujet du ballet! mais nous n'en avons même pas parlé. Il paraît certain que nous allons lui donner quelque chose de bien et il n'a pas tort.

Veux-tu écrire à Paumgartner[32] je ne sais pas son adresse. Fais-lui parvenir ce mot qu'il réponde de suite. J'espère qu'il sera content.

Veux-tu m'envoyer en même temps que ta lettre le manuscrit de *Palembois*[33], c'est le seul et j'en ai un besoin urgent.

J'attends tes instructions sur le logement qui sera prêt à ton arrivée, avec vins, cigarettes et argent prêté à Londres.

Fais mes compliments à ta femme

À toi bonne poignée de mains.

Ton ami Camille

Surtout réponds de suite

Prière de ne pas oublier *Palembois*

10

Jules Massenet à Ernest Van Dyck

Paris, 1er juin 1891 *

Cher ami,

Je viens vous demander le <u>meilleur accueil</u> pour M. Devin-Duvivier[34], un ancien & fidèle ami, qui désire vous voir au sujet d'une fête prochaine.

Je vous <u>en remercie d'avance</u>, et suis à vous, bien à vous

J. Massenet

J'ai rendez-vous aujourd'hui avec M. de Roddaz chez Heugel.

---

32. Hans Paumgartner (1843-1896) est l'un des principaux répétiteurs de Van Dyck durant son séjour à Vienne, à côté de Hugo Wolf ou de Ludwig Grünfeld. Compositeur, critique et chef de chant à l'Opéra impérial de Vienne, c'est un proche d'Anton Bruckner. Il est également partisan de la musique de Wagner et de Wolf dont certains lieder furent interprétés par son épouse le contralto Rosa Papier qu'il accompagnait au piano. Il est le père du chef d'orchestre et compositeur Bernhard Paumgartner.

33. *Palembois*, projet de ballet avorté dont il est question dans plusieurs lettres.

* Autographe : Archives privées.

34. Jean-Adolphe Devin-Duvivier (1827- ?), compositeur anglais installé quelques années à Paris dans la seconde moitié du XIXe siècle. Il a dirigé l'orchestre du Théâtre des Délassements-Comiques de 1862 à 1864. Auteur de plusieurs mélodies composées sur des vers de Théophile Gautier, il s'est fait remarquer par son opéra *Deborah* sur un livret de Walter Scott, créé au Théâtre-Lyrique le 14 janvier 1867. De retour en Angleterre, il s'est fait apprécier dans *Le Triomphe de Bacchus* (1875), œuvre orchestrale.

11

Camille de Roddaz à Ernest Van Dyck

3 juin 1891 *

Mon cher ami

Ton succès a dû être très complet, je voudrais bien avoir un mot à ce sujet.

Le Figaro l'annonce; Johnson, ami des Reszké[35], ne peut se dispenser de le constater et pour n'en pas trop parler, pour ne pas peiner Jean et Lady de Grey[36] il consacre six lignes à Covent Garden et 15 lignes au couple Bruet et Rivière chanteurs de l'Empire Theater[37].

Charmant et d'une finesse ! ! ...

J'ai vu Massenet chez Heugel on attend la décision de Jahn; l'affaire paraît sûre, suivant tes conversations avec Massenet et ton petit mot arrivé à temps.

Nous nous occupons en conséquence du ballet. Mais il ne le faut pas trop viennois, puisqu'il doit être joué aussi à Bruxelles en même temps que *Werther*[38].

J'avais basé mon plan sur une aimable histoire de Busch, le caricaturiste[39]. Il va falloir changer. Cela ne me gène pas outre mesure.

Je dois voir Massenet la semaine prochaine : je t'enverrai un monstre[40] du ballet en même temps qu'à lui de façon que tu sois très au courant.

J'ai reçu *Palembois* merci.

Fais un grand compliment à ta femme je te prie.

La mienne ne se remet pas et, sur les conseils des médecins, je l'emmène pour quelques jours au grand air.

Voici une nouvelle lettre du *Monde artiste* : as-tu prévenu Paumgartner (?), qu'il écrive directement au journal et demande les conditions[41].

Écris-moi dès que tu auras une réponse de Jahn.

Dis-moi jusqu'à quelle époque tu dois rester à Londres.

Si tu as besoin de moi dès votre retour je serai à ta disposition.

Ton ami Camille

---

* Autographe : Archives privées.

35. Issus d'une même famille polonaise, le ténor Jean de Reszké (1850-1925), son frère Édouard (basse) et sa sœur Joséphine (soprano) rencontrent une certaine notoriété au tournant des XIX e et XX e siècles. Après avoir participé à la création du *Roi de Lahore* de Massenet en 1877, Joséphine retrouvera ses deux frères sur la scène du Théâtre-Italien lors de représentations d'*Hérodiade* à Paris en 1884. Jean, qui incarnera aussi plusieurs rôles wagnériens, puis ceux du Cid et de Werther, constitue un important rival de Van Dyck.

36. Grande admiratrice de la famille de Reszké, Lady de Grey les soutient lors de leurs séjours britanniques.

37. Dans *Le Figaro* du 3 juin 1891, une « Correspondance anglaise », signée T. Johnson, signale succinctement le « triomphe » de Van Dyck dans *Faust*, aux côtés d'Emma Eames, avant de développer le succès que rencontrent M. et Mme Bruet-Rivière dans *Orphée*, ballet de Léopold Wenzel donné à l'Empire-Theatre.

38. *Werther* sera en définitive créé à Bruxelles, mais sans *Le Carillon*, le 24 janvier 1893, avec Julien Leprestre (Werther) et Alba Chrétien (Charlotte).

39. Wilhelm Busch (1832-1908), caricaturiste allemand.

40. Un monstre est une esquisse d'un texte littéraire (livret, scénario, etc.).

41. Voir lettre 18.

12

Camille de Roddaz à Ernest Van Dyck

[papier à en-tête : « Les Baudeaux par La Chapelle-d'Angillon (Cher) »], 8 juin 1891 *

Mon cher vieux,

Nous sommes à la campagne, ordonnance des médecins, ma femme commence à aller un peu mieux mais quelle crise nous aurons traversée !

J'ai vu Massenet. Je viens encore de lui écrire. Je promets le ballet pour samedi ou dimanche.

Je suis tranquille maintenant et je travaille ferme, j'ai un joli sujet. Tu le sauras en même temps que Massenet.

à Londres jusqu'au 18 juin n'est-ce pas ? …

Dis-moi aussi comment a marché *Faust*. C'est un succès je le sais mais je voudrais des détails [42].

Mes amitiés à ta femme à toi une bonne poignée de mains.

Ton ami Camille

13

Jules Massenet à Ernest Van Dyck

[Carte-télégramme [43] avec cachet postal « Paris, 16 juin 1891 »] **

Cher ami,

Malgré que nous soyons réunis Vendredi matin à 11 heures, à la maison, (et comme nous ne parlerons que d'autre chose que de *Werther*) pouvez-vous me recevoir chez vous un instant demain Jeudi dans l'après-midi ?

Nous verrions un peu *Werther* ? …

Dites moi si cela vous est possible, à quel moment ?

En tous cas, à Vendredi 11 h matin avec votre ami de Roddaz, 38, général Foy [44] ! !

Affectueusement

J. Massenet

---

* Autographe : Archives privées.

42. Dans son édition du 7 juin 1891 (57e année, n° 23, p. 181), *Le Ménestrel* écrit : « Le grand succès de M. Van Dyck dans *Manon* nous a valu des représentations de *Faust* en français, pour la première fois à Covent-Garden. On sait, en effet, que le ténor belge ne chante pas en italien et, à l'exception des chœurs, tout le monde était préparé à interpréter l'opéra de Gounod dans son idiome primitif. Nouveau succès pour M. Van Dyck, qui s'est montré une seconde fois comédien fougueux et chanteur accompli. »

** Autographe : Archives privées.

43. Carte-télégramme adressée à Van Dyck, 1, rue des Bassins (aujourd'hui rue Auguste Vacquerie, près de l'Avenue de Marceau) à Paris. C'est là que le chanteur a loué un appartement après être descendu quelques jours au célèbre Hôtel des Deux-Mondes, 22 avenue de l'Opéra.

44. Les trois hommes arrêteront le sujet de leur ballet.

14

Camille de Roddaz à Ernest Van Dyck

Les Baudeaux [juin 1891]*

Mon cher ami,

Je reçois ta lettre aux Baudeaux tu dois te souvenir que je n'étais venu à Paris que pour te voir et que je suis retourné en Sologne. Nous y restons jusqu'à la fin du mois.

Néanmoins on s'est occupé de ton appartement; on a visité celui de Melba[45], il me paraît pas mal si je m'en rapporte à ce qu'on m'écrit; 3 chambres à coucher 2 salons (un grand et un petit) une salle à manger, cuisine, WC, 3 chambres de domestiques; 2 caves mais ni office ni cabinet de toilettes. 1200 Fs par mois, peut-être même obtiendrait-on une réduction. La maison se compose de 5 étages dont 3 meublés ça ne t'ira sans doute pas, clientèle d'étrangers.

Escalier marbre blanc, tapis ameublement convenable.

Appartement libre à dater du 1er juillet.

Voilà.

Mais nous allons voir tout ça nous mêmes à notre retour, le temps ne presse pas... que c'est pour le 23 août.

Sois tranquille nous trouverons ton affaire.

En tout cas réponds-moi pour celui-ci.

Hartmann m'a écrit la semaine dernière pour me donner rendez-vous au *Ménestrel* pour parler du *Carillon*[46]. Je lui ai écrit que je rentrais le 30 à Paris et que si Massenet était pressé, il suffisait de m'envoyer le manuscrit à la campagne, que je m'engagerai à le rapporter retouché, suivant les indications données.

Tu me dis que tu as de bonnes et excellentes nouvelles je suppose que cela était *La Nuit de Noël*[47].

JE DONNERAI GROS POUR SAVOIR CE QUE C'EST ! !

Écris-moi je te prie, toujours Bd Bonne-Nouvelle, on m'expédie mes lettres, et dis-moi ce qui se passe.

Mes grandes amitiés à Madame Van Dyck, à toi une bonne et cordiale poignée de mains.

Ton ami Camille de Roddaz

Ma femme va un peu mieux ici ! Elle envoie ses compliments à madame Van Dyck.

---

* Autographe : Archives privées.

45. La célèbre cantatrice australienne, Nelly Melba (1861-1931), interprète notamment le rôle de Lucie de Lammermoor et de Marguerite (*Faust*) à l'Opéra pendant l'année 1890.

46. Voir annexe 2 : livret de ce ballet retenu par Massenet. Il sera créé après *Werther*, le 21 février 1892, avec Mlle Cerale et Louis Frappart notamment, sous la direction de Josef Hellmesberger.

47. *La Nuit de Noël*, drame en cinq actes de Camille de Roddaz et de Maurice Lefèvre, sera créée au Théâtre de l'Ambigu-Comique le 19 août 1893 avec une musique de scène d'Émile Pessard.

15

Camille de Roddaz à Ernest Van Dyck

[cachet de la poste[48] : Paris, 7 ? juillet 1891] *

Mon cher Ernest

J'espérais une réponse de toi ces jours-ci

J'ai revu Massenet Hartmann et Heugel hier (je suis depuis 48 h à Paris et j'y reste)

Voici en résumé ce qui se passe. Massenet attend le traité de Vienne pour *Werther* et pour le ballet (avant de rien commencer).

Il s'étonne du silence de Jahn.

Il tient énormément à toi pour le *Werther* et désire que cela passe à Vienne avant tout.

J'ai fait les retouches indiquées au *Carillon*, c'est recopié et envoyé chez Massenet.

Les journaux annoncent qu'il est engagé pour un ballet à l'Opéra[49]. Ce n'est pas. Rien n'est décidé et *Le Carillon* est le seul en train pour le moment.

Comme il tient à toi pour *Hérodiade*[50], tu imposeras facilement *Le Carillon*, mais il faut s'y prendre aussi tôt que possible.

Tu le comprends.

Si tu signes pour *Hérodiade* n'hésite pas à faire signer pour *Le Carillon* à Bertrand[51], Massenet y poussera, il agrandit le ballet qui lui plait, profitons de cette occasion qui s'offre à nous d'être joué à l'Opéra.

Fais signer.

Où en es-tu avec Bertrand ?

Comment se porte ta femme fais-lui je te prie nos compliments bien affectueux.

Voici une lettre de Londres qu'on a adressé à Massenet pour toi.

J'attends un mot tu sais que c'est urgent.

Ton ami Camille

---

* Autographe : Archives privées.

48. Lettre adressée à Van Dyck, Festspiel, Bayreuth. Le ténor participe au festival de Bayreuth pour la troisième fois. Il reste dans la ville bavaroise du 26 juin au 19 août 1891.

49. Dans son « Courrier des spectacles » du *Gaulois*, Nicolet écrit le 13 juin : « On annonce pour l'année prochaine l'*Hérodiade* de M. Massenet, avec un grand ballet nouveau, écrit par le maître. » Puis le 17 août suivant : « M. Bertrand a, en outre, en réserve la *Prise de Troie*, de Berlioz, et un grand ballet de Massenet, sur un livret d'Henri Meilhac. »

50. *Hérodiade*, opéra en quatre actes de Massenet, sur un livret de Paul Milliet et de Georges Hartmann, est créé le 19 décembre 1881 à Bruxelles. Représenté pour la première fois à Paris, mais en italien, au Théâtre-Italien en février 1884, l'ouvrage devait être représenté en 1892 avec Van Dyck au Palais Garnier, mais il cédera la place à *Samson et Dalila* après avoir été au centre de vives tensions avec Saint-Saëns. L'opéra de Massenet n'entrera au Palais Garnier qu'en 1921.

51. Après avoir dirigé le Théâtre des Variétés, où il monte Offenbach, puis l'Éden-Théâtre, où furent donnés de grands ballets comme *Excelsior*, Eugène Bertrand (1834-1899) est nommé directeur de l'Opéra en avril 1891, mais ne prend ses fonctions que le 1er janvier suivant. Il ouvrira largement les portes de son théâtre aux œuvres de Wagner.

16

Camille de Roddaz à Ernest Van Dyck

s.l. [juillet 1891]*

Mon cher Ernest

On s'occupe de ton appartement : j'aurai je le pense une solution heureuse en juin. Sois tranquille, de ce côté tout ira à souhait.

Que te faut-il comme vin ? J'en ai d'excellent (ordinaire). Je vais t'en faire venir, je pense qu'une pièce suffira (190 F) en cave 6 bouteilles de cognac excellent.... Réponds si cela te suffit. On a demandé les changements indiqués par toi dans ta dernière lettre et en attendant la réponse on cherche ailleurs.

J'ai dit à Heugel qui l'a redit à Massenet qu'on ne pouvait compter sur rien avant le retour de Jahn. Heugel a compris, mais tu sais comment est Massenet nerveux en diable...

Ah je voudrais voir cela fini. Si tu prends des engagements pour *Hérodiade*, fais signer pour *Le Carillon*[52]. As-tu du nouveau avec Bertrand ? Voici pour ta gouverne un propos répété chez Heugel faisant allusion à votre entrevue chez Bertrand. Campocasso[53] aurait dit j'ai offert 15 à 20000, par mois. Van Dyck n'a heureusement pas accepté ensuite en plus cela m'aurait navré de donner tant d'argent.

Si tu écris à Jahn, du moins si tu le vois à Bayreuth, ne pas oublier les *Illusions* mon vieux...

Je voudrais tant réussir quelque chose... ça me changerait ! As-tu vu Paumgartner, a-t-il écrit au *Monde artiste* ?

Tu ne me dis pas un mot de *La Nuit de Noël* et cependant avec quelle impatience j'attendais, j'attends encore ta réponse... ce retard ne me fait rien présager de bon.

Voici *Le Carillon* retouché au goût de Massenet. Je suis assez content du Pas des heures[54] et toi mon vieux ?

Mille compliments affectueux, de nous deux à vous deux.

Ton ami Camille

Pugno[55] va à Bayreuth le 19 jusqu'au 24. Nous nous n'irons pas. L'argent est trop rare.

Hartmann a eu un accident de voiture et il est au lit pour deux mois.

---

* Autographe : Archives privées.

52. Le projet d'associer *Le Talisman* à des représentations d'*Hérodiade* avec Van Dyck perdure longtemps mais en vain.

53. Après avoir dirigé plusieurs théâtres en province et à Bruxelles, Auguste Deloche, dit Campocasso, dirigera l'Opéra de Paris avec Eugène Bertrand de 1892 à 1893.

54. Roddaz fait allusion au pas dansé de Jef et Pit qui, « transformés en "Jacquemarts" par saint Martin, sonnent l'heure en frappant alternativement de leur marteau les grosses cloches de bronze qui surmontent le cadran. » Voir annexe 2 : livret du *Carillon*.

55. Raoul Pugno (1852-1914), pianiste et compositeur, est à cette époque connu pour ses œuvres de musique légère (opérettes, opéra bouffes, opéras-comiques).

17

Jules Massenet à Ernest Van Dyck

Paris, 21 juillet 1891 *

Cher collaborateur et ami,

Je suis au courant de l'intérêt que vous portez à notre *Werther* et j'en suis touché !

Espérons que tout sera décidé selon nos plus chez désirs !

Vous triomphez en ce moment[56] (comme toujours ! !) et moi, je travaille à notre ballet[57] !

Voilà une nouvelle bien modeste qui doit cependant vous prouver que je pense à vous souvent.

Mes hommages les plus fidèles à Madame Van Dyck et à vous, tout à vous

J. Massenet

18

Camille de Roddaz à Ernest Van Dyck

28 juillet 1891 **

Mon cher Ernest

Je me suis naturellement entendu avec Massenet pour la mise en scène et d'ailleurs j'irai la surveiller moi-même et ça me connaît.

Tu me dis que l'indication pas est trop vague mais je donne le thème de chaque pas sauf pour le pas de deux, ce qui sera réglé en scène.

Tu me dis que Jahn lit en ce moment *Le Carillon* et d'autre part tu me dis d'en faire faire une traduction, je ne comprends guère.

Mais en tous [cas] je ne connais personne ici qui puisse se charger de cela (*La Revue* n'existe plus) cela doit t'être bien plus commode qu'à moi. Paumgartner, ton répétiteur, que j'ai fait entrer au *Monde artiste* (tu ne m'as jamais écrit à ce sujet) ne pourrait-il se charger de cette petite besogne ?

Je reçois un mot de Heugel pas rassurant au sujet du *Carillon*; il ne paraît pas que l'affaire soit faite. J'y suis allé hier inutilement et je tâcherai, sans commettre d'indiscrétion, de savoir la vérité sur le cas Milliet[58].

---

* Autographe : Archives privées.

56. Ernst Van Dyck participe pour la troisième fois au festival de Bayreuth. Il y chante à sept reprises dans *Parsifal* (première donnée le 19 juillet 1891) dont les journaux viennent de rendre compte avec enthousiasme.

57. Comme à son habitude, Massenet a probablement composé des esquisses, puis mis au net sa partition pour piano qui porte les dates d'un séjour en Suisse, à Vevey, entre le 5 et le 9 août 1891. Partition conservée à la Bibliothèque nationale de France, Bibliothèque-musée de l'Opéra, Rés 2188.

** Autographe : Archives privées.

58. Directeur du *Monde artiste*, Paul Milliet (1848-1924) collabore aux livrets d'*Hérodiade* et de *Werther*, avec Georges Hartmann, dans un cas, puis ce dernier et Édouard Blau dans l'autre. Milliet confiera plus tard ses souvenirs, évoquant notamment les « caprices de l'éditeur » (*L'Art du Théâtre*, juillet 1903, p. 107) qui exigeait

J'ai reçu *La Nuit de Noël*, sans un mot, qu'en a donc dit ce [nom illisible] ?

Nous changerons les *Illusions* à ton arrivée. Je voudrais bien que cela fut joué et j'ai cru te faire plaisir en te proposant de signer avec moi.

Je n'ai pas fait annoncer *Le Carillon*. Je voudrais quelque chose de sûr, avant.

Je verrai Mauri[59] en temps utile sois tranquille.

Ma femme a dû écrire à Madame van Dyck. Nous attendrons son arrivée et comme tout sera prêt, elle fixera son choix en une matinée.

J'attends des nouvelles de Jahn avec impatience

Ton ami Camille

19

Camille de Roddaz à Ernest Van Dyck

[cachet postal : Paris], 29 juillet 1891 *

Mon cher Ernest,

J'ai lu ce matin, avec beaucoup de peine, l'écho que voici dans *Le Figaro*[60].

Comment pareille nouvelle a-t-elle pu être donnée à l'*Indépendance*? et quel rôle m'assigne-t-on dans la collaboration ?

Fais-moi donc plaisir de rédiger quatre ou cinq lignes pour rétablir les faits. Tu voudras bien me les envoyer. Je les posterai moi-même au *Figaro*.

J'espère en même temps ravoir des nouvelles de Jahn.

J'attends un mot m'annonçant que ta femme vient décidemment le 15 pour l'appartement.

Ton ami, très désolé !

Camille

---

d'incessantes modifications. Ces propos sont réfutés par un ami proche de Massenet, Julien Torchet, qui, sur un exemplaire de la biographie publié par Louis Schneider (Paris, Carteret, 1907, p. 155-156) où sont cités les propos de Milliet, a écrit en marge : « Non, non, non : Hartmann n'y était pour rien. Les vers de Milliet ne plaisaient pas à Massenet; voilà toute la vérité (ne pas oublier que Milliet, s'étant fâché avec Hartmann, se venge après sa mort) ». Il note aussi à la page précédente : « C'est Hartmann qui établit le scénario tout entier. Comme Milliet ne pouvait venir à bout des vers, il fallut avoir recours à Édouard Blau » (New York, Morgan Library, Cary PMC 313).

59. La danseuse espagnole Rosita Mauri (1856-1923) mène principalement sa carrière à l'Opéra de Paris de 1878 à 1898 ; elle y triomphe notamment dans *Les Deux Pigeons* (1886) de Messager ou le divertissement du *Cid* (1885) de Massenet avant de s'imposer en 1893 dans *La Maledetta* de Vidal. Van Dyck et Roddaz ont donc naturellement songé à elle pour leur ballet.

* Autographe : Archives privées.

60. Sur la lettre est collé un entrefilet publié dans *Le Figaro* du 29 juillet : « *L'Indépendance belge* annonce que M. Massenet a écrit un ballet sur un scénario du ténor Van Dyck. / Complétons l'information de notre confrère. / Ce ballet, destiné à être joué à Vienne, avec *Werther* pour compléter le spectacle, n'est point encore fait, mais tout laisse supposer qu'il se fera. / Il s'appellera *Le Carillon*, et M. Van Dyck aura M. de Roddaz comme collaborateur. »

20

Camille de Roddaz à Ernest Van Dyck

[Paris ?], 3 août 1891 *

Mon cher Ernest

Je me suis mal expliqué, car tu n'as pas compris ma lettre.

Je signe *Le Carillon* avec toi et j'en suis heureux.

Ce ballet sera signé de nous deux ou ne sera pas joué.

Les Illusions seront signées de nous deux ou ne seront pas jouées.

Il en sera de même pour d'autres projets, que tu sauras en temps utiles.

Cela me plaît ainsi et, voilà que tu es dans l'erreur, je le fais avec plaisir, par amitié, cela me donne toute satisfaction.

Si j'ai été ému par la note de l'*Indépendance*, c'est que depuis longtemps, tu le sais, je suis victime d'une sorte de malchance et que mon premier mouvement a été de la surprise et accompagné d'un petit froissement bien explicable. La notification que *Le Figaro*, *L'Écho de Paris* et d'autres journaux publient ce matin sans que nous l'ayons demandé me suffit amplement[61].

Nous collaborons, nous avons chacun un apport nettement déterminé par cette note, cela me va, je ne demandais pas autre chose.

Quant à réclamer par la voie des journaux, je suis de ton avis, en y réfléchissant, mieux vaut jamais rectifier.

Le « DOIT écrire la musique », inexact puisque la musique est actuellement presque terminée, ne m'inquiète en aucune façon. J'éprouve même une sorte de satisfaction à voir barboter les journalistes, qui affectent un petit air entendu et donnent à propos de Vienne les renseignements les plus incomplets.

J'ai déchiré ton mot pour Boyer[62].

Tout malentendu est maintenant dissipé, je pense, entre nous ?

Et j'attends des nouvelles de Jahn.

Ma femme va écrire en même temps que je t'écris, à Madame Van Dyck.

Tu sais qu'on fera pour le mieux et qu'elle sera la bienvenue et qu'en attendant ton arrivée nous nous efforcerons de lui rendre ici la vie aussi agréable que possible.

Ton ami Camille

---

* Autographe : Archives privées.

61. Sur la lettre est collée une coupure du *Figaro* du 3 août qui, signée Georges Boyer, reprend textuellement des propos du *Monde artiste* (31ᵉ année, n° 31, 2 août 1891, p. 503), probablement écrits par Milliet : « Les bruits les plus fantaisistes continuent de circuler à propos du prochain ouvrage de M. J. Massenet. [...] voici qu'un journal sérieux annonce sérieusement que M. Jules Massenet s'occupe de composer un ballet qui serait “intercalé” dans *Werther*. Nous qui connaissons la partition *gravée* depuis longtemps, nous pouvons affirmer que notre confrère a commis une confusion. / Le ballet en un acte que M. Massenet *doit* écrire sur un scénario de M. de Roddaz, d'après une idée fournie par le ténor Van Dyck, est destiné non pas à prendre place dans le drame musical, mais à compléter simplement le spectacle. [...] Disons pour terminer, que des pourparlers sont en effet engagés entre la direction et de l'Opéra de Vienne et le compositeur : *mais aucune signature n'a été jusqu'à présent échangée.* »

62. Secrétaire général de l'Opéra de 1891 à 1907, Georges Boyer (1850-1931) tient aussi la chronique « Courrier des théâtres » du *Figaro*. Proche de Massenet, il est l'auteur des livrets de *Biblis* (1887) et du *Portrait de Manon* (1894) notamment. Van Dyck avait probablement rédigé un rectificatif aux propos divulgués dans la presse, qui ne s'imposait plus après la note de Milliet dans *Le Monde artiste*.

21

Camille de Roddaz à Ernest Van Dyck

[Paris ?], 5 août 1891 *

Mon cher ami

Voici copie du télégramme reçu hier, à la maison : « Avez-vous nouvelles Van Dyck pour Ballet et *Werther*? Dois-je continuer grand travail, 14 h par jour? Espère serez satisfait tous deux. Amitiés. Massenet Grand Hôtel à Vevey. Suisse [63] »

J'ai répondu que je venais de voir Heugel qui paraît attendre le résultat des négociations avec confiance. En effet, Silas vient d'écrire à Heugel que l'on pouvait considérer les offres comme acceptées par Jahn, pour *Werther*.

Je n'ai pas parlé de Silas à Massenet (trop long par dépêche) mais je l'ai prié de continuer lui annonçant que je t'envoyais copie de sa dépêche et que tu lui répondrais de suite.

Heugel m'a dit que Milliet Paul était enchanté de traiter avec Vienne et que malgré la fraîcheur qui règne entre lui et Hartmann il est heureux au possible d'être joué à Vienne !

En un mot Heugel est aussi tranquille que possible en ce qui touche à *Werther*.

Nous venons ma femme et moi de visiter encore des appartements, un très bien rue des Bassins superbe quartier bel ameublement (propre), salle de bains, vastes pièces... nous attendons le prix (le dernier) ; ma femme écrit à Mme van Dyck. Répondez-nous par dépêche il faut louer de suite [64].

Bonnes poignées de main. Amitiés tout plein à ta femme et aux enfants.

Ton

Camille

Un mot dès que tu auras du nouveau. Nous ferons annoncer régulièrement pour éviter de nouvelles bourdes.

---

* Autographe : Archives privées.

63. Massenet vient de commencer la mise au net de la réduction pour piano du *Carillon* dont le premier folio porte la note autographe suivante : « Vevey – Gd Hotel / 5 août 1891 / matin. » *In fine*, le compositeur a noté sur le dernier folio : « Gd Hotel. / Vevey / Dimanche matin 11h ½ / 9 août 1891 » (Bibliothèque nationale de France, Bibliothèque-musée de l'Opéra, Rés 2188).

64. Le ténor suivra les conseils de son ami. Voir lettre 28.

22

Jules Massenet à Ernest Van Dyck

Paris, 38, rue du général Foy, lundi 24 août 1891 *

Cher ami et collaborateur,

Je suis à Paris depuis hier soir minuit !

J'ai hâte de vous voir, pour vous voir et pour vous faire connaître la musique de notre ballet.

Mais je suppose que vous devez être trop occupé par les générales de *Lohengrin*[65].

Enfin, j'ai voulu de suite vous dire bonjour.

Il se peut que je reparte pour la mer si ma femme y séjourne encore quelque temps.

À bientôt, à Paris, dès que vous me ferez signe.

Mes bonnes amitiés à M. de Roddaz.

À vous bien affectueusement & tous mes respectueux hommages à Madame Van Dyck.

Votre

J. Massenet

23

Jules Massenet à Ernest Van Dyck

[Paris, août 1891] **

J'allais sortir pour me rendre chez vous ! Donc, à tout à l'heure et avec le plus entier plaisir.

J'apporte notre ballet[66] ! !

J. Massenet

---

* Autographe : Archives privées. Lettre publiée par Henri de Curzon dans *Le Ménestrel*, 89e année, n° 5, 4 février 1927, p. 45.

65. Après Bayreuth, Ernest Van Dyck se rend à Paris où il restera du 20 août au 8 novembre 1891. Il est la vedette de *Lohengrin* dont la première aura lieu le 16 septembre à l'Opéra Garnier sous la direction de Lamoureux. Les répétitions ont commencé le 22 août. Le chanteur belge tiendra le rôle dix-huit fois cette saison-là et reviendra spécialement de Vienne à Paris, le 7 mai 1894, pour assurer la centième représentation.

** Autographe : Archives privées.

66. Conformément à ses habitudes, le compositeur présente à ses collaborateurs la musique d'un ouvrage entièrement achevé.

24

Jules Massenet à Ernest Van Dyck

[Carte-télégramme[67] : Paris, 26 août 1891] *

Mercredi matin

J'ai trouvé une combinaison et l'oiseau « ne sera plus prophète[68] ! »
L'allure de la phrase ne perdra rien à ce petit changement.
J'ai écrit à Heugel ce matin.
Encore merci pour hier !

J. M.

25

Camille de Roddaz à Ernest Van Dyck

[Paris ?], 7 septembre 1891 **

Cher vieux

As-tu vu la traduction ?
Voici la proclamation. C'est assez long.

Le Héraut

« Bonnes gens de Courtray, à six heures, demain
« Philippe, votre duc et seigneur suzeraine
« Entrera dans la ville. Cette joyeuse entrée
« Dès le lever du jour, sera carillonnée
« Par Carl, l'horloger de l'Église Saint-Martin,
« Sous peine de prison. Ordre de l'échevin[69]

Cela n'a rien de commun avec les vers de Musset, mais comme ce sera traduit… d'ailleurs c'est tout ce qu'il faut pour une proclamation.
Le duc régnant était Philippe le bon (fils de Jean sans peur † 1467)
Ce sera mieux comme costumes.
Que deviens-tu ?
Comment se portent ton père[70] et ta femme

---

* Autographe : Archives privées.

67. Carte-télégramme adressé à Van Dyck, 1, rue des Bassins – Avenue de Marceau à Paris.

68. Se référant à « L'Oiseau prophète » des *Scènes de la forêt* de Schumann, Massenet fait probablement allusion à l'air du Rire de Sophie dans *Werther* (« Il a des ailes c'est un oiseau / c'est un Oiseau de l'aurore ») qu'il évoquera dans sa lettre du 17 décembre 1891 (lettre 51) en raison de ses deux vocalises conclusives pouvant gêner l'interprète.

** Autographe : Archives privées.

69. Ce texte sera repris mais écourté dans la partition imprimée. Voir annexe 2 : livret du *Carillon*.

70. Jean-Baptiste Van Dyck (1824-1909), père d'Ernest, est actif dans des affaires commerciales (voir illustration 8).

Allons-nous te voir bientôt ?
Compliments les plus cordiaux à tous les tiens

Ton ami Camille

Je travaille pour nous.
Dès que tu auras une réponse définitive de Jahn nous irons signer avec le bon Heugel[71].

26

Jules Massenet à Ernest Van Dyck

[Carte de visite : « J. Massenet/ 38, rue du général Foy »]
Paris 11 septembre 1891 *

Mes PLUS CHERS SOUHAITS pour ce soir[72] !

27

Jules Massenet à Ernest Van Dyck

[Carte de visite : « J. Massenet / 38, rue du général Foy »]
17 septembre 1891 **

Avec mes PLUS CHÈRES FÉLICITATIONS pour le TRIOMPHE D'HIER[73] soir et mes hommages les plus affectionnés.

71. Un contrat, daté du 7 septembre 1891, sera signé par Heugel, Massenet, Roddaz et Van Dyck. Voir annexe 1a.

* Autographe : Archives privées.

72. La première de *Lohengrin* devait se tenir le 11 septembre 1891 mais sera reportée en raison d'une indisposition de Van Dyck.

** Autographe : Archives privées.

73. La première de *Lohengrin* a pris place le 16 septembre 1891. Les partenaires de Van Dyck sont Rose Caron (Elsa), Maurice Renaud (Telramund), Caroline Fiérens (Ortrude) et Jean-François Delmas (le Roi). Lors de cette première, l'Opéra est gardé « comme une forteresse » de peur d'incidents semblables à ceux provoqués lors de la création parisienne du 3 mai 1887. À cette époque, Charles Lamoureux avait monté *Lohengrin* à l'Eden-Théâtre dans une version française de Charles Nuitter, mais les oppositions à la musique de Wagner – les ressentiments anti-allemands restent très vifs au sein de la société française et se focalisent en grande partie sur Wagner – furent telles que des émeutes de rue éclatèrent, malgré le succès éclatant de la première. Celle-ci n'eut pas de lendemain et ce fut la seule et unique représentation. Et il fallut attendre quatre ans plus tard pour que *Lohengrin* puisse s'inscrire plus favorablement au répertoire. Néanmoins en 1891, il y aura encore 1200 arrestations et 15 inculpations.

28

Camille de Roddaz à Ernest Van Dyck

[Télégramme adressé « 1 rue des Bassins » avec cachet de la poste :
Paris, [17] septembre 1891] *

Je t'embrasse de tout mon cœur.
Tu as été beau, passionné et d'une admirable simplicité.
Tu es content de ton succès n'est-ce pas ?
Je le suis autant que toi

Camille

29

Jules Massenet à Ernest Van Dyck

Paris, 18 septembre 1891 **

Cher ami,

Votre succès est considérable et je suis si heureux d'entendre tous les éloges que l'on vous prodigue [74].

Il me semble qu'il m'en revient une part [75] ! ! !

Je n'ose vous aller voir surtout aujourd'hui puisque vous jouez ce soir [76] mais j'ai hâte de vous revoir et de vous entendre me raconter vos impressions.

Ah ! que nous sommes loin de cette vie calme de Vienne et que tout ce qui s'est passé, si inutilement heureusement, m'a fortement agacé [77] !

J'ai eu plus d'émotion que pour moi-même.

Vous voyez que je vous aime bien et que je vous admire complètement aussi.

Dites à Madame Van Dyck que si l'heure n'avait pas été si matinale hier... je me serais caché <u>au fond</u> des roses ! pour lui exprimer <u>toute ma joie du succès</u>.

À vous de cœur

J. Massenet

---

* Autographe : Archives privées.

** Autographe : Archives privées. Lettre publiée par Henri de Curzon dans *Le* Ménestrel, 89e année, n° 5, 4 février 1927, p. 45.

74. « L'entrée du chevalier au cygne est accueillie par une explosion enthousiaste. M. Van Dyck, dont la voix n'a jamais été plus pure, est applaudi à chacune de ses phrases. » (Charles Darcours, « Les Théâtres », *Le Figaro*, 17 septembre 1891) ; « Quand à M. Van Dyck, à peine avait-il chanté le fameux "Mon cygne aimé", qu'il avait conquis la salle : il a été hier soir le plus merveilleux Lohengrin qui se puisse rencontrer, admirable acteur et chanteur consommé ». Voir « La première de Lohengrin », *Le Journal des débats politiques et littéraires*, 17 septembre 1891.

75. Le compositeur n'a probablement pas ménagé sa peine pour louer l'interprétation de Van Dyck.

76. Deuxième représentation de *Lohengrin* à l'Opéra, le 18 septembre 1891.

77. Voir lettre 27.

Je travaille à l'instrumentation de notre ballet[78].
Ah ! le « copiste » m'a dit hier que le sujet était charmant ! ! le copiste a du bon[79] !

30

Jules Massenet à Ernest Van Dyck

Samedi 17 octobre 1891 *
6 heures du matin

Cher collaborateur et ami,

La partition d'orchestre de notre ballet est terminée.

Je vous en prie, ne tardez pas à me donner la traduction allemande exacte ; ainsi que la proclamation[80].

Les détails seuls retardent la gravure et les copies !

Tout à vous de cœur

J. Massenet

Excellente votre idée[81] pour la dernière scène dans *Werther*.

C'est fait ; c'est gravé ! !

Mais je voudrais déjà connaître le travail de M. Kalbeck[82].

31

Camille de Roddaz à Ernest Van Dyck

s.l. [18 ? octobre 1891] **

Cher ami,

Je reçois prestement à l'instant la lettre sur le verso de laquelle je t'écris et les traités d'Heugel[83]. Cela va faciliter beaucoup notre affaire.

---

78. D'après le manuscrit, Massenet orchestre sa partition entre le 15 septembre et le 16 octobre 1891. Sur le premier folio, le compositeur a noté : « Paris – mardi 15 sept. /91 / demain 1re Lohengrin à l'Opéra » ; « Jeudi – (grand succès Van Dyck ! !) » (Bibliothèque nationale de France, Bibliothèque-musée de l'Opéra, Rés. 554).

79. Massenet effectue le plus souvent son travail d'orchestration sur une partition préparée par un copiste qui reporte les didascalies et les éventuelles parties vocales du premier manuscrit conçu par le compositeur pour un accompagnement au piano.

* Autographe : Archives privées. Lettre publiée par Henri de Curzon dans *Le Ménestrel*, 89e année, no 5, 4 février 1927, p. 46.

80. Voir lettre 25.

81. Il s'agit probablement de la suppression des deux lignes vocales du duo entre Charlotte et Werther (voir illustration 34).

82. L'écrivain, traducteur et critique, Max Kalbeck (1850-1921), réalisera la traduction allemande de *Werther* après celle du *Cid*.

** Autographe : Archives privées.

83. Cette lettre est rédigée au verso d'un courrier à en-tête du *Ménestrel*, signé Heugel & Cie, daté du 17 octobre 1891 et adressé à Roddaz : « Cher Monsieur, / nous nous empressons de vous envoyer le traité du

Veux-tu en signer un, tu garderas l'autre.
Je pense que j'aurai reçu une réponse de toi quand tu recevras ces papiers.

Ton ami Camille

32

Camille de Roddaz à Ernest Van Dyck

s.l. [19 ? octobre 1891]*

Mon cher Ernest,

D'abord mille choses aimables à ta femme et à toi. Je pioche le ballet Chabrier[84]. Il va très bien.

Le *Cauchemar*[85] suivra sans interruption... enfin je suis en pleine forme et je travaille ferme pour nous deux.

J'ai reçu un mot de Massenet qui m'annonce que l'orchestration est achevée et qui réclame la proclamation de l'héraut.

Veux-tu lui faire savoir que cela est fait. D'ailleurs je vais lui écrire.

Maintenant j'ouvre une parenthèse me concernant.

J'ai besoin pour des paiements personnels (liquidation du passé, en dehors du projet de ménage et sans que Céleste le sache), de 550 Fs pour le 25 de ce mois. J'avais envie de les demander à Heugel mais je ne veux pas le faire sans t'en parler.

Cette somme m'est indispensable. Je voulais partir pour Paris cependant comme je travaille beaucoup pour nous je serais fâché d'interrompre la bonne série.

Veux-tu ou les demander pour moi à Heugel ou me les envoyer, tu les reprendras le 15 janvier (550) sur les droits donnés par Heugel; tu te rembourseras des mille avancés.

Une réponse télégraphique me rendra service. Je te le répète ce sont des billets au 25 de ce mois, le temps presse donc.

Dis-moi en même temps quand part ta femme. Si tu vas rester jusqu'au 25 nove.[mbre] et si ton frère[86] a fait affaire au Bon Marché.

Enfin des détails.

Carillon. Vous seriez tout à fait [aimable] de nous en retourner une copie signée et approuvée et par vous et par M. Van Dyck. Les deux autres copies seront l'une pour vous, l'autre pour votre collaborateur. / Veuillez bien agréer l'assurance de nos sentiments les meilleurs. » Voir annexe 1a : contrat du *Carillon*.

* Autographe : Archives privées.

84. Le compositeur Emmanuel Chabrier (1841-1894) est un proche de Van Dyck. Celui-ci a contribué à faire jouer *Gwendoline* à Karlsruhe en 1889. Ce projet d'une collaboration entre les deux hommes a probablement avorté rapidement malgré un sujet qui, fondé sur des dindons (voir lettre 41), ne pouvait qu'attirer l'auteur de la *Ballade des gros dindons*.

85. Ce projet semble avoir avorté rapidement.

86. Fernand Van Dyck.

Montjoyeux[87] espère toujours t'avoir, le temps est superbe, tu serais très bien venu à Maison Neuve.

Une dépêche et une lettre je te prie au cas où je n'aurai pas cette somme je serais forcé de partir de suite car nous sommes bien près du 25.

Je te serre bien cordialement les pattes de devant.

Mille amitiés 1re qualité à tous les tiens

Ton ami Camille

Ceci entre nous n'est-ce pas ?

33

Camille de Roddaz à Ernest Van Dyck

s.l., 22 octobre 1891 *

Cher ami,

J'ai reçu les 550 Frs.

Merci.

Mais je suis un peu étonné de n'avoir pas trouvé un mot de toi.

Cela m'eut cependant fait plaisir.

Que se passe-t-il ?

J'attendais des nouvelles de ta femme, du prolongement de ton engagement, de ton frère et du Bon marché, de *Lohengrin* et de Massenet

Enfin, de de Noville

Rien ! ! !

Je travaille au ballet Chabrier c'est long, ce sera bien je l'espère mais c'est long !

Mes amitiés chez toi bien cordiales

Ton ami

Camille de Roddaz

Alors c'est bien établi

550 Fr à prendre sur les 1000 versés par Heugel le jour de la première à Vienne

600 (ancien compte) à prendre sur les droits.

C. de R.

1150

Encore un traité à signer et à <u>envoyer chez Heugel</u>.

---

87. Jules Poignant de Pennesière, dit Montjoyeux, journaliste tenant la critique littéraire dans divers journaux. Roddaz avait déjà conçu avec lui le livret du *Printemps*, opéra-comique en un acte d'Alexandre Georges, créé à Rouen le 2 mai 1890.

* Autographe : Archives privées.

9. Jules Massenet, *Manon*, Paris, G. Hartmann, [1884], sans cotage, édition de luxe sur papier Hollande, tiré à 50 exemplaires, n°23, partition chant et piano, extrait de la page de garde avec titre-frontispice. Porte un envoi : « A vous, mon cher Van Dyck, en souvenir de / votre si remarquable Des Grieux / un éditeur très reconnaissant / [signé :] G. Hartmann » (350 × 277 mm). Exemplaire d'Ernest Van Dyck. (Archives privées)

10. Jules Massenet, *Manon*, Paris, G. Hartmann, [1884], sans cotage, édition de luxe, sur papier Hollande, tiré à 50 exemplaires, n°23, partition chant et piano, première page du Prélude (360 × 277 mm). Exemplaire d'Ernest Van Dyck. (Archives privées)

11. Paul Avril, *L'Hôtellerie d'Amiens*, illustrations pour l'acte I de *Manon*, héliogravure dans la partition de Jules Massenet, édition de luxe sur papier Hollande, tiré à 50 exemplaires, n°23, Paris, G. Hartmann, [1884], sans cotage. (225 × 165 mm). Exemplaire d'Ernest Van Dyck. (Archives privées)

12. *Alexandre Talazac dans le rôle du Chevalier des Grieux*, [1884].
Photographie originale de Benque & C°, Paris (164 × 106 mm).
(Archives privées)

13. *Ernest Van Dyck dans le rôle du Chevalier des Grieux.*
Photographie originale du studio Adèle, Vienne (172 × 108 mm).
(Archives privées)

14. *Jules Massenet*, photographie originale de Pierre Petit, Paris. Porte un envoi : « à mon ami et collaborateur, à Van Dyck / en souvenir de *Manon* à Vienne / [signé :] J. Massenet 1890 » (162 × 106 mm).
(Archives privées)

15. *Ernest Van Dyck et Marie Renard dans les rôles du Chevalier des Grieux et Manon*, acte II. Photographie originale du studio Adèle, Vienne (325 × 187 mm). (Archives privées)

16. Paul Avril, *Le Cours-de-la Reine*, illustration pour l'acte III, 1er tableau, de *Manon*, héliogravure dans la partition de Jules Massenet, édition de luxe sur papier Hollande, tiré à 50 exemplaires, n°23, Paris, G. Hartmann, [1884], sans cotage. (225 × 165 mm). Exemplaire d'Ernest Van Dyck.
(Archives privées)

17. *Marie Renard dans le rôle de Manon.*
Photographie originale du studio Adèle, Vienne (172 × 109 mm).
(Archives privées)

18. Paul Avril, *Le parloir du séminaire de Saint-Sulpice*, illustration pour l'acte III, 2e tableau, de *Manon*, héliogravure dans la partition de Jules Massenet, édition de luxe sur papier Hollande, tiré à 50 exemplaires, n° 23, Paris, G. Hartmann, [1884], sans cotage. (225 × 165 mm). Exemplaire d'Ernest Van Dyck.
(Archives privées)

19. *Alexandre Talazac et Marie Heilbronn dans les rôles du Chevalier des Grieux et Manon*, acte III, « Le Séminaire de Saint-Sulpice ». Photographie originale de Benque & C°, Paris (162 × 107 mm). (Archives privées)

20. *Ernest Van Dyck et Marie Renard dans les rôles du Chevalier des Grieux et Manon*, acte III, « Le Séminaire de Saint-Sulpice ». Photographie originale du studio Adèle, Vienne (165 × 106 mm). (Archives privées)

21. *Alexandre Talazac dans le rôle du Chevalier des Grieux*, [1884], acte III, « Le Séminaire de Saint-Sulpice ». Photographie originale du studio « Paris-Portrait », Benque & C°, Paris (214 × 130 mm).
(Archives privées)

22. *Sibyl Sanderson dans le rôle de Manon*. Photographie originale de Benque & C°, Paris.
Au recto : annotation autographe « Manon a [sic] Paris / 6 nov[embre] 1891 » ;
porte un envoi au verso : « à Mon Des Grieux de / Londres – and some other place I hope. /
[signé :] Sibyl Sanderson » (164 × 107 mm).
(Archives privées)

23. *Alexandre Taskin dans le rôle de Lescaut.*
Photographie originale non identifiée (157 × 115 mm).
(Archives privées)

24. *Arthur Cobalet dans le rôle du Comte des Grieux.*
Photographie originale non identifiée (160 × 110 mm).
(Archives privées)

34

Jules Massenet à Ernest Van Dyck

[Paris], Jeudi 22 octobre 1891 *

Cher ami,

Je dois aller chez ma sœur[88] qui est très souffrante. J'y serai à midi 3/4; ce qui me prive du plaisir de l'entrecôte chez vous, hélas! ... Mais j'arriverai 1 rue du Bassin à 1 heure 1/2. Nous irons de chez vous chez l'Excellence[89].

Je me demande où est la véritable Excellence.

La sienne ou la vôtre ? ! ...

Votre excellent

J. Massenet

35

Jules Massenet à Ernest Van Dyck

Paris, 28 octobre 1891 **

Cher ami,

J'aurais voulu présenter un hommage et dire adieu à Madame Van Dyck avant son prochain départ dont j'ignore la date[90].

Je vous préviens aussi que, selon votre bonne promesse, je remettrai en vos mains (!) la partition manuscrite de notre ballet avec les explications nécessaires. Mais au moment de votre départ[91].

Vos grands succès continuent à l'Opéra. On en parle si bien partout! Et j'en suis si heureux pour vous et ... pour moi.

Votre égoïste ami!

J. Massenet

---

* Autographe : Archives privées.

88. Julie Massenet (1832-1905), épouse du peintre Pierre-Paul Cavaillé.

89. Le 22 octobre 1891, Ernest Van Dyck devait chanter dans un concert donné au Trocadéro au bénéfice de l'Association des artistes dramatiques. Suite à un malentendu, son nom est maintenu sur l'affiche, mais c'est Pol Plançon qui le remplace. Dans la salle, le public réclame « Van Dyck ». Le chanteur et Massenet ont probablement participé à une réunion mondaine chez une personnalité que nous n'avons pas identifiée.

** Autographe : Archives privées.

90. Augusta Van Dyck repart à Vienne avant son mari, afin d'y préparer son arrivée. Elle quitte Paris le 29 octobre 1891 pour arriver le lendemain à destination.

91. Dans son édition du 1er novembre (57e année, n° 44, p. 359), *Le Ménestrel*, organe de presse des éditions Heugel, informe ainsi ses lecteurs : « En retournant à Vienne, où il va continuer les représentations de *Manon* arrêtées en plein succès, M. Van Dyck emporte dans ses malles la partition manuscrite du nouveau ballet de M. Massenet : *Le Carillon*, qu'il va remettre entre les mains du directeur, M. Jahn ».

36

Jules Massenet à Ernest Van Dyck

[Paris], dimanche [1 er ? novembre 1891] *

Cher ami,

Je n'ose aller vous déranger et cependant je voudrais avoir de vos bonnes nouvelles. Je pense bien à vous !

Affectueusement

J. Massenet

Après le succès, je vous rappellerai que l'on attend la musique du ballet pour graver…

37

Jules Massenet à Ernest Van Dyck

Paris, 9 novembre 1891 **

Bien cher ami,

Je veux que vous ayez des nouvelles de votre « musicien » aussitôt votre arrivée [92] !

J'espère que vous n'avez pas eu froid ; l'hiver s'annonce durement.

Verrez-vous bientôt M. Kalbeck et pourrez-vous obtenir de lui que la traduction ne tarde pas trop ? …

On m'a dit que le 1er acte était excellent. Nous attendons la suite pour avancer la gravure de la partition.

Ce serait si agréable d'avoir une belle traduction & M. Kalbeck doit réussir car c'est un homme de grand talent.

S'il prend plaisir à ce travail tout ira bien ; mais c'est là la question ?

Et puis, M. Jahn ne pense-t-il pas bien plutôt à *L'Ami Fritz* [93] qu'à *Werther* ? Est-ce la raison qui retarde les envois de M. Kalbeck ?

Allons, Vous êtes à Vienne et vous allez veiller à nos intérêts.

Parlez du *Carillon*. Donnez-moi des détails ! ! !

Pr *Werther* le matériel sera prêt quand on le voudra.

Pr *Le Carillon* la copie des parties séparées peut commencer dès la remise du manuscrit que vous avez pris le soin de mettre sous votre bras ! !

---

* Autographe : Archives privées.

** Autographe : Archives privées. Lettre publiée par Henri de Curzon dans *Le Ménestrel*, 89e année, no 5, 4 février 1927, p. 46.

92. Ernest Van Dyck a quitté Paris le 8 novembre 1891, le lendemain de la dernière de *Lohengrin* à l'Opéra. Il est de retour à Vienne pour entamer sa quatrième saison au Hofoper.

93. *L'Amico Fritz* de Pietro Mascagni d'après le roman d'Erckmann-Chatrian venait d'être créé au Teatro Costanzi de Rome le 31 octobre 1891, avec Emma Calvé notamment. L'ouvrage sera monté à Vienne en allemand, le 30 mars 1892, peu après la création de *Werther*.

Mes plus chers souvenirs à Madame Van Dyck et à vous, affectueusement

J. Massenet

Ne m'oubliez pas auprès de M. Jahn et de Mlle Renard[94] et de tous mes amis ! !

38

Camille de Roddaz à Ernest Van Dyck

[papier à en-tête : « Paris 8 B^d^ Bonne-Nouvelle »],
[10 ? novembre] *

Mon cher Ernest,

J'ai vu Bertrand[95] !

Ça ne va pas tout seul ! !

D'abord il prétend que rien n'était convenu entre nous, que tu lui as proposé *Le Talisman* parce que tu craignais que *Le Carillon* soit un peu mince pour le cadre de l'Opéra ; ensuite qu'il était entendu qu'il ne prendrait une décision qu'après février c'est-à-dire après la représentation de Vienne, représentation à laquelle il doit assister. Enfin il est, dit-il, fort engagé avec Gailhard[96] et demande que ce soit Massenet qui le dégage ! ! ! !

Voilà !

J'ai fort insisté et j'ai obtenu un rendez-vous pour cette semaine. Il serait donc utile [que nous] écrivions à Massenet pour lui dire que :

1° tu es son grand admirateur

2° que tu vas te dévouer pour lui de ton mieux et assurer le succès de *Werther*

3° que tu attends comme un service de lui de pousser à la conclusion de ce traité

Je ne suis moi, et tu le comprends bien, que le collaborateur de qui on n'attend rien, tu as toi la situation en mains, par *Manon*, par *Werther*, par les *Maîtres chanteurs* pour Bertrand, par ton futur engagement avec l'Opéra.

Il faut jouer de ces différentes [mot illisible] et vigoureusement, mais avec tact.

Une lettre à Massenet, une lettre à Bertrand peuvent tout arranger.

Ils sont assez lents à décider mais obéiront à leurs intérêts si tu sais le leur faire comprendre.

---

94. Marie Renard (1864-1939), de son vrai nom Marie Pölzl, rencontre un certain succès sur la scène du Théâtre impérial de Vienne. En 1900, elle quittera la scène après avoir épousé le comte Rodolphe Kinsky. Elle créée les rôles de Manon, de Charlotte et d'Anita (dans *La Navarraise*) et partage la scène à plusieurs reprises avec Van Dyck (voir illustrations 15, 17, 20).

* Autographe : Archives privées.

95. Le samedi 8 novembre 1891, Van Dyck avait sollicité Bertrand en ces termes : « Mon collaborateur et ami de Roddaz se permettra de venir vous voir lundi matin à 10 heures. / Massenet est d'accord avec nous et… De Roddaz vous expliquera le reste de vive voix. » Lettre d'Ernest Van Dyck à Eugène Bertrand, Paris, Archives Nationales, Archives Eugène Bertrand, AB XIX 4227.

96. La basse Pierre Gailhard (1848-1918) débute à l'Opéra-Comique en 1867, puis entre à l'Opéra en 1872. Il sera codirecteur de l'Opéra de Paris avec Eugène Ritt en 1884, puis avec Eugène Bertrand en 1893. L'œuvre dont il est question à partir de cette lettre concerne son ballet en deux actes, *La Maladetta*, qui sera finalement mis en musique, non par Massenet, mais par Paul Vidal. Ce ballet sera représenté à l'Opéra le 24 février 1893.

Sois donc aimable d'écrire par le courrier au reçu de ce mot.

Ils recevront tes lettres vendredi matin.

Le rendez vous entre Bertrand, Massenet et moi est fixé à vendredi soir.

Cela ira tout seul, d'autant que, dans le fond, Bertrand est heureux de signer avec Massenet.

Nous vous embrassons tous

Camille

Et nous vous aimons bien.

J'attends aussi un mot vendredi me mettant au courant.

39

Ernest Van Dyck à Eugène Bertrand

Vienne, 32 Belvédère Gasse, 11 novembre 1891 *

CONFIDENTIELLE

Cher Monsieur Bertrand,

J'ai vu Madame Wagner hier et j'ai eu avec elle une longue conférence avec elle au sujet de l'Opéra.

Il est entendu en principe qu'elle vous accordera les *Maîtres chanteurs*[97]. Quand vous viendrez à Vienne en février je vous répéterai de vive voix ce que Madame Wagner m'a dit pour vous de très aimable.

Elle craint bien un peu que les *Maîtres chanteurs* ne fassent reculer indéfiniment *Tannhäuser* et *Le Vaisseau fantôme* – mais je suis parvenu à la rassurer sur ce point.

Madame Wagner voudrait que vous continuiez les représentations de *Lohengrin* pendant l'année 92 et que les *Maîtres chanteurs* ne passent qu'au printemps 93. Cela vous irait-il ? Je chanterai cet été les *Maîtres chanteurs*[98] et je vous aiderai à Paris des bonnes traditions.

Vous voyez que je n'ai pas perdu de temps et que j'ai pensé à notre dernière entrevue.

Je voudrais qu'à votre tour vous puissiez conclure avec mon ami de Roddaz et Massenet pour *Le Talisman*.

Je crois que les différents que vous suggérait le ballet Gailhard sont aplanis et que NOUS seront tous d'accord vendredi soir.

* Autographe : Paris, Archives Nationales, Archives Eugène Bertrand, AB XIX 4227.

97. Van Dyck ne participera à aucune représentation des *Maîtres chanteurs de Nuremberg* sur la scène du Palais Garnier. L'opéra de Wagner sera créé en novembre 1897 avec Albert Alvarez dans le rôle de Walther.

98. Durant le festival de Bayreuth de l'année 1892, Van Dyck ne participera pas aux représentations des *Maîtres chanteurs*. Il incarnera seulement le rôle-titre de *Parsifal*.

Vous me rendrez un très grand service.

Je suis très heureux, cher Monsieur Bertrand, de pouvoir me mettre à vos ordres. Je vous prie de me rappeler respectueusement au souvenir de Madame Bertrand et de me croire votre sincèrement dévoué

Ernest Van Dyck

40

Camille de Roddaz à Ernest Van Dyck

[papier à en-tête : « Paris 8, B d Bonne-Nouvelle »] 1
4 novembre 1891 *

Mon cher ami,

Voici ce qui vient de se passer.

Hier vendredi je suis allé, comme cela avait été convenu, chercher Massenet chez Heugel, et nous sommes partis ensemble pour aller chez Bertrand. En route Massenet très affable, mais très très mélancolique ? …

Bertrand nous a très bien reçus, le livret lui plaît beaucoup. Il est convenu qu'*Hérodiade* va être donnée de suite (vers février) puis *Samson et Dalila* et *Le Talisman* ou bien encore *Marie-Magdeleine*, arrangée pour la scène [99], et *Le Talisman*.

Après, on donnera *Le Carillon*. Bertrand a quelques observations de détail (mise en scène) à faire pour *Le Talisman*. Je corrigerai, je ferai recopier et je transmettrai à Massenet qui commencera (tu auras une copie après les retouches).

Quant au ballet de Gailhard on s'en tirera de la façon que voici : *Don Quichotte* étant un ballet espagnol [100], le ballet de Gailhard étant un ballet espagnol [101] il faut une année au moins entre les deux !

Ceci d'un commun accord entre Bertrand et Massenet qui se dégagent ainsi.

Bertrand nous a dit en nous quittant : c'est une affaire convenue. Écrivez-le à Van Dyck de ma part, mais à cause de Gailhard ne faites rien annoncer dans les journaux.

Voilà donc qui va bien… mais crois-moi ce n'est pas le moment de s'endormir… je n'ai pas une très grande confiance dans ce qui n'est pas signé et Pedro Gailhard en fait la preuve en ce moment avec Bertrand et Massenet. Ils sont enchantés de n'avoir pas signé et d'avoir trouvé un moyen de ne pas tenir leur parole.

Comme leurs intentions, leurs projets changent avec les circonstances il faut se bien couvrir, si possible.

---

* Autographe : Archives privées.

99. L'oratorio *Marie-Magdeleine* de Massenet ne sera porté à la scène qu'en 1903, à Nice, puis à l'Opéra-Comique de Paris en 1906.

100. Un projet de ballet liant André Wormser et le librettiste Maurice Lefèvre autour de *Don Quichotte* perdure plusieurs mois. Il sera abandonné au profit de *L'Étoile* que Wormser composera en collaboration avec Adolphe Aderer et Roddaz. L'ouvrage sera représenté après la mort du librettiste, le 31 mai 1897, à l'Opéra de Paris. En revanche, Massenet écrira un *Don Quichotte*, comédie-héroïque en cinq actes qui sera créée le 19 février 1910 à l'Opéra de Monte-Carlo.

101. Il s'agit de *La Maladetta* (voir lettre 38).

Tu tiens le bon bout, par *Werther* pour Massenet et par l'Opéra pour Bertrand. Il faut pousser surtout Massenet ! lui écrire (ce que tu n'as pas fait l'autre semaine) que tu viens d'apprendre par moi l'heureux résultat de nos négociations avec Bertrand et le prier de s'occuper du *Talisman* dès que les retouches auront été faites de façon à avoir une lettre de lui.

En parlant des soins que tu vas apporter à *Werther* tu obtiendras ce que tu voudras. Mais il est indispensable de l'obtenir.

Écrire de même à Bertrand pour le remercier et tâcher de trouver quelque chose à mettre dans la lettre qui exige une réponse (renseignements à propos des *Maîtres chanteurs*, ou autre chose) également indispensable.

Ici, dans quelques jours quand tu m'auras prévenu que les lettres en questions sont parties, je retournerai chez Bertrand pour les fameuses retouches. Tout ceci très urgent ! ! !

Plus de nouvelles de Cousot [102] !

Comment s'est passé le voyage, as-tu bien chanté jeudi [103] ?

Quel accueil t'a-t-on fait, très beau, n'est-ce pas [104] ?

Je pense bien qu'Augusta et les enfants se portent à merveille, fais leur de notre part à tous deux mille compliments affectueux. Nous leur envoyons de bons baisers qui ont le rare mérite d'être sincères.

Céleste ne va guère bien. Enfin, il faut de la patience.

Massenet m'a parlé de Jahn, me demande où il est né etc. etc. ce qui est assez naturel, mais la chose est, paraît-il, décidée [105].

Le ballet Chabrier est fini moins les vers et bien venu.

Tu vas en recevoir une copie.

Et le scénario de ballet pour Bruxelles ?

Et le scénario de pièce en un acte ! ! ! !

Ici rien de nouveau, je pioche *Le Cauchemar* et je suis, je crois, brouillé avec Messager.

Une bonne poignée de mains

Ton ami Camille

Écris et réponds !

---

102. Frédéric Cousot (1856-1932), homme de lettres né à Dinant, camarade d'Université de Van Dyck lors de leurs études à Louvain. Il s'est installé à Paris.

103. Le jeudi 12 novembre 1891, Van Dyck recommence la saison au Hofoper de Vienne en chantant dans *Manon*.

104. *Le Ménestrel* du 15 novembre (57e année, n° 46, p. 365) rapporte le succès de Van Dyck : « À peine arrivé à Vienne, le ténor Van Dyck a continué, avec la charmante Mlle Renard, la série des représentations de *Manon*. Voici la dépêche que nous recevons : "Hier, Manon, succès encore plus grand qu'à la première représentation. Réception enthousiaste, trente rappels dans la soirée." »

105. Wilhelm Jahn sera nommé Chevalier dans l'ordre de la Légion d'honneur à titre étranger, le 29 décembre 1891, en qualité de « directeur de l'Opéra de Vienne ».

41

Camille de Roddaz à Ernest Van Dyck

[papier à en-tête : « Paris 8, B d Bonne-Nouvelle »]
21 novembre 1891 *

Mon cher Ernest,

Tu peux croire, mon cher ami, que j'approuve pleinement ton projet de traité avec Bertrand, et tu as joliment bien fait d'insister.

Vois-tu nous tenons le manche du couteau ; ne le lâchons pas. Nos ballets nous ferons une réputation, ce sera une spécialité, et les gens sont ainsi faits qu'on s'adressera à nous, même, ce qui n'est pas improbable, si d'autres font des ballets meilleurs que les nôtres.

J'ai même un projet pour notre grand ballet des Dindons (le titre est toujours à trouver). La Porte Saint-Martin qui a un four formidable avec la pièce de Toché (*Voyages dans Paris*[106]) est montée pour les ballets. Je vais le proposer, si tu crois que cela ne puisse pas nous faire du tort à Vienne. J'attendrai ta réponse.

J'ai trouvé un musicien plus prompt que Chabrier, un musicien de mérite qui s'y mettra tout de suite. C'est Raoul Pugno ! Il est devenu fou de ce ballet ! Réponds-moi à ce sujet; et dis-moi si nous pouvons toujours compter sur Vienne. Le ballet est fini sauf les vers et vraiment c'est notre meilleur tu en recevras une copie (fin du mois)

Montjoyeux nous fera les chœurs invisibles comme il a fait ceux du *Talisman*.

J'attends le traité que j'ai demandé à Stoumon[107] pour envoyer le ballet demandé qui est fait. J'ai reçu ton scénario. Je vais le revoir et t'envoyer mon travail; cela n'irait pas pour Bruxelles où on demande les personnages de la Comédie Italienne.

Quant à la collaboration avec Cousot ça ne va pas. Je l'ai vu le lendemain de ton départ. Je lui ai fait toutes les avances possibles il a paru enchanté et n'est pas venu; hier j'ai reçu de lui le mot ci-joint[108]. J'ai renvoyé l'argument [mot illisible : d'Arguillot ?] de suite.

Pour en revenir à Bertrand il faut insister, il faut le traité que Massenet s'y mette de suite comme il est convenu (ce qu'il ne fera pas sans traité et ce qui est indispensable si nous voulons passer après *Hérodiade* qui sera jouée en juin).

---

* Autographe : Archives privées.

106. Le 21 novembre 1891, *Voyages dans Paris*, pièce à grand spectacle en cinq actes et quinze tableaux d'Ernest Blum et de Raoul Toché, est accueillie froidement lors de sa création au Théâtre de la Porte-Saint-Martin, remis à neuf à cette occasion.

107. Oscar Stoumon (1835-1900), compositeur et critique musical belge. Il a dirigé le Théâtre de la Monnaie avec Édouard Calabresi de 1875 à 1885 et le codirigera à nouveau durant la saison 1889-1900. Leur duo de direction donnera une renommé importante à cette scène lyrique, où sont créés, avant Paris, plusieurs opéras français ainsi que les œuvres de Wagner.

108. La lettre de Cousot n'est pas conservée.

Je suis allé chez Heugel, j'ai fait part de tes désirs et des parties de ta lettre qui semblaient les intéresser. La distribution du *Carillon* me paraît très bien surtout parce que tu en parais satisfait, car je ne connais pas M. Frappart[109].

J'ai ici de bonnes nouvelles ! Un drame à l'Ambigu et peut-être une pièce avec Granier[110] aux Nouveautés ; cela sera décidé dans 15 jours. C'est en bonne voie. À ce point de vue je suis content.

J'attends les premiers jours de la semaine pour aller lire le scénario de l'Opéra à Massenet, c'est convenu, il est libre et vient de refuser un livret, c'est lui qui m'a envoyé pour cette lecture ! ! !

À ce point de vue nos affaires sont donc en bon chemin.

Nous arriverons ! Je compte sur toi, sur ton amitié, tu peux compter sur moi, soutenons-nous et le théâtre nous donnera de gros bénéfices.

En ce moment je suis très en forme et j'ai un entrain du diable au travail. Tu verras les Dindons ! … tu verras.

D'après ce que m'a dit Bertrand, Silas n'a pas su parler du *Carillon* avec enthousiasme.

À surveiller Silas !

Maintenant parlons d'un sujet plus grave ! J'ai, comme te dirait Cousot, un placement sérieux à te proposer, j'ai besoin de préciser fin [du mois] courant (le 30 au moins 500 Frs). Fais moi le plaisir de m'envoyer 450 Frs tu toucheras les 1000 Frs d'Heugel, j'aime mieux cela que de lui demander à cause de Massenet. Mes affaires personnelles sont dures. Je n'en veux point parler chez moi où j'aurai les fonds pour mon voyage à Vienne.

En cela tu n'as rien à risquer et tu me rends un très réel et très grand service. Il est important que je reçoive les fonds avant le 30.

C'est une avance sur deux mois voilà tout et cela m'évite de gros soucis, car chez moi, j'ai pu tout arranger jusqu'ici, et vraiment cela m'ennuie trop de demander à Heugel cela ferait mauvais effet. Je ne veux pas m'exposer à un refus.

Céleste prend le lit pour se soigner sérieusement et être sur pieds pour la 1re du *Carillon*. Elle va écrire à Augusta. Elle serait heureuse d'avoir un mot d'elle, qui ne fasse surtout aucune allusion à sa maladie.

Nous vous embrassons tous

Ton ami Camille

---

109. Chorégraphe et premier danseur de l'Opéra de Vienne, Louis Frappart quittera la scène en 1895. Au lendemain de la première du *Carillon*, le correspondant du *Gaulois* (G. P., « *Le Carillon* à Vienne », 22 février 1892) écrit à propos de la distribution : « Le premier mime est un français, M. Frappart. Il est attaché à l'Opéra depuis *trente-sept ans* ! »

110. La chanteuse Jeanne Granier (1852-1939), qui s'illustre surtout dans le répertoire léger, ne semble pas avoir été l'interprète d'un ouvrage de Roddaz.

42

Camille de Roddaz à Ernest Van Dyck

[papier à en-tête : « Paris 8, B d Bonne-Nouvelle »]
24 novembre 1891 *

Mon bon vieux,

Nous avons bu hier un verre de champagne en l'honneur du nouveau Kammersänger et aussi à ta santé à celle de ta femme et de tes enfants. Tout le monde ici est ravi et t'embrasse. (J'ai envoyé une petite note aux journaux) [111].

Parlons maintenant de nos affaires, monsieur le Kammersänger.

J'ai vu Heugel et Massenet.

Avant *Le Carillon*, permets-moi de m'occuper un instant du *Talisman*. À ce propos je trouve maintenant Massenet assez tiède, il évite de répondre et se fait tirer l'oreille pour me donner un rendez-vous afin que j'aille chez Bertrand avec un mot de lui. Il est cependant indispensable de conclure. Tant que le titre du ballet n'est pas sur la lettre rien n'est fait. Bertrand est homme à dire qu'il s'agit du *Carillon* et qu'il n'a pas pensé au *Talisman*. Massenet qui se fiche, je crois, du sujet; c'est-à-dire, qui prendra aussi bien un autre sujet que le nôtre si ses intérêts (à côtés) l'y poussent sinon à un moment donné nous lâcher et retourner à Gailhard, s'il le juge plus avantageux.

Rien de tout cela à craindre avec un écrit.

Il faut donc profiter de la situation et terminer.

D'abord aucune raison pour continuer ces cachotteries.

Bertrand est décidé à jouer *Hérodiade* et *Le Talisman* après... ensuite mais plus tard *Le Carillon*. Nous avons trouvé, ou pour parler plus exactement Massenet et Bertrand ont trouvé un moyen de remettre Gailhard et son ballet aux Calendes grecques : c'est la similitude de ce ballet avec celui de Maurice Lefèvre [112]. Tous deux sont espagnols, avec mêmes danses, mêmes effets. Ce [mot illisible] est bon, aucune raison d'en changer, tenons nous y et annonçons *Le Talisman*. Dame ! C'est logique. Toutefois nous ne le ferons qu'après la réponse que nous allons demander à Bertrand et à Massenet.

J'ai déjà écrit à ce dernier tout à l'heure pour lui annoncer la nouvelle distinction dont tu viens d'être l'objet et j'ajoute que cela va grandir encore l'influence que tu es si heureux de mettre à son service, toi qui éprouve autant d'admiration que d'affection etc.

---

* Autographe : Archives privées.

111. Nicolet, dans son « Courrier des spectacles » du *Gaulois* du 26 novembre 1891, informe ses lecteurs : « Le ténor Van Dyck et la cantatrice Marcella Sembrich ont été nommés "chanteurs de la chambre" de S. M. l'empereur d'Autriche-Hongrie, à la suite du concert donné le 20 novembre à la Cour, la veille du mariage du prince Frédéric-Auguste de Saxe avec l'archiduchesse Louise de Toscane. » Le diplôme de nomination est conservé dans les archives des descendants de la famille Van Dyck. C'est le samedi 21 novembre 1891 que les artistes qui ont chanté à la cour de Vienne sont convoqués par le prince Constantin de Hohenlohe-Schillingsfürst, grand-maître de la cour et directeur des théâtres viennois, qui leur annonce leur nomination. Voir notre chapitre « Les relations entre Van Dyck et Massenet : des liens amicaux ou professionnels ? » dans le présent ouvrage.

112. Pressenti pour écrire le livret d'un ballet sur *Don Quichotte* (lettre 40), le journaliste et librettiste Maurice Lefèvre (1857-1915) est l'auteur du livret *Scaramouche* de Messager, représenté au Nouveau Théâtre le 17 octobre 1891.

etc. Je termine ma lettre en lui demandant rendez-vous pour terminer l'affaire du ballet, ce qui te ferait tant plaisir et à quoi tu tiens tant etc. etc.

Massenet peut obtenir de Bertrand ce que nous demandons tu peux l'obtenir de Massenet parce qu'il a besoin de toi et en ce moment surtout car *L'Amico Fritz* l'empêche de dormir. Heugel me disait hier que Sonzogno[113] lui avait écrit pour l'informer que *L'Amico Fritz* passait avant fin décembre à Berlin et à Vienne. Profitons de cette circonstance pour assurer notre situation et de beaux bénéfices, car deux ballets de Massenet ce sont des rentes pendant longtemps tu le sais.

Écris donc à Massenet qui attend un mot de toi au sujet de *Werther* car il craint que M. Kalbeck le traducteur ne lâche sa pièce pour s'occuper d'abord de *L'Amico Fritz*, que tu fais le nécessaire à cet égard, qu'il peut compter sur toi et tu comptes sur lui pour mener à bien l'affaire du ballet, que ce te serait une grande joie de signer *Le Talisman* avec lui, que tu es disposé à tout pour cela, et que tu le prie enfin de faire signer Bertrand et Heugel. Quand ces messieurs n'auront plus besoin de toi ils nous lâcherons sois en persuadé, à ta place ils demanderaient carrément, ils exigeraient même sois en sûr. Faisons comme eux.

Maintenant passons au *Carillon*. L'allemand est gravé, mais on va le remplacer par ta traduction, sauf aux endroits où le texte allemand gravé ressemble à celui que tu viens d'envoyer, tu recevras les épreuves comme tu l'as demandé. On te prie néanmoins de faire le moins de corrections possible et de ne garder ces épreuves que le temps nécessaire.

Heugel est décidé à payer la mise en scène à M. Hassreiter[114]. Il la demande en allemand et en français. Tu n'as plus qu'à lui écrire ou à m'écrire pour le prix.

On mettra ballet et pas légende en allemand.

La distribution proposée est acceptée.

Je suis désolé de la banderole avec le texte, comme tu le disais à propos de l'Opéra de Paris c'est faire du théâtre comme sous Louis XIV.

À Paris on fera autrement. Le mépris des chanteurs pour le ballet me rappelle l'époque où l'on enfouissait la nuit, dans les terrains vagues les comédiens morts, alors les chœurs du *Talisman*?

C'est ridicule.

Enfin on se soumettra pour cette fois, mais je proteste et suis certain que dans le fond tu protestes aussi.

Pour le décor tu fais erreur à gauche brasserie au fond l'Église à droite la maison de Karl, c'est chez lui qu'il rentre quand il est surpris par le syndic des boulangers après son pas avec Bertha. Il en ressort plus tard habillé somptueusement pour l'entrée du duc.

---

113. Edoardo Sonzogno (1836-1920) entre en concurrence avec l'éditeur Ricordi après avoir fondé en 1874 une maison d'édition musicale portant son nom dont le catalogue comportait les œuvres de Mascagni et de Leoncavallo, mais aussi de certains compositeurs français, comme Bizet, Gounod ou Massenet. Sous sa direction de 1888 à 1892, le Teatro Costanzi de Rome acquiert une renommée internationale, notamment en donnant, en 1890, la première représentation de *Cavalleria rusticana* de Mascagni, vainqueur d'un concours que Sonzogno, promoteur de l'école vériste, avait organisé.

114. Joseph Hassreiter (1845-1940) est maître de ballet de 1889 à 1920 au Hofoper de Vienne où il réalise la chorégraphie de l'ouvrage. Sachant allier tradition et modernité, et privilégiant des effets d'ensemble, il reste célèbre pour sa chorégraphie de *Die Puppenfee* (1888) sur une musique de Josef Bayer.

L'église est au fond par erreur, l'apparition des anges dans le clocher (quand ils frappent le carillon) doit être vue de face [115].

La transformation des syndics en Jacquemart doit être également vue de face.

Qu'elle soit au fond cela ne change rien, les apparitions s'y verront quand même.

C'est M. Schlesinger [116] qui va faire la transcription du texte allemand nouveau. On fera au mieux étant donné que la place est mesurée d'avance.

Massenet a reçu une lettre de M. d'Ormesson [117] relative à la croix de Jahn, il me dit t'avoir adressé ce message. Il considère l'affaire comme faite [118].

J'ai demandé à Stoumon un traité avant d'envoyer le ballet à Bruxelles. Je l'attends. Tu seras averti de suite. Je te répète que tu recevras copie du *Talisman* après l'entrevue avec Bertrand qui doit indiquer des retouches de façon à éviter trop de frais de copie, Dieu sait s'il y en a déjà ! Les dindons seront expédiés dès les vers finis

C'est notre meilleur ! ! !

TU SERAS CONTENT MON VIEUX.

Si tu vois de Noville dis lui que j'ai rencontré quelqu'un du *Figaro*, qu'on est bien disposé et que dès son affaire arrangée on reprendra avec plaisir. Je ne lui écris pas il a été trop peu aimable lors de son dernier voyage à Paris.

Quelle lettre ! ! C'est là tout, ou à peu près.

Je termine en te remerciant pour l'envoi des 450...

Céleste et moi vous adressons tous nos souhaits les plus cordiaux, les plus affectueux, les plus sincères à tous deux

Ton ami Camille

43

Jules Massenet à Camille de Roddaz

Paris, 25 novembre 1891 *

Cher collaborateur et ami,

Je viens de télégraphier toutes mes chères félicitations à Van Dyck [119] ! !

Avez-vous lu la lettre de Vienne dans *Le Figaro* ?

On annonce que Mlle Renard, malade, ne reparaîtra qu'en janvier dans la PIÈCE de JOHANNES STRAUSS [120].

Donc nous voilà certainement remis... (et pour *Werther* et pour *Le Carillon*...) d'une façon qui ne peut changer malgré tout ce que désirera notre bon ami.

---

115. Roddaz a dessiné le décor sur sa lettre.

116. Schlesinger : personnalité non identifiée. Est-elle apparentée à la famille des éditeurs parisiens ?

117. Olivier d'Ormesson (1849-1923) est à cette époque le chef du protocole du ministère des Affaires étrangères.

118. Voir lettre 40.

* Autographe : Archives privées.

119. Voir lettre précédente.

120. Dans son « Courrier de Vienne » (*Le Figaro*, 25 novembre 1891), Walter Vogt annonce le report en janvier de la création de l'opéra de Johann Strauss, *Le Chevalier Pasmann*, en raison d'une indisposition de Marie Renard et des festivités du Centenaire de la mort de Mozart.

Qu'en pensez-vous?

Je voudrais cependant connaître l'opinion de Van Dyck et pouvoir savoir si je serai libre en janvier.

Je me dois à mes élèves (au Conservatoire) à cette époque et je ne les quitterai que pour *Le Carillon* et *Werther*.

Ma vie dépend de Vienne et des époques des études. Je ferai ce que me dira Van Dyck.

Quant à nous deux, à Paris, tâchons de nous rencontrer encore une fois rue Vivienne [121] le plus tôt possible tous les deux. Nous causerons. (Vers 4 h ½).

Bien à vous

J. Massenet

Toutes mes respectueuses pensées à Madame de Roddaz.

44

Jules Massenet à Ernest Van Dyck

Paris, 28 novembre 1891 *

Cher ami,

J'ai besoin, après les télégrammes échangés, de vous témoigner ma joie et ma gratitude!

Ah! Quelle hâte j'ai de me trouver à Vienne tout occupé des études de *Werther* et du *Carillon*.

Vous aurez appris par de Roddaz la conversation au sujet de notre ballet. Il y a de ce côté des promesses formelles!

Nous espérons (Heugel et moi) avoir la traduction du *Carillon* ainsi que la proclamation (français et allemand). On corrige les épreuves sauf la page en question...

A-t-on mis *Le Carillon* en mains p^r^ la copie?

Je n'ai aucune impression sur l'opinion du théâtre au sujet du *Carillon* & de *Werther*. Il me semble que lorsque j'aurai donné audition de ces 2 ouvrages on sera plus satisfait...

Rien de M. Kalbeck???...

On a terminé la gravure du 1er acte de *Werther*... on attend... Aussi n'est-ce pas NOUS qui mettons *Werther* en retard!

Et l'affaire Jahn? Les renseignements désirés par le Ministre [122]?

Je pense aussi à vous!! BEAUCOUP. Capita!?

À vous de cœur

J. Massenet

121. Massenet dispose d'un bureau au 2 bis, rue Vivienne, siège de la maison Heugel.

* Autographe : Archives privées.

122. Voir la lettre 40 relative à la nomination de Jahn dans l'ordre de la Légion d'honneur.

45

Camille de Roddaz à Ernest Van Dyck

[papier à en-tête : « Paris 8, B d Bonne-Nouvelle »]
29 novembre 1891 *

Cher vieux,

Tu peux voir par la lettre ci-jointe [123] l'état nerveux de Massenet qui cependant se rafraîchit puisqu'à ma demande d'entrevue chez lui répond en me disant tâchons de nous voir encore une fois le soir chez Heugel. Ça ne ressemble pas aux projets de travail et à la mise en œuvre du *Talisman*. Massenet va nous faire voguer comme ça sous prétexte qu'il n'est pas sûr de *Werther*...

Tu as raison d'insister, fais-moi part de tes réponses, ici, je le pousserai très ferme ou il nous lâchera ! ! ! !

Tu ne me réponds rien au sujet de *Werther*, malgré mes nombreuses questions (c'est-à-dire malgré les nombreuses questions pour le traducteur Kalbeck). Ne pousse-t-il pas la besogne, Massenet prétend qu'il a lâché *Werther* pour traduire *L'Ami Fritz*. Le vois-tu, sais-tu ce qu'il fait, *Werther* sera-t-il bientôt répété ? Mlle Renard est-elle gravement malade ?

Je crois que Massenet craint que *Le Chevalier Passeman* de Strauss soit joué d'abord. Réponds-moi en détail et que je puisse montrer ta lettre ! !

Je te disais qu'on a offert un ballet à Messager de Vienne, c'est l'occasion de le faire offrir à Pugno sur notre scénario des dindons.

On ne sait à quoi s'en tenir avec Rochard qui est abruti par suite du four noir de sa première pièce : *Voyages dans Paris*.

Ma note envoyée au *Figaro* et refaite naturellement par l'excellent Boyer a été reproduite par tout le monde. (Je parle de ta nomination) [124].

Je communiquerai les passages de ta lettre concernant le texte allemand à Heugel et fixerai les conditions de Hassreiter.

Je ne partage pas ton avis concernant le décor. L'apparition doit être à mon sens vue de partout et conséquemment de face, mais puisque tu [mot illisible] mes esquisses nous attendrons avant de rien décider.

Je vais achever ET T'ENVOYER DE SUITE le ballet pour J. Hubay [125] que je ne connais pas, mais puisque tu le connais cela ne suffit-il pas ?

En ce moment je travaille avec Montjoyeux et Jeanne Granier à une pièce pressée pour les Nouveautés.

---

* Autographe : Archives privées.

123. Voir lettre 43.

124. Dans son « Courrier des théâtres » du *Figaro* du 26 novembre 1891, Boyer écrit : « L'empereur d'Autriche vient de nommer M. Van Dyck *chanteur de la chambre de S.M. l'empereur d'Autriche*. / C'est une distinction fort rare, paraît-il. On compte à peine vingt titulaires. » Ce diplôme est conservé dans les archives de la famille des descendants de Van Dyck.

125. Ce projet avec le violoniste et compositeur Jenő Hubay (1858-1937) n'a pas vu le jour. De 1882 à 1886, Hubay fut professeur au Conservatoire de Bruxelles et a donc pu fréquenter le ténor.

J'ATTENDS LES 450 le 5. Ta dépêche reçue vendredi ou jeudi m'a fait croire que tu les envoyais, je ne les ai pas demandés à Heugel et ta lettre arrivée hier soir samedi à 8 heures me force à chercher aujourd'hui dimanche pour l'échéance de demain. Je trouverai en promettant de rembourser le 5.

Merci d'avance ton vieux

Camille

Céleste va écrire à Augusta pour la remercier de sa bonne lettre. Mille bonnes choses à vous deux.

46

Jules Massenet à Ernest Van Dyck

Paris, 4 décembre 1891 *

Cher ami,

Je suis bien sensible à votre lettre remplie de détails si intéressants.

Voilà 48 heures que je n'ai pu rencontrer M. Heugel. Il est pris par Rubinstein [126] de passage à Paris.

Je fais arranger l'affaire du Maître des ballets de Vienne avec M. Heugel et vous aurez une réponse positive lundi au plus tard.

Merci tant de vous occuper de tout cela et de nous tenir au courant.

La partition de *Werther* (texte allemand) se grave à Leipzig. On attend l'épreuve du 1er acte ces jours-ci.

Aussitôt arrivée nous faisons tirer pour vous.

Allons, beau succès pour lundi (27e) et bons souvenirs à Mlle Renard [127].

Ici, Mlle Sanderson continue de nous faire faire 8000 f tous les soirs [128]. Ah ! c'était une curieuse soirée, hier. Les abonnés du jeudi – l'inauguration [129] !

Ma pensée est à Vienne et je tiens en suspens tous les autres théâtres où l'on m'appelle. Vienne avant tout.

Tous mes respectueux hommages à Madame Van Dyck et tout à vous

J. Massenet

---

* Autographe : Archives privées.

126. Dans son numéro du 29 novembre 1891, *Le Ménestrel*, organe de presse des éditions Heugel, informe ses lecteurs qu'Anton Rubinstein a remis à Henri Heugel le manuscrit d'une étude, *La Musique et ses représentants*. Elle sera publiée en trois livraisons durant le mois de décembre suivant.

127. Ernest Van Dyck et Marie Renard interprètent *Manon* au Hofoper de Vienne.

128. Depuis octobre 1891, Sibyl Sanderson interprète le rôle titre de *Manon* qu'elle impose au répertoire de l'Opéra-Comique.

129. « Nous avons eu, cette semaine, les premières soirées d'abonnement du jeudi et du samedi. Salles bondées et extrêmement *select*. On se serait cru aux "Italiens" de l'ancienne salle Ventadour. *Manon* et Mlle Sanderson étaient de la fête, et on a fort acclamé la partition et sa ravissante interprète. M. Carvalho, le gentleman directeur, entend se mettre à la hauteur d'une si belle clientèle, et il a fait dans les coulisses et à l'entrée de son théâtre des aménagements nouveaux d'un confortable très apprécié. De plus, il admet les dames aux fauteuils d'orchestre, à la condition qu'elles ne portent pas la colonne Vendôme sur leur tête ». Voir « Bulletin théâtral », *Le Ménestrel*, 57e année, n° 49, 6 décembre 1891, p. 387.

47

Camille de Roddaz à Ernest Van Dyck

[papier à en-tête « 6, Boulevard des Capucines, Cercle de la presse »]
6 décembre 1891 *

Cher vieux,

Ça y est !

On nous lâche !

J'ai reçu un mot de Massenet me priant de venir de suite chez Heugel et voici ce qu'il m'a dit.

« M. Reinach [130] est venu ce matin chez moi et m'a demandé, de la part de Bertrand que je me mette de suite à la musique du ballet Gailhard (Gailhard et Reinach).

« J'ai refusé, c'est Massenet qui parle, disant que ce n'était pas ce qui avait été convenu lors de ma dernière visite chez Bertrand, qu'il y avait promesse à M.M. de Roddaz et Van Dyck.

C'est nous qui passons, reprend Reinach.

Mais votre ballet est espagnol, fit Massenet, et ne peut me céder à *Don Quichotte* ballet espagnol.

Qu'à cela ne tienne reprit l'autre, nous changerons le milieu ça se passera dans le Nord, allons cher maître pouvez-vous apporter de suite le traité signé Bertrand. Marchez avec nous.

À quoi Massenet a répondu en disant « Je ferai le ballet que me commandera le directeur de l'Opéra. »

Hein ! ! ! !

Tu vois, j'avais prévu que sous des dehors sympathiques, Massenet a trouvé moyen de se retirer de la lutte, il aura un ballet à faire de toute manière, aux librettistes de se crêper le chignon, il attend tranquille ; pour lui le résultat est le même.

Je suis allé chez Bertrand ce matin, on ne m'a pas reçu on m'a remis à demain.

Voilà le moment d'agir : moi je ne puis rendre aucun service à Massenet ni à Bertrand je ne puis donc plus rien ici qu'insister mais toi, si *Werther* pour l'un, les *Maîtres-chanteurs* pour l'autre, marche pendant qu'on a besoin de toi

Écris, télégraphies, ça presse. Gailhard ne s'endort pas et il est sur place

Il est vrai que je suis sur place aussi et que je puis marcher : j'attends immédiatement un mot de toi.

J'avais pensé à ceci : tu pourrais peut-être faire annoncer le ballet à Vienne par un journal qui serait reproduit à Paris ; ou par Vogt [131] dans le courrier de Vienne au *Figaro* disant la lettre de Bertrand, la dépêche de Massenet les engageant (et le titre) pendant que

---

* Autographe : Archives privées.

130. Avant d'être impliqué dans le scandale de Panama qui le conduira probablement au suicide, le banquier Jacques de Reinach (1840-1892) joue un rôle influent à l'Opéra où il mène aussi une carrière féconde de librettiste de ballets en cosignant, parfois sous couvert de l'anonymat, avec Jules Barbier les livrets de *Sylvia* (1876) pour Léo Delibes et de *La Tempête* (1889) pour Ambroise Thomas puis, avec Pedro Gailhard, celui de *La Maladetta* (1893) pour Paul Vidal.

131. Walter Vogt rédige à cette époque les « Courriers de Vienne » du *Figaro*.

tu écrirais à Massenet qu'il peut compter sur toi à Vienne mais que tu comptes sur lui à Paris.

À Bertrand la même chose, faisons du ballet une condition sine qua non aux *Maîtres-chanteurs* et à ton engagement !

Bertrand peut très bien tout concilier en acceptant le ballet Gailhard et, en commandant la musique à un autre que Massenet, ce serait pour l'année d'ensuite.

Ce n'est pas si difficile et ÇA ARRANGE TOUT.

Tu peux très bien lui suggérer ce moyen en insistant.

Tu vois que je ne me trompais [pas] en t'écrivant que je craignais quelque chose.

Écris vite et à moi aussi.

Je compte recevoir ta lettre demain matin CELLE QUI DOIT ÊTRE PARTIE LE 5.

Heugel veut bien donner 100 Frs à Hassreiter mais pas 100 Frs par ville entre nous ce sont des droits ! ! C'EST CHER il touchera plus que nous je suis un peu de l'avis d'Heugel (sans le lui avoir dit)

Il dit ensuite qu'il ne faut pas obliger les directeurs à telle ou telle chose parce qu'en principe pour être beaucoup joué il faut créer le moins d'obstacles possibles.

J'attends ton mot, la lutte commence : soyons énergiques sans rien compromettre mais ne nous laissons pas pincer aussi ridiculement.

Nous vous embrassons tous les deux.

Camille

48

Camille de Roddaz à Ernest Van Dyck

[papier à en-tête : « Paris 8, B d Bonne-Nouvelle »]
11 décembre 1891 *

Mon cher vieux,

J'ai reçu les fonds merci. 423 Fs car les assurances te prennent 7 Frs. Ça n'a d'ailleurs aucune importance.

Ci-joint le reçu de 1000 Fs sur Heugel.

Encore merci et reprenons notre affaire.

Je crois n'avoir pas mal manœuvré avec ta dernière lettre. J'ai vu Massenet qui précisément venait de quitter Bertrand me disant que notre affaire marchait, qu'il avait bon espoir, que Gailhard l'embêtait avec son ballet etc. etc. mais restait dans la situation qu'il s'était faite c'est-à-dire dans celle du musicien qui dit à ses amis « mes préférences sont pour vous, mais je ferai ce que demandera Bertrand. »

J'ai aussitôt pris un air navré disant que je ne saurais comment t'annoncer cette nouvelle ; que tu avais compté sur le ballet, que tu étais tout heureux à l'idée de signer à l'Opéra avec lui, que tu avais fait l'impossible pour surmonter toutes difficultés à venir mais que devant son silence et celui de Bertrand le découragement t'était venu et que tu ne voulais rien demander de plus.

---

* Autographe : Archives privées.

J'ai lu alors ta phrase « Je ne puis mettre la reconnaissance en ligne etc. » et, sur ses insistances, je lui ai montré les trois premières lignes. « Ni Massenet ni Bertrand ne daignent dans leur lettre etc. etc.... »

L'effet a été immédiat il est sorti de son retranchement, s'est déclaré pour nous, et t'a écrit le mot dont voici copie et que je garde avec la dépêche pour terminer cette lutte mémorable.

Tu vois que cela a bien changé aujourd'hui, nous tenons la corde. Heugel est pour nous, il a horreur de Gailhard [132] ! Naturellement tu auras la lettre de Massenet si tu y tiens mais tu seras bien gentil de me la renvoyer avec la lettre de Bertrand où il t'annonce qui [*sic*] jouera notre ballet (sans dire le titre).

Voici la copie : « 10 déc. 91 Cher ami et cher disciple de St-Thomas,

Pourquoi vos doutes au sujet du *TALISMAN*? notre ami et collaborateur de Roddaz vous écrira en détails « l'histoire » de tout ce qui se passe ici ! M. Bertrand, qui s'occupe activement... d'*Hérodiade*, a donc le but de faire passer cet ouvrage au printemps... après de s'occuper du *Talisman* ainsi qu'il vous l'a écrit. – Le 1er janvier M. Bertrand sera vraiment le directeur (dans son bureau de l'Opéra) et nous pourrons alors avoir la décision définitive – mon opinion est qu'il est pour nous absolument à vous de cœur. Signature.

Es-tu content de moi ?

Tu peux avoir confiance entière en moi cher vieux, et ne pas croire à de prétendues gaffes. Je suis prudent et ne dis jamais rien de ce qu'il ne faut pas dire sois donc tranquille ça va bien. Tu n'as plus qu'à lui répondre, il a dû t'écrire une [mot illisible] de lettre encore en le remerciant et en prenant acte de sa lettre de la façon que voici : tu es très heureux de recevoir son mot. Tu savais bien qu'il était pour nous et tu y comptais, de la sorte ça l'engagera et le dégagera de Gailhard.

Donc cette affaire va bien, laissons la un peu en repos, j'irai voir Bertrand ces jours ci pour pousser encore un peu.

Maintenant passons à autre chose, il faut gagner Ah ! gagner de l'argent, hein ! ! !

Voyons, et le scénario pour de Sonnenthal [133] (?) tu devrais me l'envoyer et le ballet Pugno crois-tu à des chances à Vienne? C'EST NOTRE PLUS BEAU et puisque Jahn a demandé à Messager cela indique de la place

Et les *Illusions ! ! !* Réponds sûr et sérieusement, ce serait beau pour nous, tu sais.

Je fini la pièce Granier et Jules [134] fera les vers pour les dindons et tu recevras le manuscrit.

Je travaille beaucoup, beaucoup.

Ma femme va un peu mieux et fait ses grands compliments à la tienne.

Moi je te serre cordialement les pattes

Ton vieux Camille

---

132. Voir lettre 53, note, les propos de Moreno, alias Henri Heugel.

133. Adolf von Sonnenthal (1834-1909), acteur dramatique et comique autrichien. Directeur de théâtre à partir de 1884. Le scénario dont il est question dans cette lettre n'a pu être identifié.

134. Jules Poignant dit Montjoyeux, ami d'Ernest Van Dyck. Voir note 87 p. 64 .

Ton ballet du pêcheur[135] va être terminé la semaine qui vient certainement.
Toutes sortes de mamours aux petites.

Vienne le 1892
Reçu de M. Heugel la somme de mille francs représentant ma part de la prime fixe qu'il doit nous verser, lors de la première du *Carillon*.
[signature :] Camille de Roddaz

49

Jules Massenet à Ernest Van Dyck

Paris, 13 décembre 1891 *

Ah ! cher ami, que je voudrais vivre déjà l'an prochain et connaître le résultat de tous nos projets !

Je ne pense qu'à *Werther*, au *Carillon*, au *Talisman* dont notre ami de Roddaz a dû vous parler d'après notre conversation.

Ce que je vous ai écrit est l'impression exacte que j'ai reçue après la dernière entrevue avec M. Bertrand. Il me semble pour nous et paraît plutôt embarrassé de l'autre projet.

M. Gailhard m'a dit (au passage) deux mots de reproches très significatifs auxquels j'ai répondu : mais pourquoi M. Bertrand ne cause-t-il pas de cela avec moi ? C'est vrai, M. Bertrand ne m'a pas parlé de l'autre ballet.

Je voudrais avoir du nouveau à vous raconter lorsque j'arriverai à Vienne ; (nous ne pouvons vous envoyer l'épreuve en allemand... nous l'attendons ? elle vient de Leipzig).

Heugel fera tout pour ne pas nous mettre en retard. Tout est prêt ; mais la traduction... ? ! ...

Pensez-vous que si je suis à Vienne du 20 au 25 janvier, ce sera bien ? Je voudrais être 12 ou 15 jours avant les deux premières[136].

Je suivrai vos conseils.
Votre affectionné ami & collaborateur,
J. Massenet

---

135. Ce projet ne semble pas avoir abouti.

* Autographe : Archives privées. Lettre publiée par Henri de Curzon dans *Le Ménestrel*, 89e année, no 5, 4 février 1927, p. 46.

136. Le 25 janvier 1892 commenceront à Vienne les répétitions de *Werther*. Jules Massenet et Camille de Roddaz arriveront ce jour-là à Vienne.

50

Jules Massenet à Ernest Van Dyck

s. l. [décembre 1891] *

Cher ami,

À la hâte, je vous envoie la lettre ci-incluse que je reçois !
Impossible de vous écrire un mot de plus ; cela serait un retard ... il EST L'HEURE !
À vous, tout à vous
J. Massenet
M. Kalbeck publie *Werther* ? ?
Que pensez-vous de l'opinion au sujet de

51

Jules Massenet à Ernest Van Dyck

Paris, 17 décembre 1891 **

Cher ami,

Vous aurez reçu hier ma dépêche qui vous aura dit combien je suis content des nouvelles de Vienne.

Ici, je suis à vous, et je serai pour vous.

Voici ma réponse au sujet de Sophie. Je désire absolument Mlle Forster [137]. Car Sophie doit paraître 15 ans ; c'est une jeune fille avec des nattes dans le dos ; si ce n'est pas ainsi qu'on la coiffera, c'est du moins une indication pour désigner la physionomie de Sophie ; c'est la petite sœur de Charlotte.

Le physique de Mlle Forster convient à ce rôle ; la voix aussi ; et si les 2 petites gammes lui déplaisent, je les enlèverai !

Quant aux enfants : il faudrait choisir quelques petits garçons intelligents dans les enfants de *Carmen* et les mélanger à quelques petites filles ; voir les noms des enfants au 1er acte. Ou bien mettre des petites filles en travestis pour faire les petits garçons du 1er acte ; car il y a six enfants seulement, GARÇONS et FILLES.

---

* Autographe : Archives privées.

** Autographe : Archives privées. Lettre publiée par Henri de Curzon dans *Le Ménestrel*, 89e année, n° 5, 4 février 1927, p. 46.

137. Ellen Brandt-Forster (1866-1921), soprano viennoise, créatrice du rôle de Sophie dans *Werther*.

À la fin du dernier acte le noël est chanté dans la coulisse par tous les enfants (comme les enfants de *Carmen* ou du *Prophète*[138]) et des femmes (soprani) des chœurs doivent chanter avec eux aussi ce noël dans la coulisse.

Cela est indiqué ainsi dans la partition.

Vous aurez reçu une partition avec le duo (COUPÉ SELON VOS INDICATIONS) AU DERNIER ACTE.

Il faudrait que M. Kalbeck soit prévenu de ce changement.

Du reste, je l'avais marqué dans votre épreuve française; celle qui nous a servi à Paris[139].

Puis vous aurez les mouv[emen]ts au métronome dans la partition que vous recevrez; si vous ne les avez pas dans l'ancienne épreuve?

Ah! Dites-moi si je dois prendre mes précautions d'avance au sujet de la rencontre de la phrase[140]

Werther a été GRAVÉ en 1887. C'était terminé en septembre 1886[141]. Et l'opéra de Mascagni n'a été écrit qu'en 1889, je crois, pour un concours[142].

J'ignorais son opéra, qui n'existait pas alors! Il ne pouvait connaître *Werther* que moi seul possédait [*sic*].

Il serait indigne d'être accusé d'un plagiat; et il faut s'attendre à tout en ce bas monde!

Donnez-moi un conseil; et s'il le faut je provoquerai une enquête pour prouver mon innocence et mon honnêteté.

Il y a, en dehors de la phrase, une rencontre si curieuse: celle du passage en *la* b[émol][143].

---

138. Massenet fait allusion au chœur d'enfants (acte I) de *Carmen* de Georges Bizet et à celui (acte IV) du *Prophète* de Giacomo Meyerbeer.

139. Van Dyck est probablement à l'origine de la suppression des deux lignes vocales qui, chantées respectivement par Charlotte et Werther, accompagnaient initialement la péroraison orchestrale qui suit la réplique de Charlotte « Ah! ton baiser... du moins je te l'aurai rendu! ... » (voir illustration 34). Le jeu d'épreuves, conservé dans les archives Van Dyck, comporte aussi une coupure indiquée au crayon rouge dans le duo final après les paroles chantées à l'unisson par Charlotte et Werther « Oublions tout! ... » jusqu'à la réplique de Charlotte « Ah! ses yeux se ferment! ... »

140. Massenet cite la première mesure du « Clair de lune » (acte I) qui rappelle un des thèmes les plus célèbres de *Cavalleria rusticana* où l'influence du compositeur français est manifeste, comme dans de nombreux ouvrages véristes. Cette similitude explique la présence de l'ultime date de composition (septembre 1886) sur l'édition allemande (voir illustration 25).

141. La partition chant et piano est en fait achevée en mars 1887.

142. En 1890 Mascagni remporte avec son opéra un concours organisé par l'éditeur Sonzogno. Voir lettre 42.

143. Il s'agit du motif du « Clair de lune », repris « très marqué et soutenu » par les trombones à la fin de l'acte I.

C'est stupéfiant ! Enfin, si l'on est honnête, on ne peut m'accuser !

Mais *Cavaleria*[144] étant si connue il sera naturel au public de dire : Ah ! voilà qui est pris dans *Cavaleria* ! et c'est faux. C'est impossible.

Consultez les dates : *Werther* 1886, *Cavaleria* 1889.

Il y a des témoins ; il y a eu audition de *Werther* en mai 1887[145] ; et les reçus des graveurs et les planches de l'imprimeur datés 1887.

Parlons du *Carillon* : je vous en prie, faites observer les mouvements au métronome ; il ne faudrait pas RALENTIR ce qui EST VITE.

Tâchez que l'on nous donne un joli décor ; des costumes amusants ; la Flandre à cette époque. Consulter des tableaux sur cuivre représentant des scènes flamandes (Breughel l'Ancien). C'est moins archaïque mais on pourrait tricher si c'est joli comme costumes ; faire faire les cloches telles qu'elles sont indiquées dans ma partition d'orchestre ; voir les dernières pages de la part[ition] d'orchestre. C'est très nettement dit. Avoir aussi le clavier de timbres dans l'orchestre SONORE.

Mais les 2 grosses cloches et les autres cloches (assez fortes) doivent être commandées dès maintenant ou réunies si on les a dans les magasins.

Consulter les notes nécessaires à l'octave exacte ; voir dans la part[ition] d'orchestre : dernières pages.

Le rôle de Bertha est spirituel ; il faut du talent et de la légèreté ; Karl du sentiment ; pour les autres : de la COMÉDIE, de la bouffonnerie même ; sauf pour le héraut. Mais l'échevin peut être très comique d'aspect, gros !

Je quitte Paris pour 5 jours présider des fêtes à Nantes et à Angers[146].

Je vous en prie dites-moi à l'avance quand je pourrai venir à Vienne.

Je compte aller à Bordeaux du 10 janvier au 18 ou 20 janvier[147] ; mais je pourrai venir à Vienne alors et y rester jusqu'en février... et fin février même.

Le Ministre m'accorde un congé.

Tenez-moi au courant de nos deux ouvrages et croyez-moi votre bien dévoué ami et collaborateur

J. Massenet

---

144. Massenet écrit *Cavaleria* avec un seul « l », et non deux comme c'est l'usage.

145. Massenet a joué son opéra probablement au directeur de l'Opéra-Comique, Léon Carvalho, en mai 1887, mais en vain, le compositeur souhaitant conserver la maîtrise de la mise en scène, et le directeur restant peu convaincu par un sujet qu'il aurait jugé trop triste. Dans son numéro du 1er mai 1887, *Le Ménestrel* annonçait pourtant des pourparlers de la salle Favart avec Rose Caron.

146. Massenet dirige un concert composé presque exclusivement de ses œuvres, à Nantes (18 décembre), puis à Angers (20 décembre) où il préside à la célébration du quatre-centième concert de la Société artistique fondée par Jules Bordier.

147. Le frère aîné de Massenet, Auguste, né en 1821 d'un premier mariage, est gravement malade. Il décède peu avant la création de *Werther*. Voir lettre 61. Durant son séjour bordelais, Massenet supervisera aussi les répétitions d'*Esclarmonde* dont il dirige la première avec Georgette Bréjean-Gravière.

52

Jules Massenet à Ernest Van Dyck

Paris, 30 décembre 1891 *

Cher ami,

Vous m'oubliez ? ! ! !

J'ai télégraphié à M. Jahn sa nomination de chevalier de la Légion d'honneur.

Mais je suis sans nouvelles ; pas la moindre indication sur la probabilité des dates.

La musique d'orchestre de *Werther* est prête depuis longtemps, mais on ne la désire pas...

Les épreuves du *Carillon* attendent leur retour pour tirer les exemplaires...

La traduction de M. Kalbeck ne vient pas et l'on ne peut continuer la gravure...

Je ne sais à quelle époque (je suppose 12 jours avant la 1 re) je devrais être à Vienne.

M. de Roddaz vous aura dit ce que j'ai fait à l'Opéra.

Encore tous mes souhaits bien dévoués

J. Massenet

Avez-vous reçu ma dépêche ? et ma lettre de quelques pages ! ! ?

53

Camille de Roddaz à Ernest Van Dyck

[6, Boulevard des Capucines], [décembre 1891 - janvier 1892 ?] **

Mon vieux

J'ai reçu ce matin une dépêche de Massenet il me priait de passer à 3 h ½ chez Heugel pour une communication importante.

J'en sors.

La communication était importante en effet.

« Je suis heureux de vous apprendre me dit Massenet que ce matin j'ai définitivement refusé de faire la musique du ballet de Gailhard. Nous voici donc tranquilles pour *Le Talisman*. C'est Vidal [148], un de mes élèves, qui fait la musique pour Gailhard. Annoncez je vous prie de suite cette bonne nouvelle à Van Dyck ! ! » et voilà tu es content ! Je vais demain chez Bertrand pour l'informer que je vais faire annoncer cette nouvelle dans *Le Figaro* [149].

---

* Autographe : Archives privées.

** Autographe : Archives privées.

148. Élève de Massenet et prix de Rome en 1883 (Van Dyck sera l'interprète de sa cantate), Paul Vidal (1863-1931) entame aussi une carrière de chef d'orchestre à l'Opéra à partir de 1889. Il dirigera la première d'*Ariane* de Massenet en 1906.

149. Dans son numéro du 27 décembre 1891 (57e année, no 52, p. 410), *Le Ménestrel* annonce, sous la plume d'Henri Moreno alias Henri Heugel, les premiers projets de la direction d'Eugène Bertrand et de Deloche Campocasso à la tête de l'Opéra : « La première nouveauté sera sans aucun doute *Salammbô*, de M. Ernest Reyer, dont les études sont déjà poussées activement ; puis viendra *Hérodiade* de M. Massenet, avec

Maintenant Massenet me prie de surveiller de ton mieux les décors de *Werther* ! Il les désire aussi réalistes que possible exacts, vivants, avec de l'eau, des feuilles, de la neige… en un mot évite le décor – et surtout faire du L.[ouis] XVI fin L. [ouis] XVI même.

Massenet attend un mot, dis-lui merci. Nous y sommes, je crois cette fois.

On attend tes corrections de l'allemand du *Carillon*.

J'attends les maquettes et une longue lettre pleine de bonnes choses.

Nous vous embrassons de tout notre cœur tous les deux.

Camille

54

Jules Massenet à Ernest Van Dyck

Paris, décembre 1891 *

Tous mes souvenirs les plus chers.

Toutes mes pensées bien affectueuses.

J. Massenet
1891-1892

55

Jules Massenet à Ernest Van Dyck

Paris, 6 janvier 1892 **

Cher ami,

Je reçois votre excellente et intéressante lettre ; je vous en remercie beaucoup car j'avais grand désir d'avoir directement par vous des nouvelles de nos deux ouvrages.

Je dois aller ces jours-ci à Bordeaux où habite mon frère aîné qui est au plus mal.

Je resterai donc à Bordeaux quelques jours ; et je reviendrai à Paris de façon à repartir de suite POUR VIENNE OÙ JE COMPTE ARRIVER LE MERCREDI 20 JANVIER AU SOIR.

M. Heugel va être averti par moi du désir que M. Jahn a manifesté d'avoir la partition d'orchestre de *Werther*.

Mme Melba dans le rôle de Salomé, et enfin un ballet nouveau, *La Maladetta*, dont M. Paul Vidal, un vrai "jeune" de grand talent, compose la musique. Librettistes : MM. Reinach et… Pedro Gailhard. Gailhard librettiste à l'Opéra ! Retenez bien cela ; c'est peut-être l'indice d'événements mystérieux qui se passeront avant peu à l'Académie nationale de musique. » En revanche, *Le Figaro* ne signale pas l'information à cette époque.

* Autographe : Archives privées.

** Autographe : Archives privées. Lettre publiée par Henri de Curzon dans *Le Ménestrel*, 89 e année, n° 6, 11 février 1927, p. 57.

J'étais si surpris que cette partition (prête, ainsi que les parties depuis si longtemps) n'ait pas encore été demandée.

Je lis dans *Le Figaro* (lettre de M. Hugo Wittmann[150]) le compte rendu de l'opéra de Johann Strauss[151]. Aussi j'envoie de suite mes félicitations à mon illustre confrère et à son interprète acclamée, Mlle Renard.

J'ai hâte de me retrouver à Vienne et je vous sais gré de bien vouloir penser à mon logis à partir du 20 janvier.

Ah ! pourvu que je puisse me faire comprendre ! ! ... je parle encore moins allemand qu'anglais !

Tous mes hommages bien affectionnés à votre charmante femme et à vous, cher ami, bien à vous !

À Vienne, nous combinerons pour les détails de ceci et de cela.

J. Massenet.

Pourvu que la vision du *Carillon* des Anges soit très réussie[152]... et la fin ! Avez-vous vu les maquettes du *Carillon* & de *Werther* ?

J'irai voir M. de Roddaz entre Bordeaux et Vienne. Sans doute partirons-nous ensemble pour Vienne ?

C'est donc par M. de Roddaz que j'aurai votre réponse à cette lettre ?

Les parties d'orchestre du *Carillon* sont-elles avancées ? La g[ran]de partition d'orchestre (pour diriger) va être gravée et prête. Et les CLOCHES ? ?

Bertrand a promis à Antonin Proust[153] d'aller avec lui voir *Le Carillon*. À propos de M. Bertrand, j'ai ce soir une entrevue car je m'inquiète... de tout !

56

Jules Massenet à Ernest Van Dyck

Bordeaux, 9 janvier 1892 *

Bien cher ami ... je suis ici. J'ai de gros chagrins... mon frère se meurt[154].

Je rentrerai à Paris pour repartir pour Vienne.

---

150. Hugo Wittmann (1839-1923), journaliste allemand établi à Paris. Sous le pseudonyme de H. Villiers, il signe les critiques musicales dans *Le Réveil*, *La Cloche* et *Le Nain Jaune* durant les années 1861-1862. À partir de 1869, il est le correspondant à Paris du journal *Neue Freie Presse* dont il devient l'un des rédacteurs après 1870. Il envoie régulièrement au *Figaro* des « Lettres de Vienne ». Il est également l'auteur de plusieurs livrets d'opérettes représentées à Vienne entre 1884 et 1896.

151. Dans *Le Figaro* du 6 janvier 1892, un compte rendu détaillé, signé Walter Vogt, mentionne le triomphe de Strauss et de son interprète, Marie Renard, lors de la création du *Chevalier Pasmann* (*Ritter Pásmán*), le 1er janvier 1892, dirigée par Jahn.

152. Voir annexe 2 : le livret du *Carillon*.

153. Antonin Proust (1832-1905), journaliste et homme politique, proche des milieux artistiques. Secrétaire de Gambetta en 1870, il est le premier titulaire du portefeuille des Arts, soit le ministère de la Culture dans son gouvernement, du 14 novembre 1881 au 29 janvier 1882. En tant que député, il s'occupe régulièrement du budget des beaux-arts.

* Autographe : Archives privées.

154. Voir lettre 51.

J'ai voulu vous écrire ces lignes parce que je vous sais un ami ... je suis bien malheureux.

À vous

J. Massenet

57

Jules Massenet à Ernest Van Dyck

Bordeaux, lundi 11 janvier 1892 *

Cher ami,

La situation est la même ... cependant la crise finale paraît imminente [155]...

Je partirai pour Paris d'ici à 3 jours et de suite (ou à peu près) je repartirai pour Vienne.

Vous avez eu l'extrême bonté de me proposer de vouloir bien vous occuper de mon logement à Vienne. Voici alors ce que je désirerais : descendre à l'hôtel Impérial ou au G[ran]d hôtel, y séjourner quelques jours jusqu'à ce que je me sois décidé pour un logement car je voudrais réunir quelques conditions : être près de l'Opéra – être compris des domestiques – ne pas payer 100,000 f par heure – et lorsque mes amis et les familles amies viendront à Vienne pour les représentations, pouvoir les loger dans la même maison que moi.

Voilà pourquoi l'hôtel serait commode et voilà pourquoi je descendrai d'abord à l'un des deux hôtels en question et puis après choisir ma demeure définitive pour les deux ou trois semaines que je passerais, en cas de besoin, à Vienne.

Voulez-vous, bien cher ami, me répondre à Paris (ou je trouverai votre lettre) et me dire aussi à quel point en sont les études et quelles dates vous supposez raisonnablement que l'on jouera.

Tout à vous

J. Massenet

58

Camille de Roddaz à Ernest Van Dyck

[papier à en-tête : « Paris 8, B d Bonne-Nouvelle »]
[janvier 1892] **

Cher ami

Sans doute je partirai avec Massenet à son retour de Bordeaux.

Il séjourne ici le 18. Le départ est provisoirement fixé au 19.

---

* Autographe : Archives privées.

155. Voir lettre 51 concernant l'état de santé du frère de Massenet.

** Autographe : Archives privées.

J'ai vu Bertrand. Nos affaires vont bien. Je te dirai tout cela. Je te porte le ballet des Sirènes. Ma dépêche t'informera de mon arrivée.

Je n'ai plus de tes nouvelles, mais si quelque chose survenait écris-moi avant mon départ.

Céleste viendra peut-être la veille de la première.

Nous vous embrassons tous les deux.

Camille de Roddaz

59

Jules Massenet à Ernest Van Dyck

Paris, 17 janvier 1892 *

Cher ami,

Les bonnes nouvelles que vous me donnez au sujet de notre *Carillon* me ravissent absolument. Ce sera très réussi !

Que je voudrais qu'il en soit de même pour *Werther*.

La date de 178... était INTENTIONNELLE[156]. C'était pour éviter le costume Louis XV ! ! ! ! Aussi en ne prenant pas soin de ce détail nous serons cause d'un contresens entre l'expression musicale et le costume.

Vous avez bien raison d'insister pour l'époque LOUIS XVI... Je vous en prie, insistez ! Rapprochons-nous de l'époque moderne. Songeons aussi à J.-J. Rousseau qui, en France, répandait des idées de liberté et d'amour de la nature qui me semblent en harmonie avec LES ÉLANS de Werther ! ... car Werther n'est pas seulement un rêveur, un songeur, un poète, c'est aussi et souvent UN NERVEUX, UN MALADE, UN POSSÉDÉ D'AMOUR ! Relire les lettres : 14 (le début), 26, 53, 56, 61... etc.[157] ! Et puis, il y a le costume classique que les gravures nous ont transmis.

---

* Autographe : Archives privées. Lettre publiée en partie par Henri de Curzon dans *Le Ménestrel*, 89e année, no 6, 11 février 1927, p. 57.

156. Cette date énigmatique figure dans la partition alors que l'action du roman épistolaire de Goethe se situe au début des années 1770. Michele Girardi (« Werther ou la palingénésie d'un héros bourgeois : mort et résurrection à Noël d'un suicidé », dans Jean-Christophe Branger et Alban Ramaut (dir.), *Opéra et religion sous la IIIe République*, Saint-Etienne, PUSE, 2006, p. 285-304) a identifié la date de 1789 en relevant une autre modification chronologique : le déplacement de la mort de Werther du 22 au vendredi 24 décembre confère une valeur christique à la situation, mais trahit aussi une possible référence maçonnique au regard du contexte historique évoqué par Massenet dans sa lettre à Van Dyck.

157. Massenet cite les numéros de quelques lettres du roman épistolaire de Goethe, particulièrement éloquentes quant au tempérament du héros, notamment le début de la lettre 14 donné ici dans l'édition du compositeur (voir lettre 63) : « Mon cœur, qui est plus mal que tel qu'une soif ardente consume sur son lit, sent de quelle ressource *Lolotte* [*sic*] doit être malade. » (Johann Wolfgang von Goethe, *Les Passions du jeune Werther*, traduction de Philippe-François Aubry, Manheim, Paris, Pissot, 1777, p. 49). Quant à la lettre 53 (« Non ! C'est bien ! Tout est bien ! Moi son époux ! O Dieu, qui m'a donné le jour, si tu m'avois [*sic*] préparé cette félicité, tout ma vie n'eût été qu'une adoration continuelle ! Je ne veux point plaider. Pardonne-moi ces larmes, pardonne-moi mes inutiles désirs. – Elle mon épouse ! Si j'avais serré dans mes bras la plus aimable créature qui soit sous le ciel », Goethe, *Les Passions du jeune Werther*, p. 147), elle formera en partie la matière littéraire de l'air « J'aurais sur ma poitrine... » (acte II).

Pardonnez-moi de vous parler de *Werther*. Je suis tranquille, d'après votre lettre, sur notre *Carillon* et je suis dans le doute pour *Werther*.

A-t-on bien réfléchi au rideau (à l'effet de cet entr'acte) qui sépare l'appartement de Charlotte de la chambre de Werther ? La musique continue, le changement doit s'opérer SANS QUE LA MUSIQUE S'ARRÊTE — la musique enchaîne les deux décors — dont le changement s'opère derrière le rideau en question. Il y a là un curieux effet de lumière (effet de neige). Du reste l'indication est claire et exacte dans ma partition [158].

Les deux tableaux et le rideau ne font qu'une scène. Il n'y a pas de silence dans la musique.

Je vous en prie, recommandez bien les cloches pour *Le Carillon*. Il en faut de puissantes — le *si* et le *mi* — et les autres assez grosses.

Ah ! qu'il doit vous tarder comme à moi de voir notre ballet en place, en scène et dans son décor !

Maintenant, parlons de l'arrivée. Je ne pense pas venir avant la fin de ce mois. Ce sera bien assez tôt puisque je veux vous laisser terminer vos séances de scène — et même plusieurs lectures à l'orchestre.

La petite note ci-jointe [159] va paraître bien indiscrète à M. Jahn. Vous pensez bien qu'elle ne vient pas de moi ! ! ... car je suis incapable de jamais rien accepter, ni souvenir, ni frais d'hospitalité !

C'est si peu dans mes habitudes et dans mon caractère ! Je vous en prie dites à M. Jahn que l'on doit démentir cette note à laquelle je ne suis pour rien !

Dites à M. Jahn que je viens à Vienne pour le remercier de ce qu'il fait pour *Werther* et pour *Le Carillon* — que je viens en ami, en confrère — et que j'ai pour lui une grande admiration et une profonde amitié.

Allons, a bientôt et de TOUT CŒUR ! !

J. Massenet

Pourvu que la scène des 3 hommes soit bien amusante (dans *Le Carillon*) ; la scène entre Pif Jef et le père ... Il faut que l'on rit [160].

Cette pièce du *Carillon* est absolument charmante et le récit ravit tout le monde. Quel joli petit opéra mimé & dansé.

C'est autre chose que les ballets ! !

---

158. On peut y lire entre l'acte III et IV « Suivre de suite ».

159. Massenet a collé sur sa lettre un petit entrefilet d'un journal de Vienne : « Massenet trifft am 20. d. in Wien ein, um den Proben von *Werther* beizuwohnen. Massenet wird während der Zeit seines hiesigen Aufenthaltes Gast der Direktion sein. » Traduction : « Massenet arrivera à Vienne le 20 de ce mois pour assister aux répétitions de *Werther*. Durant la durée de son séjour ici, il sera l'hôte de la direction. »

160. Voir annexe 2 : livret du *Carillon*.

60

Jules Massenet à Ernest Van Dyck

Paris, 18 janvier 1892 *

Bien cher ami,

Je vous [ai] écris hier justement à propos de l'invitation de la direction, que je ne connaissais que par l'entrefilet en question — et hier soir je reçois votre excellente et bien cordiale lettre contenant alors officiellement (et par vos soins) l'invitation de la direction.

Je suis très touché de cette attention bien affectueuse, mais ce serait tellement en dehors de mes vieilles habitudes que je ne pourrai jamais commencer à les changer. Et cependant, il aurait été si commode pour moi de trouver une installation toute chauffée et prête en descendant du train !

Il faut me dire à qui je dois écrire pour m'excuser officiellement, ou bien, puisque c'est vous qui avez été chargé si aimablement de m'inviter, à mon tour de vous prier de m'excuser auprès de la direction.

Mais je me vois dans le doute pour mon logis. Il me faut une PETITE chambre [161] chaude, pas de piano, et si j'ai un assez bon lit (je dors si mal déjà !) je serais absolument content [162] !

Je chercherai cela le lendemain de mon arrivée.

Ah ! je suis vraiment ému de tant de gracieuseté. Je crains tant d'être indiscret et je voudrais passer inaperçu !... À vous, CHER AMI, de toute affection.

J. Massenet

61

Jules Massenet à Ernest Van Dyck

Paris, 19 janvier 1892 **

Cher ami,

Au reçu de votre dépêche dans laquelle vous me faisiez pressentir que je pourrais désobliger la direction, je vous ai télégraphié de suite en vous priant de remercier la direction puisque c'est par vous que la direction m'a fait connaître ses intentions.

Je serai donc bientôt à Vienne et tout en causant amicalement avec M. Jahn je saurai arranger les choses sans le désobliger car si j'habite aux frais de la direction, pour éviter toute indiscrétion prolongée, je n'aurai qu'un but à ne pas trop rester !

---

* Autographe : Archives privées. Lettre publiée par Henri de Curzon dans *Le Ménestrel*, 89e année, no 6, 11 février 1927, p. 57.

161. Massenet fait-il allusion à la lettre de Werther lue par Charlotte à l'acte III : « Je vous écris de ma petite chambre » ?

162. Selon les souvenirs d'Yseult Van Dyck, Massenet fut hébergé chez les Van Dyck à Vienne lors de la première de *Werther* en 1892 (Archives privées).

** Autographe : Archives privées.

Et je tiens à rester à Vienne, près de vous, et avec vous ! ! ! On ne séparera pas si vite le trio du *Carillon* !

Et puis, si *Werther* se joue quelquefois je serai très heureux de le faire connaître aussi, moi étant là, aux amis qui viendront de Paris et de Pétersbourg [163] !

À bientôt, bientôt ! ! Votre

J. Massenet

En fermant cette lettre, j'apprends la mort de mon pauvre frère. Je vous remercie encore de votre bonne lettre à son sujet.

62

Jules Massenet à Ernest Van Dyck

Wien, 29 janvier 1892 *

Cher ami,

N'oubliez pas que nous avons répétition du *Carillon* à midi.
Ne manquez pas, ainsi que de Roddaz ; je serai au piano
Votre

J. Massenet

63

Jules Massenet à Max Kalbeck

Wien, 29 janvier 1892 **

Mon cher collaborateur,

Vous avez raison et j'avais fait erreur ;
L'édition de *Werther* que je possède EST DE 1777 [164].
Je m'excuse ! ! et suis à vous cordialement

J. Massenet

Mes respectueux hommages à Madame Kalbeck.

---

163. Outre Brahms, Strauss ou Goldschmidt, la presse (voir « *Werther* à Vienne », *Le Gaulois*, 17 février 1892) relève, parmi les invités de Massenet, les noms de Heugel, Roddaz, Milliet, Léon Bessand, gendre du compositeur, Gustave Dreyfus, célèbre collectionneur, et Jules Conte, directeur des bâtiments civils. En revanche, il ne mentionne aucune personnalité russe ou venant de Russie.

* Autographe : Archives privées.

** Autographe : Yale University, Beinecke Rare Book and Manuscript Library, Gen Mss Music Misc.

164. Il s'agit de l'édition publiée sous le titre : *Les Passions du jeune Werther*, traduction de Philippe-François Aubry, Manheim, Paris, Pissot, 1777. Massenet en citera des extraits dans ses *Mémoires*, comme l'a démontré Michele Girardi (voir « Werther ou la palingénésie d'un héros bourgeois : mort et résurrection à Noël d'un suicidé », p. 87).

64

Jules Massenet à [Henri Heugel ou Paul-Émile Chevalier]

Wien, 6 février 1892 *

Cher ami,

Les répétitions de *Werther* en scène promettent une pièce attachante.

Il paraît qu'à l'orchestre c'est bien ? Je serai admis dans quelques jours – mais pourvu que l'édition allemande soit prête ! ! …

En tout cas, je vais vous indiquer le nombre de partitions pour la critique.

On voudrait aussi la partition du *Carillon*.

Les critiques désireraient lire avant. Ce sont des critiques TRÈS SÉRIEUX.

Rassurez-moi – la 1re aura plutôt lieu le 18 que le 16 – mais, mon opinion est que M. Jahn veut le 16.

Plusieurs demandes m'arrivent pour le ballet… ? … j'envoie à votre adresse – entre autres : son Ex. Geza Zichy [165] de Pesth ;

Tout à vous

J. Massenet

On a le projet de faire une grande répétition générale de *Werther*.

Vous serez prévenu à temps.

Que la vie est étrange… voilà ce *Werther* qui va être joué… Et les collaborateurs ne prennent même pas la peine de m'écrire un mot [166] ! … Ils toucheront et c'est moi qui travaille pour eux ! … et qui dépense mes droits en frais d'hôtel… tandis qu'ils sont tranquilles et indifférents à Paris !

65

Jules Massenet à Ernest Van Dyck et Camille de Roddaz

Wien, 14 février 1892 **

Mes chers collaborateurs et amis, je vous remets les deux exemplaires de notre ballet et je nous souhaite bonne chance !

J. Massenet

---

*. Autographe : Paris, collection Sylvain Chambre.

165. Issu d'une famille noble, le comte Géza Zichy (1849-1924), compositeur, pianiste virtuose élève de Liszt, est à cette époque surintendant de l'Opéra royal de Hongrie à Budapest.

166. Massenet fait allusion aux librettistes de son opéra, Paul Milliet, Édouard Blau et Georges Hartmann.

** Autographe : Archives privées.

66

Jules Massenet à l'ambassadeur de France en Autriche [167]

Vienne, 10 février 1892 *

Monsieur l'ambassadeur,

La première représentation de *Werther* est fixée à mardi.

Je me trouve de plus en plus embarrassé vis-à-vis de ce directeur si dévoué à la cause de la musique française – et quelques jours à peine, nous séparant de la 1re de *Werther*, je perds tout espoir d'apprendre que les insignes de M. Jahn et le brevet de la légion d'honneur sont arrivés à Vienne.

Je vous en prie, Monsieur l'ambassadeur, intéressez-vous à mon désir de remercier officiellement M. Jahn.

Le brevet est signé par M. le Président de la République depuis le 2 janvier.

Veuillez, monsieur l'ambassadeur, recevoir l'expression de la parfaite reconnaissance.

J. Massenet

67

Jules Massenet à Ernest Van Dyck

Paris, 28 février 1892 **

Mon cher ami,

Vous me laissez dans l'incertitude...

Malgré ma dépêche partie dès mon retour à Paris, je suis sans nouvelles du théâtre ?

... Et *Le Carillon* ? La 2de ? et *Werther* ? La 3e ?

J'ai ici bien des préoccupations qui me chagrineraient moins si, pour me consoler, j'avais eu des détails sur la suite des représentations.

Ne m'oubliez pas je vous en prie. Que l'ami de Roddaz m'écrive... C'est loin, Paris !

Encore tous mes souvenirs reconnaissants à votre femme qui m'a si parfaitement reçu – je disais aussi cela dans ma dépêche...

Et à vous, l'expression de toute mon amitié et de mon admiration

J. Massenet

---

167. Pierre Decrais (1838-1895) est ambassadeur de France à Vienne de juillet 1886 à novembre 1895.

* Autographe : Harry Ransom Humanities Research Center, The University of Texas at Austin, Carlton Lake Collection, inv. 63.1.

** Autographe : Archives privées.

68

Jules Massenet à Augusta Van Dyck

Paris, 3 mars 1892 *

Votre charmante lettre calme mon anxiété, chère Madame; j'avais besoin de nouvelles et celles que je reçois de vous sont bonnes. Je n'en doutais pas mais je désirais les lire !

Je vous adresse par ce même courrier le portrait « orné » (!) de ma signature.

Alors, Carillon et Werther sont en belle santé ! Je pense tellement à ce mois de février, mois d'émotions et de grands succès !

J'ai été hier à 2 h ½ rendre visite à Madame de Roddaz; elle n'était pas chez elle et j'ai dû me contenter de lui faire transmettre les nouvelles de Vienne.

Le temps est beau à Paris, presque doux. Il y a ce matin un bon soleil de printemps qui se trouve d'accord avec votre lettre si aimable.

À vous, chère Madame, tous mes hommages bien affectionnés, à votre mari de tout cœur ainsi qu'à l'ami de Roddaz.

J. Massenet

69

Jules Massenet à Ernest Van Dyck

Paris, 21 mars 1892 **

Ce soir *Manon* Vienne [168] ! ! et *Manon* Paris [169] !

Le hasard est très intéressant; je le fais remarquer avec une joie toute naturelle, à vous, qui êtes un ami, et un précieux ami, j'ajoute : je n'ai que de trop rares nouvelles de nos ouvrages. Je compte que *Carillon* et *Werther* ont bien donné le mois écoulé du 16 février au 16 mars. J'espère en la suite.

On a tant parlé de vous à propos de Vienne et je vous assure que ce serait à croire que ces 2 ouvrages ont été joués à Paris [170] !

On vous admire tant à Paris ! On vous y attend — on vous y désire — et comme je viens de Vienne, je suis naturellement questionné à votre sujet.

---

* Autographe : Archives privées.

** Autographe : Archives privées. Lettre publiée partiellement par Henri de Curzon dans *Le Ménestrel*, 89e année, no 6, 11 février 1927, p. 58.

168. Le 21 mars 1892, *Manon* est donnée à Vienne pour l'avant-dernière fois de la saison ; la dernière aura lieu le 18 avril.

169. L'opéra-comique est toujours interprété par Sibyl Sanderson dans le rôle titre.

170. Outre *Le Ménestrel*, qui reproduit de larges extraits des quotidiens viennois, la presse française s'est largement fait l'écho des succès de *Manon*, puis de *Werther*. Voir le chapitre « Les relations entre Van Dyck et Massenet : des liens amicaux ou professionnels ? » dans le présent ouvrage.

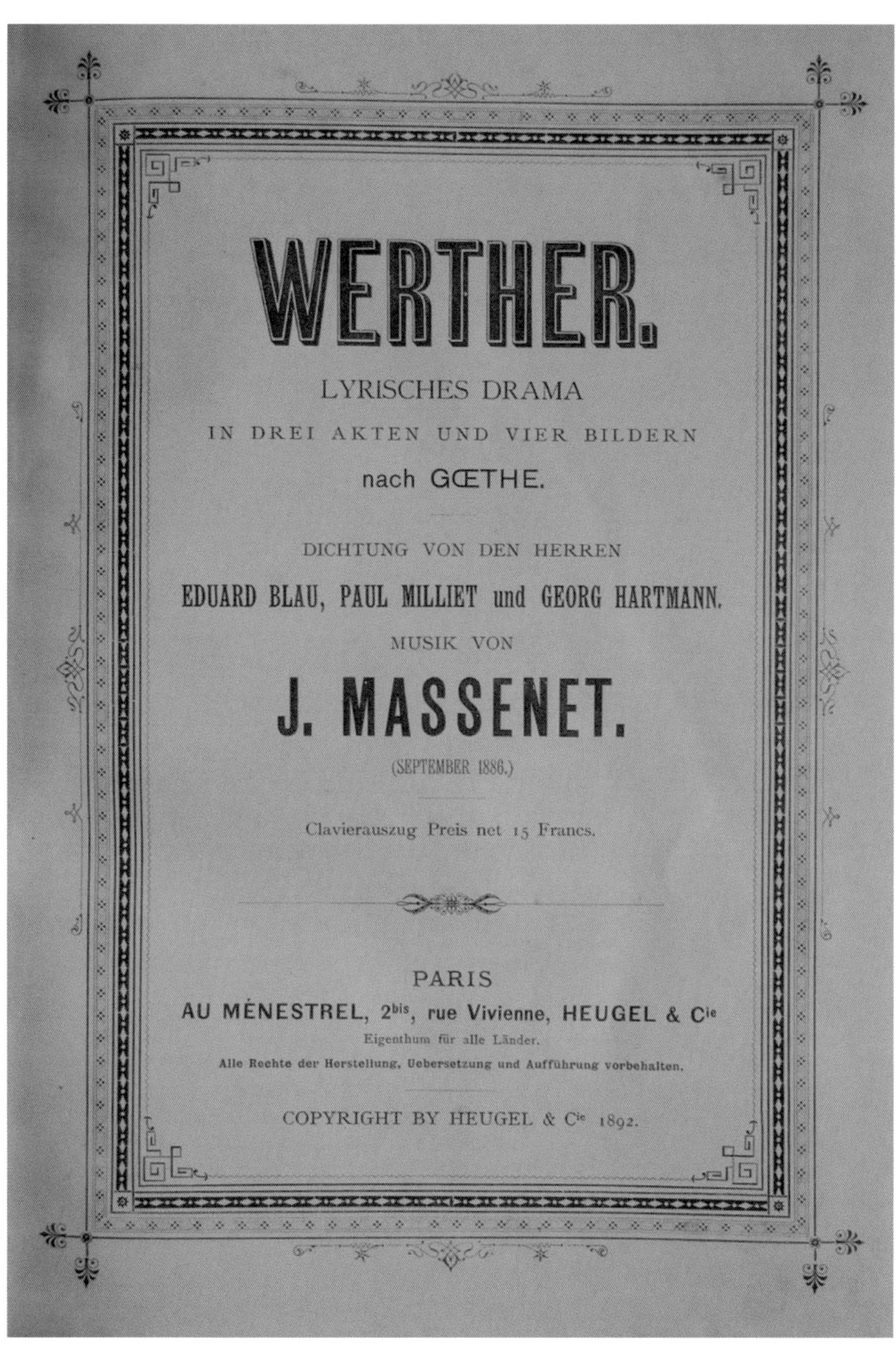

25. Jules Massenet, *Werther*, Paris, Heugel et Cie, 1892, sans cotage, partition chant et piano, version allemande, page de titre (273 × 188 mm). Exemplaire d'Ernest Van Dyck. (Archives privées)

26. *Ernest Van Dyck dans le rôle de Werther*.
Photographie originale du studio Adèle, Vienne (166 × 105 mm).
(Archives privées)

WERTHER.

LYRISCHES DRAMA IN 3 AKTEN UND 4 BILDERN

(nach GŒTHE)

DICHTUNG VON DEN HERREN

EDUARD BLAU, PAUL MILLIET und GEORG HARTMANN.

MUSIK VON

J. MASSENET.

(September 1886.)

Zum erstenmal aufgeführt 1892 auf der Bühne der kaiserlichen Oper in Wien.

PERSONEN:

WERTHER, 23 Jahre. — Tenor: Herr E. Van Dyck.
ALBERT, 25 Jahre. — Bariton: Herr Neidl.
DER AMTMANN, 50 Jahre. — Bariton oder Bass: Herr Mayerhofer.
SCHMIDT, } Freunde des Amtmanns. { Tenor: Herr Schlittenhelm.
JOHANN, } { Bariton oder Bass: Herr Felix.
BRÜHLMANN, ein junger Mann. — Chorführer.
LOTTE, des Amtmanns Tochter, 20 Jahre. — Sopran: Fräulein Renard.
SOPHIE, ihre Schwester, 15 Jahre. — Sopran: Frau Forster.
DIE KINDER (6), Fritz, Max, Hans, Karl, Gretel, Clara (Soprane, Kinderstimmen).
KÄTHCHEN, ein junges Mädchen. — Chorführerin.
Ein Bauernbursche, ein Diener (stumme Personen).
Figuranten: Einwohner des Marktfleckens Wetzlar, Gäste, Musikanten.
Im letzten Bilde hinter den Coulissen Frauen- und Kinderstimmen.

Die Handlung findet in der Umgegend von Frankfurt statt vom Juli bis December 178..

1. AKT. — **Das Haus des Amtmanns.**
2. AKT. — **Die Linden.**
3. AKT. { 1. Bild: **Lotte und Werther.**
{ 2. Bild: **Werther's Tod.**

27. Jules Massenet, *Werther*, Paris, Heugel et Cie, 1892, sans cotage, partition chant et piano, version allemande, page de distribution (273 × 188 mm). Exemplaire d'Ernest Van Dyck. (Archives privées)

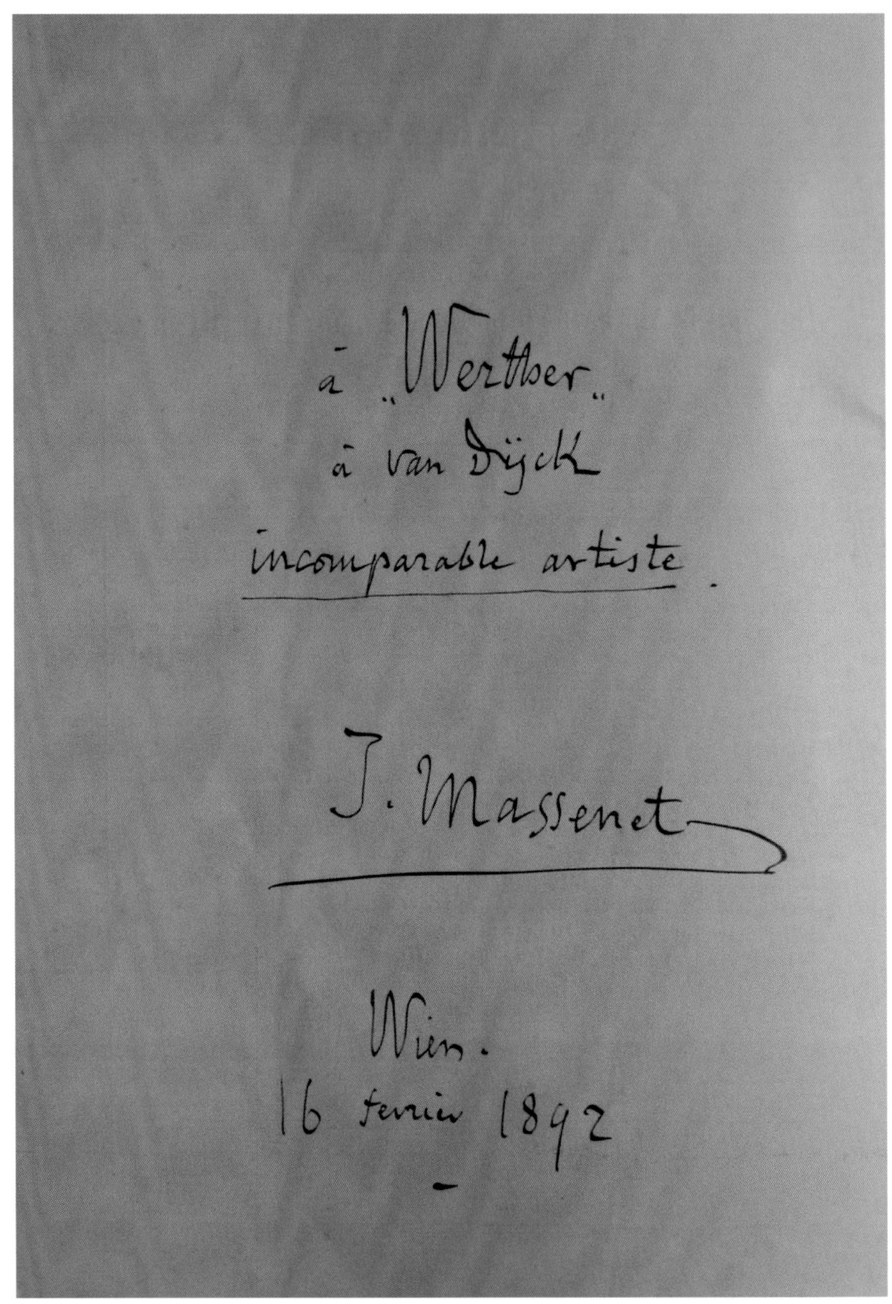

à „Werther"

à Van Dÿck

incomparable artiste.

J. Massenet

Wien.

16 fevrier 1892

28. Jules Massenet, *Werther*, Paris, Heugel et Cie, 1892, sans cotage, partition chant et piano, version allemande, page de garde face à la page 1 ; porte un envoi : « à Werther / à Van Dÿck / incomparable artiste. / J. Massenet / Wien. / 16 février 1892 » (273 × 188 mm).
Exemplaire d'Ernest Van Dyck.
(Archives privées)

29. Jules Massenet, *Werther*, Paris, Heugel et Cie, 1892 , sans cotage, partition chant et piano, version allemande, Vorspiel (p. 1) (273 × 188 mm). Exemplaire d'Ernest Van Dyck. (Archives privées)

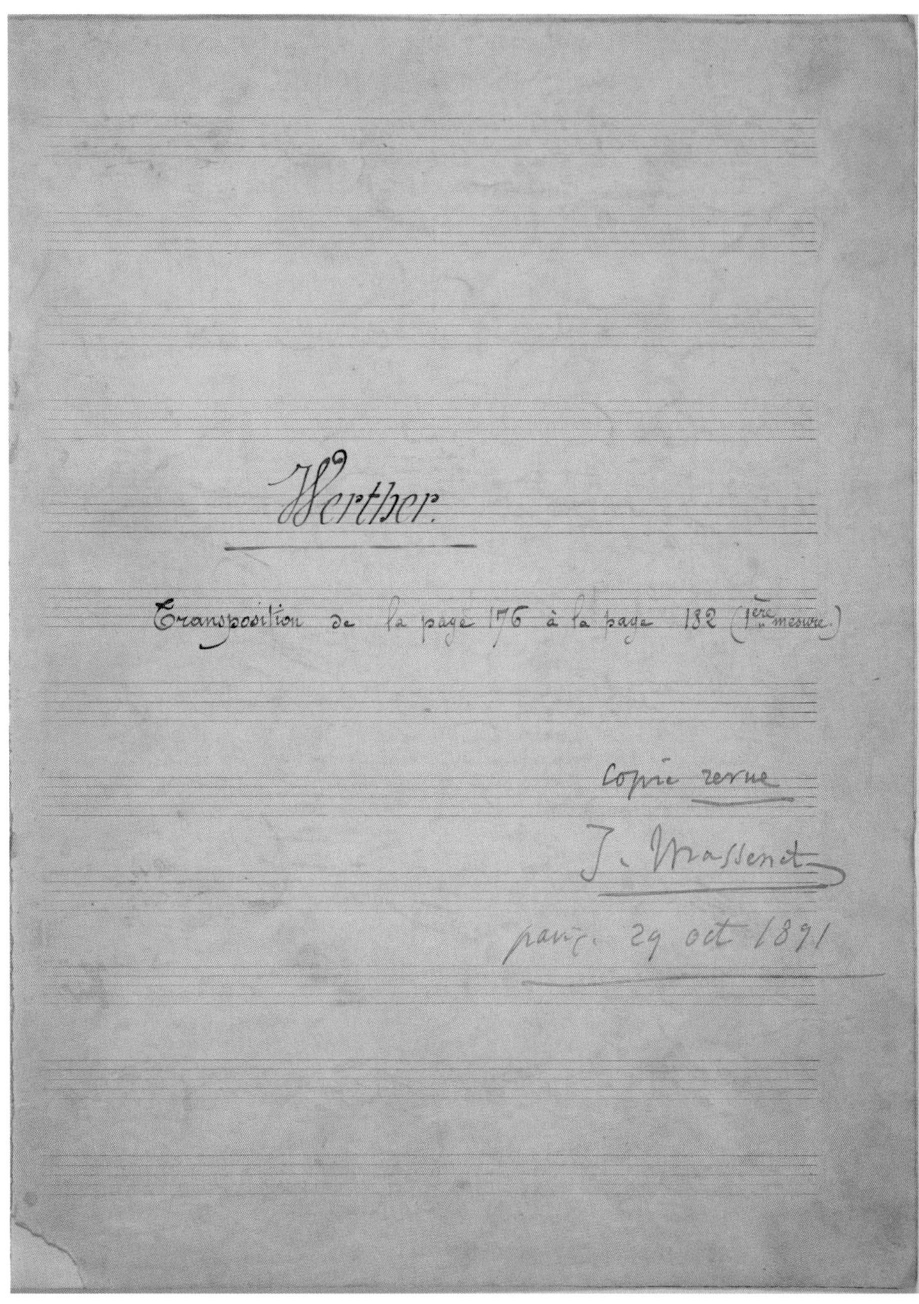

30. Jules Massenet, *Werther*, [air d'Ossian], acte III, transposition au demi-ton inférieur, copie manuscrite anonyme, revue, datée et signée par Massenet : « Paris, 29 oct[obre] 1891 » (350 × 231 mm). Exemplaire d'Ernest Van Dyck. (Archives privées)

31. Jules Massenet, *Werther*, partition chant et piano, épreuves de la première édition française avec modifications autographes au crayon de Massenet, cotage : G.H. et Cie 1812 [air d'Ossian], acte III : « Pourquoi me réveiller ? … » (p. 176), (272 × 180 mm). Exemplaire d'Ernest Van Dyck.
(Archives privées)

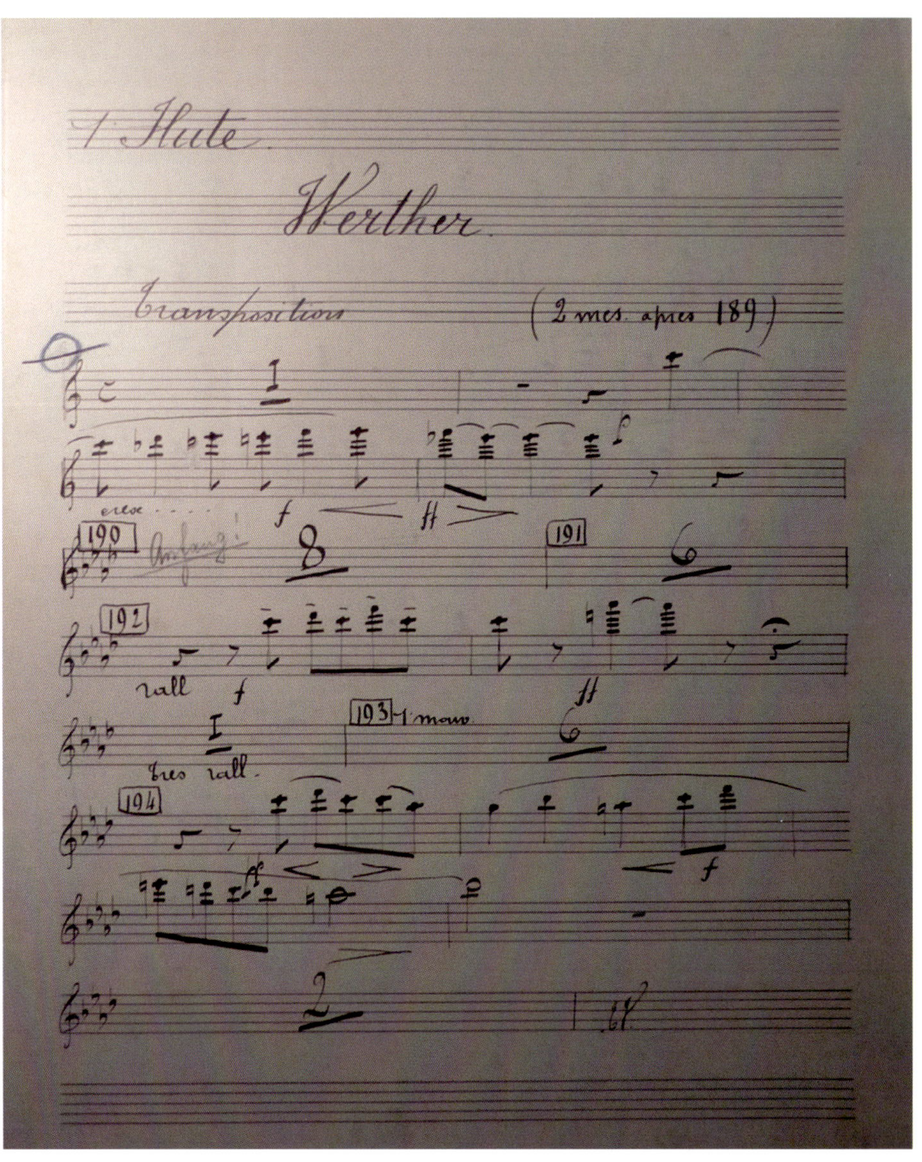

32. Jules Massenet, *Werther*, copie manuscrite, partie de flûte transposée [air d'Ossian], acte III, verso (340 × 247 mm). Exemplaire d'Ernest Van Dyck.
(Archives privées)

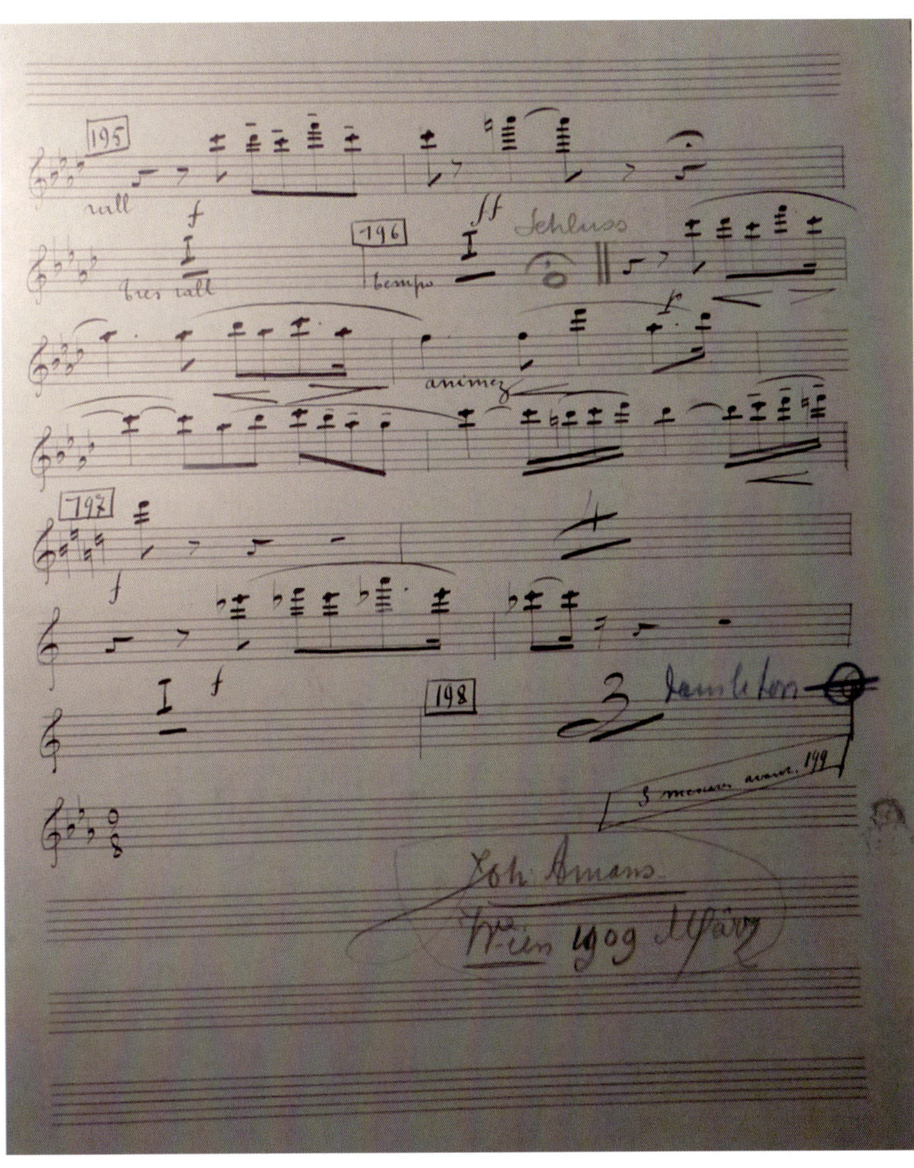

33. Jules Massenet, *Werther*, copie manuscrite anonyme, partie de flûte transposée, [air d'Ossian], acte III, recto. Porte une inscription manuscrite au crayon : « Joh : Amans / Wien 1909 März » (340 × 247 mm). Exemplaire d'Ernest Van Dyck. (Archives privées)

34. Jules Massenet, partition chant et piano, épreuves de la première édition française avec suppression des lignes vocales biffées au crayon bleu, duo de Werther et Charlotte, cotage : G.H. et Cie 1812, (acte III) : « Ô sublime caresse ! … » (p. 216) (272 × 180 mm). Exemplaire d'Ernest Van Dyck.
(Archives privées)

35. *Ernest Van Dyck dans le rôle de Werther.*
Photographie originale du studio Adèle, Vienne (173 × 109 mm).
(Archives privées)

WERTHER

DRAME LYRIQUE EN 3 ACTES ET 4 TABLEAUX

(d'après GŒTHE)

POÈME DE MM.

EDOUARD BLAU, PAUL MILLIET ET GEORGES HARTMANN

Musique de M.

J. MASSENET

Représenté pour la première fois, le 16 Février 1892, sur la scène de l'Opéra Impérial de Vienne

PERSONNAGES

WERTHER, 23 ans. — 1er ténor d'Opéra ou d'Opéra-Comique.
ALBERT, 25 ans. — 1er baryton d'Opéra ou d'Opéra-Comique.
LE BAILLI, 50 ans. — Baryton ou 2e basse.
SCHMIDT } Amis du Bailli { 2e ténor.
JOHANN } Amis du Bailli { Baryton ou 2e basse.
BRUHLMANN, jeune homme. — Coryphée.
CHARLOTTE, fille du Bailli, 20 ans. — 1re chanteuse d'Opéra ou d'Opéra-Comique.
SOPHIE, sa sœur, 15 ans. — 1re soprano d'Opéra-Comique ou 1re dugazon.
LES ENFANTS (six), *Fritz, Max, Hans, Karl, Gretel, Clara* (soprani, voix d'enfants).
KATHCHEN, jeune fille. — Coryphée.
Un petit paysan, un domestique (personnages muets).
Figuration : habitants du bourg de Wetzlar, invités, ménétriers.
(Au dernier tableau, dans la coulisse, *choristes femmes,* avec les voix d'enfants.)

(La scène se passe aux environs de Francfort, de juillet à décembre 178...)

1er ACTE. — **La Maison du Bailli.**
2e ACTE. — **Les Tilleuls.**
3e ACTE. — { *1er tableau :* **Charlotte et Werther.**
3e ACTE. — { *2e tableau :* **La Mort de Werther.**

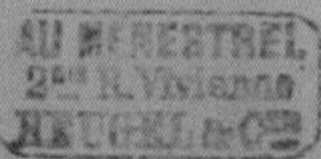

36. Jules Massenet, *Werther*, Paris, Heugel et Cie, cotage : G.H. et Cie 1812, partition chant et piano, page de titre (270 × 183 mm). Exemplaire d'Ernest Van Dyck. (Archives privées)

LE CARILLON

LÉGENDE MIMÉE ET DANSÉE

MUSIQUE DE

J. MASSENET

TABLE DE LA PARTITION

PARIS. — IMPRIMERIE CHAIX, RUE BERGÈRE 20. — 750-1-92.

37. Jules Massenet, *Le Carillon*, Paris, Heugel, 1892, cotage : H. et Cie 9110, partition chant et piano, table des entrées avec note autographe du compositeur : « 1re représentation sur le théâtre de l'Opéra / Impérial de Vienne le dimanche 20 février [18]92. » Exemplaire du compositeur (280 × 190 mm). (Paris, collection privée)

38. Jules Massenet, *Le Carillon*, Paris, Heugel, 1892, cotage : H. et Cie 9110, partition chant et piano, couverture illustrée signée P. Borie. Exemplaire d'Ernest Van Dyck (287 x 196 mm). (Archives privées)

39. *Madame de Roddaz*, photographie privée, indication manuscrite au verso : « Mme de Roddaz dans son parc à Houlbec (Eure) » (140 × 89 mm). (Archives privées)

40. *Camille de Roddaz*, photographie privée.
Porte une indication manuscrite au verso : « de Roddaz » (105 × 66 mm).
(Archives privées)

N'est-il pas vrai que c'est agréable de vivre ainsi à Paris et à Vienne !

Voulez-vous me donnez un renseignement très utile ?

À qui s'adresser pour louer des places et retenir des logements à Bayreuth ?

Le sénateur Ménard-Dorian sa femme et sa fille [171] m'ont prié de m'informer; et je devrais les rassurer bientôt – ce sont des fanatiques de vous et du Maître. Ils connaissent toutes ses œuvres déjà mais ... toutes excepté *Parsifal* au théâtre & à Bayreuth... et par vous [172] !

L'ami de Roddaz est-il encore à Vienne? Pourquoi ne m'a-t-il jamais sacrifié un instant pour me parler de notre théâtre !

Dites à Madame Van Dyck que je la remercie toujours de son accueil et que je ne puis oublier nos déjeuners chez vous, alors que l'on riait tant !

Enfin, au théâtre, faites que mon souvenir ne soit pas trop négligé.

À Paris, vous n'avez pas besoin de moi ! On parle de vous et votre succès sera si grand ! lorsque vous reviendrez.

Vous continuerez selon vos habitudes et je sais combien le public, les abonnés vous regrettent.

À bientôt, cher ami, & croyez moi toujours votre reconnaissant ami & collaborateur

J. Massenet

70

Jules Massenet à Ernest Van Dyck

Paris, 12 juin 1892 *

Cher ami, je suis absolument ravi de vous revoir [173] !

Oui, nous parlerons de Vienne et de bien d'autres choses.

La répétition ou plutôt le rendez-vous est fixé à demain lundi 13 juin, à 4 heures de l'après-midi, Maison Érard, 13 RUE DU MAIL.

Vous n'aurez qu'à pénétrer jusqu'aux bureaux, à droite dans la g[ran]de cour. Là, votre fidèle collaborateur y sera avec la plus grande exactitude.

---

171. Le député Paul Ménard-Dorian et sa femme Aline tiennent un salon républicain dreyfusard, fréquenté notamment par Zola, Bruneau ou Clemenceau. Leur fille Pauline, qui épousera Georges Hugo, petit-fils de l'écrivain, perpétuera cette tradition dans son propre salon. Elle serait un des modèles de Madame Verdurin dans *À la recherche du temps perdu*.

172. Van Dyck interprétera le rôle-titre de Parsifal en août 1892.

* Autographe : Archives privées. Lettre publiée par Henri de Curzon dans *Le Ménestrel*, 89 e année, n o 6, 11 février 1927, p. 58.

173. Du 19 mai au 5 juillet 1892, Ernest Van Dyck se trouve à Londres pour une saison au Covent Garden, mais il revient à Paris du 12 au 16 juin pour donner une représentation privée, le 13 juin, chez Madame Ayer où il chante avec Sibyl Sanderson. Il reçoit un cachet de 3 000 francs. Massenet évoque ici la répétition de ce récital répertorié par Augusta Van Dyck (voir annexe 4 : liste des œuvres de Massenet chantées par Ernest Van Dyck).

Mademoiselle Sanderson est convoquée.
Quel plaisir d'être au piano et de vous entendre [174].
Tout à vous,

J. Massenet

71

Jules Massenet à Ernest Van Dyck

Paris, 17 juillet 1892 *

Cher ami,

Je viens vous dire un petit bonjour qui va vous trouver au milieu de vos triomphes à Bayreuth [175] !

Je profite d'un instant de répit… entre deux Concours [176] et deux accès de rhumatisme au bras droit.

Être « si jeune » et déjà du rhumatisme !

Je vous annonce que notre *Carillon* doit être très bien monté à… Anvers au Théâtre Royal.

J'ai reçu une lettre de Mlle Gedda [177], le maître des ballets qui me demande des renseignements sur notre ouvrage.

Je le-la renseigne.

Tous mes plus chers souvenirs à Madame Van Dyck & tout à vous, cher ami

J. Massenet

---

174. *Le Gaulois* du 14 juin 1892 rapportera le succès de cette « soirée musicale et dramatique » donnée, rue Constantine, par une des plus riches Américaines habitant Paris : « Les interprètes de la partie musicale étaient le ténor Van Dyck, venu exprès de Londres, et Mme Sibyl Sanderson. Le premier a admirablement chanté l'air de *Werther*, de Massenet, et le grand air de *Lohengrin*, de Wagner. Mme Sanderson a délicieusement chanté la valse de *Mireille*, de Gounod, et tous les deux le duo de *Manon*, accompagnés de Massenet. On a fait à ces deux artistes un véritable triomphe. »

* Autographe : Archives privées. Lettre publiée par Henri de Curzon dans *Le Ménestrel*, 89e année, n° 7, 18 février 1927, p. 69.

175. Du 7 juillet au 22 août 1892, Ernest Van Dyck participe au festival de Bayreuth pour la quatrième fois. Il y chante *Parsifal* à huit reprises, dont la première a lieu le 21 juillet. La répétition générale s'est tenue le 15 juillet.

176. Comme tous les ans, Massenet assiste aux examens du Conservatoire.

177. Adelina Gedda (1853- ?), danseuse italienne, débute à Turin en 1872 puis se produit à Londres et est engagée au Théâtre de la Monnaie à Bruxelles où elle est remarquée dans le rôle de l'esclave de *La Perle du Brésil* de Félicien David. Elle fait partie du corps de ballets du Théâtre d'Anvers de 1890 à 1896. *Le Carillon* y sera représenté le 10 décembre 1892.

72

Camille de Roddaz à Ernest Van Dyck

[papier à en-tête : « Paris 8, B d Bonne-Nouvelle »],
[6 août 1892] *

Mon cher ami,

Depuis samedi dernier voici cinq fois que je vais attendre inutilement Bertrand à l'Opéra : des factions de 2 h ! !

Je regrette bien, mon cher Ernest, que tu n'aies pas trouvé un moment pour m'écrire de quoi il s'agissait ; cela m'intéresse pourtant beaucoup !

Hier *Le Figaro* (Boyer) a donné le programme de la saison pour l'Opéra pour la saison [178], pas un mot de Massenet, pas un mot de nous [179] ; cependant on annonce le ballet Gailhard et Lefèvre.

Ce matin *Le Figaro* met deux lignes pour ajouter *Hérodiade* au programme publié hier [180].

Puisqu'il est convenu que si on donne *Hérodiade*, Massenet fait le ballet ! ... que faut-il conclure ? ...

J'attends depuis si longtemps que j'aurais vraiment été très heureux de savoir ce qui s'est dit entre Bertrand et toi à Bayreuth tu ne m'en dis pas un mot [181] ! ! ! Enfin...

J'ai rencontré Coulon [182] qui m'a parlé de l'Amérique en termes enthousiasmés pour toi. Il a paraît-il autrefois fait l'engagement de Gounod et paraît sûr de faire le tien ; l'argent serait déposé d'avance dans une banque en Europe (à ton choix) si tu peux racheter 5 mois à Vienne je t'engage vivement à réfléchir à ces propositions... 600 000 Fr. ne sont pas une farce et valent bien quelques heures de méditation.

---

* Autographe : Archives privées.

178. « M. Bertrand prépare pour la saison 1892-1893 *Samson et Dalila*, de Saint-Saëns [...] *Les Maîtres chanteurs*, de Richard Wagner. / Deux ballets nouveaux : *La Maladetta*, de M. P. Gailhard, musique de M. Paul Vidal ; *Don Quichotte*, de M. Maurice Lefèvre, musique de M. Wormser ». Voir Georges Boyer, « Courrier des Théâtres », *Le Figaro*, 5 août 1892.

179. Dans son numéro du 22 juin 1892, *Le Journal des Débats* avait pourtant repris des propos du *Monde artiste* qui, sans compter les *Maîtres-chanteurs* et *Hérodiade* avec Van Dyck, mentionnait *La Maladetta* de Vidal, *Don Quichotte* de Wormser et *Le Talisman* de Roddaz et Massenet parmi les projets chorégraphiques de Bertrand.

180. « À ajouter aux ouvrages que M. Bertrand se propose de monter cet hiver : *Hérodiade*, de M. J. Massenet ». Voir Georges Boyer, « Courrier des Théâtres », *Le Figaro*, 6 août 1892.

181. *Le Ménestrel* du 31 juillet 1892 (« Nouvelles diverses », 58e année, n° 31, p. 247) annonce : « M. Bertrand, qui est rentré à Paris cette semaine, a profité de son séjour à Bayreuth pour traiter avec le ténor Van Dyck, qui fera sa rentrée à l'Opéra au mois d'avril prochain et créera à Paris *Les Maîtres Chanteurs* de Richard Wagner, dont les costumes et les décors sont d'ores et déjà commandés et dont les études commenceront dans le courant du mois de novembre prochain. »

182. Coulon : personne non identifiée. Sans doute s'agit-il d'un impresario. Van Dyck effectuera sa première tournée aux États-Unis seulement en 1898-1899, après avoir quitté le Hofoper de Vienne. Voir annexe 4 : liste des œuvres de Massenet chantées par Van Dyck.

Le Figaro (correspondance de Londres, Johnson[183]) avait annoncé ton engagement probable et celui de Melba par Abbey et Grau[184]. Il paraît que c'est un moyen de laisser leur campagne fort compromise et le concurrent, celui qui pourrait t'engager, accepterait n'importe quelle condition pour avoir le droit d'annoncer que la nouvelle de Grau et Abbey et que c'est chez lui que tu dois chanter.

Je ne te demande pas de me répondre, le temps te manque certainement mais écris à Coulon et ne laisse pas tomber cette affaire à l'eau.

Je pense que tu as répondu à Heugel moi je n'ai rien reçu de toi à ce sujet.

Nous embrassons tendrement Augusta et les enfants.

Amitiés à Gilbert[185] qui je l'espère a retrouvé sa malle.

Ton ami

Camille

73

Ernest Van Dyck à Eugène Bertrand

Vienne, Belvédère Gasse 32,
1er septembre 1892*

Mon cher directeur,

Pardonnez-moi le retard que j'ai mis à répondre à votre aimable lettre. Vous avez probablement reçu ma dépêche concernant Delmas[186]. J'ai beaucoup regretté qu'il n'ait pu venir à Bayreuth, mais il est artiste intelligent et il se tirera d'affaire tout seul.

De Roddaz m'a rendu compte de son entrevue avec vous. Je lui ai communiqué le passage de votre lettre le concernant pour lui donner un peu de courage.

Il estime avec raison que c'est un peu son tour d'être joué et je me permets d'insister tout particulièrement pour que vous teniez vos bonnes promesses.

Il s'est remis de nouveau en rapport avec Massenet et je crois que nous aboutirons à une combinaison qui trouvera votre agrément.

---

183. Un certain T. Johnson signe des « Correspondances » de Londres, mais celle évoquée par Roddaz n'a pu être retrouvée.

184. Henry E. Abbey et Maurice Grau dirigent le Metropolitain Theater de New York et sont réputés pour y faire entendre des chanteurs européens.

185. Le peintre René Gilbert (1858-1914), auteur des portraits d'Ernest Van Dyck et de sa femme (voir illustrations 3 et 4) notamment. Élève de son père et de Cabanel, Gilbert « réalise surtout des scènes de genre et de vastes paysages, traités à l'huile ou au pastel, où l'éclairage varie selon les heures de la journée et les saisons ». Voir E. Bénézit *Dictionnaire critique et documentaire des peintres, sculpteurs, dessinateurs et graveurs*, Paris, Grund, 1999, t. 6, p. 108.

* Autographe : Paris, Archives Nationales, Archives Eugène Bertrand, AB XIX 4227.

186. Le baryton-basse Jean-François (ou Francisque) Delmas (1861-1933) interprétera le rôle de Wotan aux côtés de Van Dyck (Siegmund) lors de la création de *La Walkyrie* à l'Opéra de Paris, le 12 mai 1893. Il participa à plusieurs créations d'opéras de Massenet. Voir le chapitre « Les relations entre Van Dyck et Massenet : des liens amicaux ou professionnels ? » dans le présent ouvrage.

Envoyez-moi le plus tôt possible – et j'insiste – une partition des *Maîtres chanteurs* avec le texte revu et corrigé. Acte par acte si cela vous est possible. Car je me mettrais dès maintenant à l'ouvrage [187].

Au revoir à Vienne, mon cher directeur, ma femme se rappelle au bon souvenir de Madame Bertrand à laquelle je vous prie de présenter mes respects.

Adrienne et Yseult [188] embrassent Jacqueline [189].

Croyez-moi votre sincèrement dévoué

Ernest Van Dyck

74

Camille de Roddaz à Ernest Van Dyck

[papier à en-tête : « Paris 8, B d Bonne-Nouvelle »]
30 septembre 1892 *

Mon cher Ernest,

J'ai été très long à répondre parce que je voulais avoir à t'annoncer une heureuse solution à propos du ballet.

Hélas ! l'attente n'a servi a rien.

Bertrand fuit... Massenet n'est pas là.

D'ailleurs tous deux se renvoient la balle et notre affaire ne se termine pas.

Bertrand m'avait demandé un ou deux sujet de ballet; je suis allé le voir fort souvent et il m'a remis fin octobre, prétendant ne pouvoir prendre une décision avant, tout comme s'il s'agissait d'une affaire nouvelle et comme si ses engagements antérieurs étaient lettre morte.

J'ai même tenté de faire une affaire avec Charpentier [190] qui est très soutenu par Bourgeois le ministre [191] mais ça traîne et je n'ai pas grand espoir.

Voilà !

---

187. Van Dyck s'occupe de réaliser une traduction de l'allemand en français.

188. Adrienne (1887-1971) et Yseult (1889-1964) sont les deux filles d'Ernest Van Dyck.

189. Jacqueline, fille d'Eugène Bertrand.

* Autographe : Archives privées.

190. Élève de Massenet, Gustave Charpentier accède rapidement à la célébrité après avoir remporté le premier grand Prix de Rome en 1887. Ses *Impressions d'Italie* sont créées par Édouard Colonne en mars 1892, et *La Vie du poète*, « symphonie-drame », est exécutée en juin de la même année à l'Opéra. L'année précédente, il avait écrit à ses parents : « Énorme succès [de ?] mon *Jet d'eau* ! / Hier encore – chez Liouville le père du député – devant Bourgeois le ministre des beaux arts, Jules Ferry, etc. – / On l'a bissé ! / Massenet était là et a été très gentil. Il donnait le signal des applaudissements. » Gustave Charpentier, lettre à ses parents, Paris, 3 mai 1891, Bibliothèque Historique de la Ville de Paris, Fonds Charpentier, dossier 207.

191. Léon Bourgeois (1851-1925), homme politique radical de gauche, est ministre de l'Instruction publique et des Beaux-Arts de mars 1890 à décembre 1892.

Quant au Gymnase, j'attends, Koning [192] trouve ma pièce bien et m'a prié de venir le voir la semaine prochaine. Noblet [193] a lu la pièce et en est très amoureux.

On vient de jouer comme deuxième pièce au Gymnase, depuis la réouverture, le *Drame parisien* d'Ernest Daudet [194].

Deuxième pour cela me fait espérer.

Le beau *Palembois*, presque entièrement refait, s'appelle à présent *Dédé*. Cerny [195] l'adore ; Noblet aussi.

J'attends la réponse du Palais Royal.

Voilà pour Paris.

Et Vienne ?

Tu ne m'écris ni à propos de *Mateo* [196], ni à propos de *L'An 2000* [197], ni à propos des *Illusions*.

Que se passe-t-il ?

Je comptais cependant bien sur quelque chose

Et Coulon et l'Amérique et *Werther* à Nice [198] ?

Céleste a fait envoyer un petit paquet, du bon marché !

Et Gilbert ! et les portraits et les commandes ?

Si tu peux écrire un peu plus longuement tu me feras plaisir. Je te renvoie ta lettre de Bertrand.

Nous vous embrassons tous bien tendrement, comme nous vous aimons

Ton ami

Camille

---

192. Comédien et metteur en scène, Victor Koning (1842-1894) dirige avec autorité diverses salles, comme le Théâtre de la Renaissance (1875-1882) où il collabore avec Charles Lecocq, Jeanne Granier ou Jane Hading notamment.

193. Georges Noblet (1851-1932), grande figure du théâtre de boulevard, s'illustre dans des pièces de Courteline ou de Lucien Guitry notamment.

194. *Un Drame parisien*, pièces en quatre actes, est créé le 27 septembre 1892 au Théâtre du Gymnase peu après l'ouverture de la saison 1892-1893.

195. Berthe Cerny (1868-1940) commence sa carrière en 1885 au Théâtre de l'Odéon, puis joue dans de nombreux théâtres parisiens et devient « une des grandes vedettes du Boulevard » (voir André Warnod, « Berthe Cerny est morte », *Le Figaro*, 28 mars 1940) notamment sous la direction de Lucien Guitry, avant d'entrer en 1906 à la Comédie-Française où elle s'impose dans les grands classiques.

196. *Mateo Falcone*, drame en un acte de Camille de Roddaz et d'Ernest Van Dyck d'après Mérimée, est créé le 2 février 1893 au Theater An der Wien, dans une traduction d'Adalbert von Goldschmidt.

197. Dans une lettre adressée au *Figaro* (Georges Boyer, « Courrier des théâtres », 24 juillet 1892) peu après la mort de Roddaz, Adolphe Aderer écrit : « J'ai terminé l'an dernier, avec mon regretté ami Camille de Roddaz, une féerie intitulée *L'An 2000*, et dont les journaux, le *Figaro* le premier, ont annoncé la préparation. La pièce est, depuis cette époque, entre les mains de MM. Floury, directeurs du Châtelet, qui en ont approuvé le plan et les développements. » En définitive, l'œuvre ne semble pas avoir été montée.

198. *Werther* sera donné à Nice le 13 février 1893 sous la direction d'Auguste Vianesi, avec Sibyl Sanderson, mais sans Van Dyck, le rôle titre étant distribué au ténor Émile Cossira.

75

Jules Massenet à Ernest Van Dyck

Paris, 1er octobre 1892*

Caro amico, avete ragione[199] !

Ah ! pardon, je me prenais pour « un autre » — capita !

Hélas ! Je ne suis que moi, c'est peu à Vienne. Mais vous êtes là et je pense que par vous et grâce à l'amabilité de notre cher et honoré directeur nos ouvrages continueront encore !

Certes vous avez raison et je n'attendais que ce conseil.

Votre lettre n'est plus depuis cinq minutes — soyez en repos ! Mais elle était, à la fois, rationnelle, vraie, affectueuse et encourageante.

40 fois *Manon* ! 16 fois *Werther* ! Et *Le Carillon* alors ?

On le monte, notre ballet, à Anvers, à « Alger », et dans plusieurs autres villes !

Une réflexion : à quoi « Sers-je » si j'« Albine » cette œuvre ; vous en « Mouret » ! Ne criez pas « Zola »[200] !

Là ! La veine est tarie et je finis ma lettre en vous disant que je croirai au succès de tout ouvrage que vous créerez.

C'est assez vous exprimer mes désirs et ma reconnaissance.

Tout à vous et à Madame Van Dyck, affectueusement

J. Massenet

Ma femme est très sensible à votre souvenir.

76

Camille de Roddaz à Augusta Van Dyck

[papier à en-tête : « Paris 8, Bd Bonne-Nouvelle »],
4 novembre 1892**

Ma chère Augusta,

D'abord mille mercis pour la peine que vous vous êtes donnée au sujet de mes affiches ; je vous en suis très reconnaissant.

Il est inutile de les envoyer parce que l'un de vos amis : M. Georges Elie[201] doit partir pour Vienne le 19 et qu'il les rapportera.

---

* Autographe : Archives privées. Lettre publiée par Henri de Curzon dans *Le Ménestrel*, 89e année, no 7, 18 février 1927, p. 69.

199. Traduction : « Cher ami, vous avez raison ! »

200. Massenet envisage dans les années 1880 de mettre en musique *La Faute de l'abbé Mouret*, roman d'Émile Zola auquel il fait allusion dans un de ses calambours dont il est coutumier. Il cèdera les droits, qu'il avait obtenus de Zola, à son ancien élève Alfred Bruneau qui signera, en 1907, une adaptation théâtrale du roman accompagnée d'une importante musique de scène.

** Autographe : Archives privées.

201. Georges Elie : personnalité non identifiée.

Je lui donnerai un mot d'introduction et je vous prie de le recevoir avec votre bonne grâce habituelle. C'est un amateur de musique, un admirateur d'Ernest il sera très flatté si vous lui donnez une place dans votre loge pour l'entendre.

Gilbert doit faire le portrait de ses enfants; il sera donc très ravi de voir le portrait d'Iseult.

J'ai vu Michel Carré le fils du fameux librettiste[202] qui a la permission de tirer une pantomime de *Mateo Falcone*. Je suis en train de faire mon possible pour obtenir qu'il nous cède son privilège je vous écrirai dès que les négociations seront terminées.

Certes oui nous serons heureux d'aller à Vienne, vous le pensez bien n'est-ce pas?

J'attends le scénario des *Cinq Sens*[203] et aussi des indications sur l'avenir de ce ballet, l'époque à laquelle il doit passer, l'époque à laquelle le musicien doit s'y mettre etc. etc. etc.... ce ne sera pas long soyez en certaine.

Ici rien de nouveau. Je n'ai pas vu Massenet depuis longtemps, il est d'ailleurs très pris par les répétitions de *Werther*[204] et puis j'attends qu'Ernest m'annonce qu'il lui a écrit et ce qu'il lui a écrit. Je crois que c'est par lui qu'il faut reprendre l'affaire du ballet de l'Opéra. Bertrand est trop difficile à saisir et surtout à décider, nous n'y arriverons pas si Ernest ne l'y pousse pas par Massenet ou directement; d'ailleurs Massenet n'a rien à alléguer pour ne pas faire le ballet puisqu'on va jouer *Hérodiade*[205] ce qui était la condition imposée par Heugel.

Ce serait une très bonne affaire pour nous; engagez, ma chère, Ernest à écrire, il comprendra, j'en suis sûr, de quelle utilité cela nous sera pour l'avenir.

Pensez donc, avec *Le Carillon*, *Mateo*, *Les Cinq Sens*, ça nous ferait quatre machines jouées et bien placées... c'est un petit bagage déjà et nous pourrions espérer beaucoup des directeurs.

Avec le bruit qui va se faire autour de *La Walkyrie* et d'Ernest l'attention publique sera éveillée il serait vraiment trop maladroit de ne pas profiter de cette réclame.

Ma pièce est reçue au Gymnase, une grande pièce: *Une maîtresse riche*[206]. Maintenant passerai-je en mars ou l'an prochain je n'en puis rien dire; je passerai c'est l'essentiel...

Je me mettrai au scénario Strauss dès que je serai débarrassé d'une affaire avec d'Ennery[207] qui m'occupe beaucoup en ce moment. J'attends une réponse d'une grosse importance et je me sens incapable de faire quoi que ce soit avant d'avoir conclu.

Gilbert m'affirme vous avoir écrit ces jours ci. Il est enchanté de son séjour à Vienne et attend avec impatience le moment d'y retourner.

---

202. Auteur de nombreux livrets d'ouvrages légers, Michel-Antoine Carré (1865-1945), fils de Michel Carré (1822-1872), coauteur du livret du *Faust* de Gounod notamment.

203. Ernest Van Dyck et Camille de Roddaz ont élaboré en commun un ballet en sept tableaux intitulé *Les Cinq Sens* (en allemand *Die fünfte Sinne*) qui, mis en musique par Josef Hellmesberger, sera monté à Vienne en octobre ou novembre 1893.

204. *Werther* sera créé à l'Opéra-Comique en janvier 1893. Voir lettre 79 et suivantes.

205. Voir lettre 15.

206. *Une maîtresse riche*, pièce écrite en collaboration avec Henri Cermoise, figurera au programme de la saison 1894-1895 du Théâtre royal du Parc de Bruxelles. Elle ne sera pas à l'affiche du Théâtre du Gymnase de Paris durant l'année 1893 comme annoncé par de Roddaz.

207. Adolphe d'Ennery (1811-1899), célèbre auteur en son temps de pièces mélodramatiques, fournit aussi des livrets dont celui du *Cid* (1885) de Massenet.

Ernest a-t-il fait quelque chose de nouveau ? Je ne sais pas du tout ce qu'il fait.

Les journaux ont depuis 15 jours annoncé officiellement *La Walkyrie* avec lui[208].

Si vous voyez ce bon Goldschmidt[209] dites-lui je vous prie que je m'occupe de son affaire, c'est-à-dire que presque chaque semaine je vois Mendès[210] que je pousse ferme. On attend la fin de sa traduction chez Charpentier l'éditeur qui s'est engagé vis-à-vis de moi de façon formelle, à avoir publié *Ghèa* en bonne saison c'est-à-dire dans la seconde quinzaine de janvier[211]. Je ne néglige rien pour obtenir ce résultat, dites-le-lui bien en lui faisant mes grandes et bonnes amitiés.

Aujourd'hui 4 novembre dîner de famille et d'amis, c'est l'anniversaire de notre mariage, deux ans ! Nous boirons tous à vous tous et nous vous embrassons de tout notre cœur.

Camille

77

Camille de Roddaz à Ernest Van Dyck

[papier à en-tête : « Paris 8, B d Bonne-Nouvelle »]
17 novembre 1892 *

Cher vieux,

Pas de photographies des Raukzan[212] !

J'ai couru partout ; finalement Bianchini[213] m'a promis de chercher à avoir un croquis des costumes, s'il y parvient je t'enverrai le croquis tout de suite.

Je travaille les *5 Sens* et j'attends ta réponse ;

Sous ce titre a été donné à l'Opéra de Paris en 1848 un ballet de Dumanoir et Mazilier, musique d'Adam[214].

Le scénario n'a aucun rapport avec ce que je fais, toutefois je te signale le fait.

---

208. Un entrefilet de *La Presse* du 24 octobre 1892 annonce : « C'est décidemment *La Walkyrie* qui sera représenté cet hiver à l'Opéra avec le ténor Van Dyck. » Ce dernier réalisera la création de *La Walkyrie* en français dans le rôle de Siegmund sous la direction d'Édouard Colonne le 12 mai 1893 ; il chantera le rôle dix-huit fois durant cette saison-là. Il aura pour partenaires Francisque Delmas (Wotan), Rose Caron (Sieglinde) et Lucienne Bréval (Brunehilde).

209. Adalbert von Goldschmidt (1848-1906), compositeur autrichien d'inspiration wagnérienne. Il fréquente Van Dyck à Vienne et lui a dédié plusieurs lieder. Rappelons qu'il est le traducteur allemand de *Mateo Falcone*.

210. Catulle Mendès (1841-1909), écrivain et journaliste, auteur de plusieurs livrets d'opéras dont *Gwendoline* (1886) de Chabrier, *Ariane* (1906) et *Bacchus* (1909) de Massenet.

211. *Ghèa*, « poème dramatique » d'Adalbert von Goldschmidt sera en effet « mis en français par Catulle Mendès », comme l'indique la page de titre de l'édition publiée par Charpentier l'année suivante.

* Autographe : Archives privées.

212. Les Rautkzan : couple non identifié.

213. Charles Bianchini (1860-1905), dessinateur de nombreux costumes pour l'Opéra ou l'Opéra-Comique notamment, réalise probablement ceux de *Werther* à Paris.

214. *Grisélidis ou les Cinq Sens*, ballet-pantomime de Dumanoir (pseudonyme de Philippe-François Pinel) et Joseph Mazilier, musique d'Adolphe Adam, créé à l'Opéra de Paris le 16 février 1848.

C'était un ballet en 3 actes et 5 tableaux. Le principal rôle GRISÉLIDIS a été dansé par Carlotta Grisi[215].

C'est vieux jeu naturellement mais pas mal du tout. Voici la distribution complète. Wladislas roi de Bohème, Mazilier[216]. Le Prince Elfrid, Petipa[217]. Jacobus, Berthier. Grisélidis, C. Grisi. Un ambassadeur, Lenfant. Hassan, gouverneur de Belgrade Momet[218].

1er tableau : la résidence royale à Prague

2e tableau L'Ouïe : une place de village.

3e tableau Le Toucher : les Jardins du Palais d'Hassan

4e tableau L'Odorat, le Goût : une forêt

5e tableau à Tassy : le Palais de l'Hospodar.

Sujet : Grisélidis aime le prince Elfrid et apparaît en paysanne au moment où il part épouser la fille de l'Hospodar de Modalvie. Elfrid, jusque là insensible à l'amour devient amoureux de Grisélidis qui le suit pendant le voyage et éveille peu à peu les cinq sens. Arrivé en Moldavie le prince amoureux fou de son inconnue va refuser de se marier lorsque la princesse se montre c'est Grisélidis elle-même ! Tu l'avais deviné ! c'est exactement Lalla Rouk retourné. Et voilà ! ! notre affaire ça ne sera pas ça du tout ! ...

Cependant cela mérite réflexion. Le titre est à tout le monde, notre histoire sera différente, la partie comique plus complète et surtout plus moderne ; mais, enfin réfléchis vois et réponds vite, car le temps presse d'après ce que tu dis.

Réponds aussi cher ami à une question concernant le côté sérieux de l'affaire, toujours pas de réponse de Carré pour *Mateo* cela me peine beaucoup car ce serait une très bonne affaire pour nous deux si on nous jouait ici !

Sois tranquille d'ailleurs je ne lâche pas pieds.

L'Écho de Paris va publier à propos de la première de *Werther* à l'Opéra-Comique[219] un formidable supplément contenant une interview de Massenet qui a, paraît-il, dit les choses les plus flatteuses sur nous deux à propos du *Carillon* et pour toi à propos de *Werther*[220].

On dit Bertrand très ennuyé et songeant à se retirer... il devrait bien nous signer un traité pour notre ballet avant de partir. Que se passe-t-il à propos de ton engagement ?

---

215. Carlotta Grisi (1819-1899), danseuse italienne, demeure une des interprètes majeures du ballet romantique.

216. Joseph Mazilier (1797-1868), danseur et chorégraphe français.

217. Lucien Petipa (1815-1898), danseur et chorégraphe français, est premier sujet du corps de ballet de l'Opéra de Paris en 1848.

218. Les danseurs Berthier, Lenfant et Momet n'ont pas été identifiés.

219. Après de multiples répétitions et péripéties, *Werther* est créé sans grand lendemain à l'Opéra-Comique, le 16 janvier 1893, avec Guillaume Ibos (1860-1952) dans le rôle-titre et Marie Delna en Charlotte.

220. Dans une « Conversation avec J. Massenet » (*L'Écho de Paris*, supplément gratuit, s.d.) recueillie par Robert Charvay, le compositeur se montre élogieux à l'égard de Van Dyck avant de confier : « Laissez-moi ajouter seulement que Van Dyck me donna la joie, à cette époque, de m'apporter en collaboration avec Camille de Roddaz, le scénario d'un tout gracieux ballet, *Le Carillon*, dont j'écrivis la musique et qui, depuis, n'a pas cessé d'être exécuté à Vienne avec le plus vif succès. »

Samson et Dalila succès médiocre (à la répétition générale)[221].
Vergnet pas mal
Deschamps sans charme[222]
Chœurs heu ! heu !
Orchestre oh ! oh !
La première est déjà remise à huit jours.
Et Coulon et l'Amérique tu dois avoir des nouvelles ?
Embrasse Augusta et les enfants de notre part à tous deux
À toi
Bien cordialement

Camille

78

Jules Massenet à Ernest Van Dyck

[Noël] 1892.*

Ah ! Cher ami, l'année qui va commencer m'apportera-t-elle l'équivalent du 16 et du 21 février 1892[223] ? J'en doute[224].

Aussi je veux que mon souvenir aille à vous en ces derniers jours de l'année pour vous remercier encore et toujours.

À votre chère et charmante femme, à vos enfants, et à vous
De tout cœur

J. Massenet

221. Créé à Weimar le 2 décembre 1877 sous la direction de Liszt, *Samson et Dalila* de Saint-Saëns ne sera donné en France qu'en 1890 au Théâtre des Arts de Rouen. Le projet de sa création au Palais Garnier, qui entra en concurrence avec celui d'*Hérodiade*, fut l'objet de tensions entre Massenet et Saint-Saëns, ce qui peut aussi expliquer le dédain affiché par Roddaz. Voir lettre 15.

222. Le ténor Edmond Vergnet (1850-1904) et la mezzo-soprano Blanche Deschamps-Jehin (1857-1923) tiennent respectivement les rôles de Samson et Dalila dans l'opéra de Saint-Saëns lors de sa création à l'Opéra de Paris, le 23 novembre 1892, sous la direction d'Édouard Colonne. Notons que Saint-Saëns lui-même n'était pas convaincu par l'interprétation de la cantatrice.

* Autographe : Archives privées.

223. Massenet rappelle ici les succès remportés à Vienne par les créations de *Werther* et du *Carillon*.

224. Les répétitions de *Werther* à l'Opéra-Comique sont émaillées de multiples problèmes en novembre avec, notamment, un changement incessant de distribution en raison d'indispositions répétées : le rôle de Werther passe ainsi successivement aux ténors Étienne Gibert et Delmas avant d'échoir à Guillaume Ibos.

79

Camille de Roddaz à Ernest Van Dyck

[papier à en-tête : « Paris 8, B d Bonne-Nouvelle »],
15 janvier 1893 *

Mon cher ami,

Je t'écris au sortir de la répétition générale de *Werther*.

Ibos[225] ! ... quel Werther.

Ah mon pauvre Ernest je te voyais... je n'insiste pas cela aurait l'air d'une comparaison et, vrai ce ne serait pas flatteur pour toi.

Delna[226] (Charlotte) fort belle voix, sauf quand elle appuie trop dans le grave, joue bien, mais trop grasse, trop gracieuse de plus mal conseillée par Carvalho[227] qui impose ses idées et veut être obéi même pour les moindres détails. Il a abruti cette malheureuse qui aurait mieux joué si on l'avait laissé faire.

Enfin Bien Delna.

Bouvet[228], Albert admirable un vrai artiste celui-là. Il a fait un Albert des plus intéressants pas brutal au contraire sympathique et simple. Et quelle voix ! très bien Bouvet.

Je l'avais applaudi dernièrement dans Alfio de *Cavalleria*[229] : c'est un artiste.

Sophie (Mlle Laisné)[230] qui sort du Conservatoire tout à fait très bien, jolie voix et un charme d'enfant irrésistible.

Le reste décors orchestre etc.... ignoble !

Le bon Fourcaud[231], image de la presse béotienne, très mécontent.

---

* Autographe : Archives privées.

225. Massenet éprouvera des difficultés pour trouver un interprète idéal du rôle-titre de son opéra à la salle Favart avant 1903, date à laquelle Léon Beyle impose l'ouvrage au répertoire. Après plusieurs défections, Guillaume Ibos est retenu mais sans conviction. Après ses débuts en 1885 à l'Opéra de Paris, ce ténor se produit notamment à l'Opéra-Comique, à Bruxelles, où il chante Roland dans *Esclarmonde* en 1889, puis à Madrid et à Monte Carlo.

226. Marie Delna (1875-1932) s'impose salle Favart l'année précédente à l'âge de 17 ans dans le rôle de Didon. Peu auparavant, lors d'une soirée chez Alphonse Daudet, Massenet aurait été subjugué par sa voix au point de la solliciter pour la création parisienne de Charlotte. La cantatrice, rapidement considérée comme une des plus grandes interprètes de son temps, a laissé un enregistrement de l'air des larmes pour Pathé en 1903-1904 et une version écourtée de l'air des lettres pour ce même éditeur en 1907.

227. Léon Carvalho (1825-1897) exerce sa seconde direction de l'Opéra-Comique de 1891 à sa mort en décembre 1897.

228. Le baryton Maximilien-Nicolas (dit Max) Bouvet (1854-1943) a débuté en 1877 au Théâtre royal de Liège. Sept ans plus tard, il entame une brillante carrière à l'Opéra-Comique où il participe aux créations du *Roi malgré lui* (1887) d'Emmanuel Chabrier, du *Roi d'Ys* (1888) d'Édouard Lalo, d'*Esclarmonde* (1889) de Massenet et du *Rêve* (1891) d'Alfred Bruneau notamment.

229. Après sa création triomphale en italien en 1890, *Cavalleria rusticana* de Pietro Mascagni rencontre un immense succès en 1892 lors de ses premières représentations à l'Opéra-Comique avec Emma Calvé notamment.

230. Élève de Taskin, la soprano Jeanne Laisné (1870- ?) fait ses débuts à l'Opéra-Comique en 1893 dans le rôle de Sophie de *Werther*. Elle participera aux créations de *L'Attaque du moulin* (1893) de Bruneau et du *Portrait de Manon* (1894) de Massenet.

231. Louis de Fourcaud (1851-1914), historien d'art et critique musical réputé au *Gaulois* de 1876 à sa mort.

Le premier acte où il y a vraiment de jolies choses n'a pas trouvé grâce devant lui. Il m'a concédé que c'était le moins mauvais et encore je n'ai obtenu cela qu'à grand peine.

La presse sera mauvaise je le crains.

Silas était dans la salle il applaudissait à tout rompre son ami Machinskoff comme il appelait Massenet à Vienne, passé minuit.

Merci pour *Le Barbier de Bagdad*[232]. Mais... *Amours fidèles*. Ah je suis désolé tu sais bien que cela a été traduit en allemand par le caissier des de Noville et remis à Strauss[233]. Le manuscrit français était dans ta bibliothèque il est peut-être fourré dans un autre manuscrit de ballet. Je t'en supplie mon vieux fais traduire télégraphiquement le manuscrit que te rendra Strauss... nous allons manquer cette affaire certainement et on n'en fait pas assez souvent. Je compte absolument sur toi.

J'attends ta lettre annoncée par ta dépêche... alors *Mateo* le 2 février sans remise... as-tu traité avec un éditeur ? Je crois qu'il vaudra mieux ne pas faire imprimer pour éviter qu'on nous chipe.

Je t'enverrai mardi les suppléments de *L'Écho de Paris*[234] et du *Journal*[235] à propos de *Werther*.

Céleste et moi nous vous embrassons bien tous les quatre.

[Camille]

80

Camille de Roddaz à Ernest Van Dyck

[papier à en-tête : « Paris 8, Bd Bonne-Nouvelle »]
17 janvier 1893 *

Mon cher ami,

Merci pour ta bonne lettre.

Dis à Strauss que tu montreras très prochainement son scénario. J'ai ébauché quelque chose il y a longtemps déjà mais c'était fort incomplet et j'ai été obligé de lâcher pour me mettre à autre chose de plus pressé... Je vais bientôt reprendre le travail et te l'envoyer. Sois tranquille.

Quant à la légende autrichienne (autrichienne ou hongroise ou bohémienne ou tyrolienne Je veux dire faut-il qu'elle soit absolument autrichienne) je vais y penser. Je suis très [heureux] d'apprendre que le manuscrit d'*Amours fidèles* va m'être expédié.

---

232. L'opéra de Cornelius, créé à Weimar en 1858, sera donné en complément du *Carillon* lors des premières représentations à Vienne du ballet de Massenet, Van Dyck et Roddaz.

233. Johann Strauss (1825-1899), qui assista à la première de *Werther*, occupe une place éminente dans le milieu musical viennois. Le projet *Amours fidèles* de Van Dyck et Roddaz ne semble pas avoir abouti.

234. Voir lettre 77.

235. *Le Journal* publie un supplément de quatre pages richement illustrées où sont présentées l'œuvre et la carrière de Massenet, et retrace la création de l'œuvre à Vienne ainsi que les préparatifs de sa création parisienne. On y trouve notamment une photographie de Van Dyck.

* Autographe : Archives privées.

J'en ai grand besoin pour cette affaire...

Pourvu qu'il ne soit pas trop tard.

Hier première de *Werther*. Je t'envoie les journaux. Fourcaud tout vinaigre mais avec des remarques fort justes[236], Darcours enthousiaste[237]... Bauer est à Alger pas de compte rendu à l'*Écho*[238].

Ibos a plus chanté hier que samedi mais ce n'est pas beaucoup mieux.

Delna BIEN

Laisné bien.

Bouvet très bien.

Voici aussi les suppléments annoncés : JOURNAL *ÉCHO DE PARIS*

On jouait à l'Opéra hier *Le Cid*[239]. Massenet n'est pas venu à l'Opéra-Comique, ou il est venu fort tard, je n'ai pu l'attendre, il faisait un temps affreux, les voitures étaient rares. Je suis rentrée en compagnie d'un bon cocher qui a bien voulu m'emmener moyennant cent sous, à cause du supplément de neige m'a-t-il dit.

La *Deutsch[e] Zeitung* publie une note sur moi dans son n° daté du 13 janvier[240]. Sous la signature d'Hermann Bahr[241] que j'ai eu le plaisir d'avoir à déjeuner ici, envoyé par Goldschmitt, l'as-tu lue ?

Et les petites ? où en est la rougeole, bien n'est-ce pas ?

Et Augusta je voudrais bien l'embrasser et Céleste meurt d'envie de la voir. Un peu fatiguée Céleste rien de grave, mais besoin de repos.

Parfait ton petit changement mais par quoi remplacer ce tableau de l'odorat comique en opposition avec l'odorat poëtique qui précède[242] ?

O ! Jahn, sois nous propice ! Non je ne verrai pas *Mateo* cette année du moins, évidemment cela m'est fort désagréable mais il faut compter... la première des *Cinq Sens* nous récompensera car Céleste viendra, dussions-nous faire le voyage à pieds.

---

236. Dans sa chronique musicale du *Gaulois*, publiée le 17 janvier 1893, Fourcaud écrit : « M. Massenet, l'un des artistes les mieux doués du monde, a dès longtemps perdu l'habitude de la simplicité. L'affectation lui est devenue naturelle. Je ne lui reproche plus de manquer de sincérité. Chercher l'effet à tout prix est sa façon d'être sincère. [...] Ah ! si le compositeur, avec le grand talent qu'il possède, pouvait, un beau jour, se recueillir et méditer sur cette unité dont il semble avoir rêvé ici ! Peut-être renoncerait-il à ses appels à l'applaudissement, à ses combinaisons factices, à son immodéré désir du succès. »

237. Charles Darcours apprécie, dans *Le Figaro* du 17 janvier 1893, « une partition qui fourmille d'inspirations heureuses, d'envolées superbes, et dont la haute conception se développe avec des éléments d'une puissance inconnue jusqu'à ce jour dans l'œuvre de M. Massenet. »

238. Fils illégitime d'Alexandre Dumas, Henry Bauer signe de nombreux articles à *L'Écho de Paris*. Un compte rendu favorable de la création, signé « Intérim », est publié le 18 janvier 1893.

239. Conformément à ses habitudes, Massenet n'assiste pas à la première de *Werther*, mais peut-être à une reprise triomphale au Palais Garnier du *Cid*, avec notamment Albert Saléza (Le Cid) et Rose Caron (Chimène).

240. Le célèbre critique viennois a recueilli l'avis de Roddaz sur le scandale de Panama, la presse et la « crise théâtrale » qui affecterait les salles parisiennes selon le quotidien *Paris*, auteur d'une enquête menée à la fin de l'année précédente. Roddaz se montre critique envers la presse française et minimise la « crise théâtrale » pour au contraire fustiger l'école symboliste et ses Décadents. Voir « Panama. 3. Zickzack », *Deutsche Zeitung*, n° 7559, 13 janvier 1893.

241. Hermann Bahr (1863-1934), critique, essayiste et romancier autrichien, occupe une place éminente dans la vie culturelle viennoise au tournant des XIXe et XXe siècles.

242. Allusion aux *Cinq Sens*.

Je n'ai pas revu Coulon mais je le verrai, je t'approuve, prends bien les renseignements avant de risquer 3 000. Pauvre homme ! Ah je me doute bien que tu l'as aidé.

Nous vous embrassons tous.

Ton ami Camille

81

Jules Massenet à Ernest Van Dyck

Bruxelles, 19 janvier 1893 *

Cher ami,

J'ai quitté Paris au lendemain matin de la 1re de *Werther* et de la reprise du *Cid* à l'Opéra.

On m'écrit que tout a bien marché. TANT MIEUX !

Mais j'ai si grand plaisir à penser encore plus à vous & à Vienne. Il me semble que, après le succès de Paris, je serais très ingrat en ne vous envoyant pas ces mots ! !

Quel plaisir vous me causez en m'annonçant *Werther* pour tel ou tel jour !

Certes oui ce serait beau, cette combinaison du *Roi de Lahore*[243]. Trop beau... pour moi.

En ce moment, je suis ici pour *Werther* mais demain je répète à Anvers[244].

Le Carillon est en répétition m'écrit-on.

Donc, cher collaborateur & ami je vous quitte en vous remerciant de votre bonne lettre et en vous priant de dire au Baron de Rothschild[245] que son protégé n'a qu'à me venir voir chez Heugel – que je lui serai tout dévoué.

À Madame Van Dyck mes plus affectueux hommages et tout à vous de cœur.

J. Massenet

Pouvez-vous me dire combien nous avons de *Manon* (en tout) de *Werther* et du *Carillon*, depuis la 1re ?

Je serai de retour à Paris bientôt.

---

* Autographe : Archives privées. Lettre publiée par Henri de Curzon dans *Le Ménestrel*, 89e année, no 7, 18 février 1927, p. 69.

243. Voir aussi la lettre 89 du 18 novembre 1893. Ce projet ne semble pas avoir abouti.

244. Massenet supervise les dernières répétitions de *Werther* au Théâtre de la Monnaie à Bruxelles, où l'ouvrage est créé le 24 janvier 1893 avec le ténor Julien Leprestre dans le rôle-titre, puis, trois jours plus tard, au Théâtre royal d'Anvers.

245. Il est malaisé d'identifier lequel des financiers Rothschild est mentionné dans cette lettre. S'agit-il d'un des banquiers de la branche française ? Parmi les correspondants d'Ernest Van Dyck se trouvent deux personnalités avec ce patronyme : d'une part, le banquier Alfred Rothschild, habitant au 126 Harley Street West à Londres qui lui écrit en allemand en 1891 et, d'autre part, le collectionneur d'art Ferdinand de Rothschild au 143 Piccadilly à Londres qui lui écrit en français l'année suivante. Tout deux font allusion à une soirée musicale londonienne. Rien n'indique qu'il s'agit de l'un d'entre eux ici à Paris.

82

Jules Massenet à Ernest Van Dyck

Paris, 27 février 1893 *

Ah ! cher ami qu'il y a de temps que je ne vous ai écrit !

J'ai reçu vos félicitations si bonnes au lendemain de la 1re de Paris et je devais chaque jour vous en remercier[246]... !

Chaque jour je changeais de pays, d'hôtel, de théâtre ... depuis 5 semaines je n'ai pu rester en place[247].

Notre ouvrage a été joué sur tant de scènes depuis le 16 janvier.

Mais ... le 16 février, j'ai pensé à cette date ! ! comme je n'oublie pas le 30 novembre et le 21 fév[rier][248].

Vous voyez que nos premières me sont chères !

J'ai su que ce mois-ci encore on avait donné une fois *Werther* à Vienne[249] ; cela m'est toujours un grand plaisir et j'avoue que je suis très fier des représentations de Vienne ! je les compte !

Vous, vous allez venir à Paris en avril[250], si les journaux disent vrai.

Il se peut que j'aille avec ma femme en voyage dans le courant d'avril[251], mais comme vous êtes parisien pendant 3 mois, vous n'aurez que ce que vous méritez si je vous vois souvent !

Tous mes affectionnés souvenirs à Madame Van Dyck et à vous de fidèle & solide amitié

J. Massenet

Je passe 4 jours (de fête) à Anvers fin mars[252].

---

* Autographe : Archives privées.

246. Massenet fait bien entendu allusion à la première de *Werther* à Paris, à l'Opéra-Comique, le 16 janvier 1893. La première en français avait eu lieu quinze jours auparavant à Genève, le 27 décembre 1892.

247. *Le Ménestrel* du 5 février 1893 (« Nouvelles diverses », 59e année, n° 6, p. 48) informe en effet ses lecteurs : « À peine de retour de Bruxelles et d'Anvers, M. Massenet est reparti pour Nice et Lyon, où il va également présider aux dernières répétitions de *Werther*. » Le drame lyrique sera créé à Nice, le 13 février, avec Sibyl Sanderson et Émile Cossira (voir lettre 74), puis à Lyon, le 17 février, avec M. Dupuis et Mme Fierens. De retour dans la Capitale, Massenet supervise les répétitions et la création de *Kassya* (24 mars 1893), opéra inachevé de Léo Delibes pour lequel il a notamment substitué des récitatifs aux dialogues parlés.

248. Massenet fait allusion aux dates de création, à Vienne, de *Werther*, *Manon*, (le 19 et non le 30 novembre 1890) et du *Carillon*.

249. En fait, *Werther* a été donné deux fois à Vienne depuis le début de l'année : les 13 janvier et 11 février ; Van Dyck le chantera encore une troisième fois le 6 mars suivant.

250. Ernest Van Dyck sera présent à Paris du 23 mars au 30 juin 1893 pour participer aux Concerts Lamoureux (concerts des 25 et 31 mars) et pour chanter *Lohengrin* (trois fois) et *La Walkyrie* (18 fois) à l'Opéra. Ses deux prestations aux Concerts Lamoureux lui rapportent 5000 francs, tandis que chacune de ses soirées à l'Opéra lui sont payées 2000 francs.

251. En mai 1893, Massenet effectue un long séjour dans le sud de la France (Marseille, Arles, Lyon, Roanne, Vichy, Tamaris-sur-mer puis Néris-les-Bains) où il achève l'orchestration du *Portrait de Manon*.

252. *Le Ménestrel* signale dans son numéro du 2 avril 1894 (59e année, n° 14, p. 111) : « M. Massenet est de retour à Paris. Il a passé huit jours à Anvers au milieu de fêtes musicales données un peu partout en son honneur. À la Grande Harmonie, grand festival qu'il a dirigé au milieu d'ovations enthousiastes. Au théâtre, cela a été un cycle presque complet de ses œuvres : *Werther*, *Manon*, *Hérodiade*, *Le Cid* (avec Albert Saléza), se sont

83

Jules Massenet à Ernest Van Dyck

15 avril 1893 *

Cher ami,

Je veux que vous disiez à Madame Van Dyck que ma pensée est avec elle dans ces jours douloureux[253] !...

Avec les événements politiques en Belgique[254]... quel cruel séjour pour votre charmante femme car je la suppose auprès de son frère à Bruxelles...

Il me tarde de vous voir, cher ami, pour vous exprimer tous mes sentiments !

À Madame Van Dyck, à vous, de grande affection

J. Massenet

J'exprime à mon cher confrère et ami Servais[255] ma plus profonde sympathie.

Vous savez que j'avais été présenté, il y a quelques années, à Madame Servais !

84

Jules Massenet à Ernest Van Dyck

dimanche [avril 1893] **

Cher grand ami,

C'est tout simplement une abomination qui a été commise par l'Hôtel des deux mondes. Je suis allé 2 fois vous voir – on a gardé ma carte et ce qui était écrit dessus, puis, je vous ai écrit au lendemain du deuil de Madame Van Dyck ; encore une autre fois après votre rentrée triomphale à l'Opéra[256].

---

succédé sur l'affiche sans interruption. En revenant, M. Massenet s'est arrêté à Lille, où il a assisté à une très belle exécution de *Marie-Magdeleine*, dirigée par M. Paul Viardot. »

* Autographe : Archives privées.

253. Le 14 avril 1893, Augusta Van Dyck perd sa mère, Sophie Feygin (Saint-Pétersbourg, 1/13 janvier 1820 – Ixelles, 14 avril 1893), veuve du célèbre violoncelliste Adrien-François Servais.

254. Émeutes de rue et grève générale vont entraîner la première grande révision de la Constitution belge et la suppression du système de vote censitaire.

255. Le chef d'orchestre Franz Servais (voir illustration 5) est le frère d'Augusta Van Dyck. Massenet l'avait rencontré à Bruxelles en novembre 1890. Voir lettre 2.

** Autographe : Archives privées.

256. Le 17 avril 1893, Van Dyck « fait une rentrée triomphale [au Palais Garnier] dans le rôle de Lohengrin. L'éminent artiste donne de l'œuvre de Wagner une interprétation d'un superbe caractère et qui diffère sensiblement de celle des autres chanteurs qui ont abordé ce rôle à Paris : M. Van Dyck possède le haut style spécial à cette musique et il est le chanteur wagnérien par excellence : son succès a été énorme ». Voir Édouard Noël et Edmond Stoullig, *Les Annales du théâtre et de la musique : Année 1893*, Paris, Charpentier, 1894, p. 10.

Alors, rien de tout cela ne vous a été adressé ?

Je suis très sensible à votre charmante lettre et sans l'ami de Roddaz, vous ne sauriez pas combien j'ai pensé à vous et aux vôtres !

À vous, de tout cœur

J. Massenet

J'irai vous voir ; vous avez trop à faire pour perdre un instant.

85

Jules Massenet à Ernest Van Dyck

[carte-télégramme datée de « Paris, 10 mai 1893 »] *[257]

Cher grand ami,

Quel admirable artiste vous êtes ! … quels succès encore pour vous[258] ! …

Je quitte Paris pour quelques jours[259]… donc, à bientôt & tous mes affectionnés souvenirs à Madame Van Dyck qui doit être présente à votre triomphe.

Merci encore de la bonne réunion de l'autre matin[260].

J. Massenet

86

Jules Massenet à Ernest Van Dyck

Paris, 28 juin 1893 **

Cher ami et collaborateur,

Voici la lettre[261].

Si elle vous convient faites la parvenir DE SUITE soit en la faisant remettre, soit en la confiant à la poste ?

Je veux le succès de cette démarche qui est une justice à vous rendre dans notre pays[262].

---

* Autographe : Archives privées.

257. Télégramme adressé à Van Dyck, 22 avenue Kléber. Le chanteur y loue un appartement durant son séjour à Paris, après être descendu quelques jours à l'Hôtel des deux mondes.

258. Massenet a très vraisemblablement assisté à la répétition générale à l'Opéra de *La Walkyrie*, le 9 mai 1893 ; la création française prend place le 12 mai sous la direction d'Édouard Colonne. Van Dyck interprétera le rôle de Siegmund dix-huit fois cette saison-là.

259. Voir lettre 82.

260. L'objet de cette réunion n'a pas été identifié.

** Autographe : Archives privées.

261. Aucune lettre ni brouillon de lettre n'est jointe à cette lettre-ci.

262. Massenet a sans doute soutenu une démarche de Van Dyck. Le 17 janvier 1894, le ténor sera nommé Officier de l'Instruction publique par le ministère de l'Instruction publique, des Beaux-arts et des Cultes.

Vous êtes trop habitué au succès pour que nous ne réussissions pas cette fois encore !
À vous, de tout cœur

J. Massenet

87

Jules Massenet à Ernest Van Dyck

Paris, 5 novembre 1893 *

Cher grand ami,

Votre lettre a été un bonheur pour moi. Merci.

Parlons d'abord de votre nouvel ouvrage : les renseignements seront exacts maintenant.

Passons au *Carillon* : si vous L'ÉCRIVEZ DE SUITE (je pars samedi soir 11 nov.[embre] p[ou]r le Midi avec ma femme)[263]. Heugel enverra à Vienne (à votre nom) la partition et les parties d'orchestre d'un GRAND ballabile dont on pourra exécuter soit des fragments soit tout[264] !

ENTRE NOUS c'est le ballet du *Mage* dont nous profiterions car il y a beaucoup d'entrain de sonorité dans l'instrumentation. Croyez-moi !

Il y aura aussi 2 exemplaires pour piano.

Heugel se figurait qu'il devait payer la prime de la 30e de *Werther*. Aussi lui ai-je montré le chiffre 27 avec certitude d'après votre lettre.

C'est déjà un beau chiffre ! grâce à vous ! ! !

À la hâte, aujourd'hui. Nous parlons affaires. Il faut que *Le Carillon* repique !...

À vous de cœur

Massenet

---

*Autographe : Archives privées. Lettre partiellement publiée par Henri de Curzon dans *Le Ménestrel*, 89e année, no 7, 18 février 1927, p. 70.

263. Le compositeur y composera *La Navarraise* que Van Dyck crée à Vienne en 1895 (voir lettre 97).

264. Les Archives privées de Van Dyck, restées jusqu'à aujourd'hui encore dans la famille de ses descendants, conservent un exemplaire de la partition d'orchestre du ballet du *Mage*, lequel fut peut-être intégré au *Carillon* pour enrichir les parties dansées d'une partition trop dévouée à la pantomime selon certains. Voir annexe 5 : liste des partitions de Massenet conservées dans les archives Ernest Van Dyck.

88

Jules Massenet à Ernest Van Dyck

[novembre 1893],
« de passage en Avignon (midi !) » *

Cher grand ami,

Par le plus heureux hasard, le « fidèle Jean[265] » qui a reconnu le timbre de « Vienne » a eu l'idée de m'envoyer votre lettre. Car nous sommes dans le Midi. Nous voyageons et le courrier... court après vous plus souvent qu'il ne nous rencontre !

Je vous réponds : Il est bien vrai que MM. Abbey et Grau ont traité de *Werther* pour l'Amérique, avec l'idée de faire jouer le rôle à Jean de Reszké, mais sans en avoir eux-mêmes la certitude, à ce point qu'ils ont mis dans le traité fait avec Heugel cette clause qu'au cas où ils ne joueraient pas l'ouvrage, les sommes versées par eux à l'avance leur seraient restituées.

Donc, du côté de l'Amérique même, rien de certain[266].

En ce qui concerne l'Angleterre, aucune espèce d'ouverture n'a été faite par Sir Augustus Harris[267], et je ne crois pas qu'il ait du tout l'intention de représenter *Werther*[268].

Dans ces conditions, il est bien difficile d'écrire à un directeur qui ne demande rien et d'avoir l'air de lui offrir sa « marchandise » ! ... Quand Harris demandera l'ouvrage – ce qui est improbable – il sera temps d'aviser.

Combien je suis touché de votre pensée et combien je suis à vous de grande et fidèle amitié

Massenet

Je vais écrire à M. Jahn.
Tous nos souvenirs à Madame Van Dyck.

---

* Autographe : Archives privées.

265. Massenet fait allusion à son valet, Jean, mais peut-être aussi au héros de son opéra *Hérodiade* ou à Jean de Leyde du *Prophète* de Meyerbeer

266. Avec Emma Eames (Charlotte), Jean de Reszké interprétera avec succès le rôle de Werther à Chicago et New York en mars et avril 1894.

267. Sir Augustus Harris (Henry Glossop) (1852-1896), dirige avec succès le Théâtre du Covent Garden de 1888 jusqu'à sa mort. Il y donnera notamment la *Tétralogie* sous la direction de Gustave Mahler en 1892.

268. Le drame lyrique, donné dans sa version française, connaît une chute retentissante à Covent Garden, le 11 juin 1894, malgré la présence de Jean de Reszké qui avait imposé de chanter l'ouvrage dans lequel il avait triomphé en Amérique. Il ne sera pas repris avant 1979 et donc jamais affiché avec Ernest Van Dyck. Seule *Manon* figurera à son répertoire lors des saisons londoniennes de 1891, 1892 et 1897. Voir annexe 4 : liste des œuvres de Massenet chantées par Van Dyck.

89

Jules Massenet à Wilhelm Jahn

« dans le midi en voyage » / 18 novembre 1893 *

Cher grand maître et ami,

Je suis si touché de votre fidèle intérêt pour nos ouvrages qu'il m'est bien cher de vous écrire ces mots de souvenir et de reconnaissance.

J'apprends que vous songez au *Carillon* & peut-être… pour un jour lointain encore sans doute… au *Roi de Lahore* avec M.M. Van Dyck et Reichmann[269].

Et vous n'oubliez ni *Manon*, ni *Werther* ! …

Je suis fier et ému de tout ce que vous faites pour votre bien affectionné

Massenet

À vous cher grand maître tous mes hommages et ma gratitude.

90

Jules Massenet à Ernest Van Dyck

Paris, 31 décembre 1893 **

À Vous, cher grand ami,
À Madame Van Dÿck,
Mes plus affectionnés souvenirs & souhaits !

Massenet

* Autographe : Yale University, Beinecke Rare Book and Manuscript Library, Gen Mss Music Misc.

269. Après ses débuts en 1869, le baryton allemand Theodor Reichmann (1849-1903) s'illustre aussi bien dans le répertoire wagnérien (il crée le rôle d'Amfortas dans *Parsifal* en 1882 et chante Wotan à Londres sous la direction de Mahler en 1892) que dans Verdi, créant notamment le rôle d'Iago à Vienne en 1888. Il se produit régulièrement dans cette ville de 1883 à 1889, puis de 1893 à sa mort. Van Dyck et Reichmann ont souvent partagé la même distribution, notamment dans *Parsifal* à Bayreuth en 1888, dans *Lohengrin* à Vienne l'année suivante.

** Autographe : Archives privées.

91

Jules Massenet à Ernest Van Dyck

Paris, 4 janvier 1894 *

Cher ami,

Ah ! cher ami, quelle faveur inespérée que celle de vous posséder à l'Opéra-Comique et comme je sauterais dessus (et de joie !) si j'étais directeur.

Je vais voir M. Carvalho [270] et je sais qu'il va être si flatté de cet espoir.

Il y aura bien une difficulté : trouver une Manon et une Charlotte !...

Nos deux ouvrages sont arrêtés... faute d'artistes pour ces deux rôles [271].

Enfin, ce qui me touche c'est que vous pensez à votre vieil ami et pour moi cela est un profond contentement.

Merci de m'avoir répondu si vite & si affectueusement.

Tout à vous

Massenet

P.-S. Votre lettre n'a été lue que par moi & elle n'est plus.

92

Jules Massenet à Ernest Van Dyck

Paris, 24 janvier 1894 **

Cher grand ami,

J'ai besoin de vous écrire quelques mots de souvenir. Ah! Vienne me manque beaucoup et je me rappelle avec trop de plaisir le temps des études du *Carillon* & de *Werther* sans le regretter plus souvent « qu'à son tour » comme dit la chanson !

---

* Autographe : Archives privées. Lettre publiée par Henri de Curzon dans *Le Ménestrel*, 89ᵉ année, n° 7, 18 février 1927, p. 70.

270. Van Dyck ne chantera pas à l'Opéra-Comique sous la seconde direction (1891-1897) de Léon Carvalho avec lequel il semble n'avoir jamais trouvé un terrain d'entente. Comme bien souvent, il s'agit d'un projet qui avortera.

271. Suite au départ de Sibyl Sanderson pour l'Opéra, où elle crée le rôle de Thaïs en mars 1894, les représentations de *Manon* sont en effet suspendues. Quant à *Werther*, la distribution du rôle titre pose toujours un problème.

** Autographe : Morlanwelz, Musée royal de Mariemont. Lettre publiée dans *400 Lettres de musiciens au Musée royal de Mariemont*, Malou Haine (éd.), Liège, Mardaga, 1995, p. 479-480. Cette lettre, offerte par Augusta Van Dyck à son amie Mary Warocqué pour son fils Raoul (1870-1917), collectionneur d'autographes, est aujourd'hui conservée parmi les archives et objets d'art légués à l'État belge en 1917 ainsi que leur château, transformé ensuite en musée.

Je suis passé une semaine dans votre pays (*Magdeleine*[272] / Tournai[273], *La Vierge*[274] / Namur[275]) à un concert à Bruxelles[276]. Puis je rentre pour les répétitions à orchestre de *Thaïs*[277].

Et voilà que malgré tout cela ma pensée est à Vienne !

À Madame Van Dyck à vos enfants, à vous de tout mon cœur,

J. Massenet

93

Jules Massenet à Ernest Van Dyck

Paris, 16 février 1894 *

Il y a deux ans déjà de cette première[278] !

Ah ! cher ami, j'étais plus heureux qu'aujourd'hui.

D'abord voilà quelques jours que je suis enfermé dans ma chambre – une petite bronchite.

J'ai écrit à Carvalho ne pouvant sortir. Il ne m'a pas encore répondu ? Il attend que je vienne au théâtre alors ?

---

272. Drame sacré en trois actes sur un livret de Louis Gallet, *Marie-Magdeleine* de Massenet avait été créé au Théâtre de l'Odéon à Paris le 11 avril 1873 avec Pauline Viardot dans le rôle principal. Édouard Colonne dirigeait le Concert national. C'est par cet ouvrage que Massenet s'est fait connaître auprès du public parisien.

273. Au début de février 1894, Massenet sera en effet à Tournai pour un festival organisé en son honneur par la Société de musique de la ville, présidée par Alphonse Stiénon du Pré. Massenet dirige les dernières répétitions du concert annuel de la Société qui programme son oratorio *Marie-Magdeleine*. En présence du prince Albert, l'orchestre de trois cents choristes sera dirigé par M. Loose ; les interprètes principaux sont la mezzo Esther Sidner (Marie-Magdeleine), le ténor Fritz Warmbrodt (Jésus), Rachel Neyt (Marthe) et Désiré Demest (Judas).

274. *La Vierge*, légende sacrée en quatre actes de Massenet écrite sur un texte de Charles Grandmougin, fut créée à l'Opéra de Paris, le 22 mai 1880, avec Gabrielle Krauss dans le rôle-titre.

275. Namur avait déjà organisé un festival Massenet au début des années 1880. En février 1894, le Cercle de Progrès de Namur (présidé par J. Rossel) organise un nouveau festival Massenet et met au programme l'ouverture *Phèdre* et la légende sacrée *La Vierge*. Les répétitions ont été préparées par Charles Hemleb, mais c'est le compositeur lui-même qui dirigera ce festival réunissant cinq cents exécutants. La soirée sera un véritable triomphe tant pour le compositeur que pour les interprètes, notamment Esther Sidner (la Vierge), Mme Van Hove (archange Gabriel), la basse Pieltain et J. Richard (violoncelle solo).

276. Selon *Le Ménestrel* (60e année, n° 3, 21 janvier 1894, p. 24), Massenet devait accompagner au piano, le 29 janvier 1894, des artistes interprétant certaines de ses mélodies lors d'un « concert organisé par la Société protectrice des Enfants martyrs au profit de son asile [...], dans la grande salle de la Grande Harmonie. » L'événement fut cependant reporté au mois de mars (voir *Le Ménestrel*, 60e année, n° 5, 4 février 1894, p. 38), mais probablement sans le compositeur, accaparé par les préparatifs de la création de *Thaïs* à l'Opéra.

277. *Thaïs*, comédie lyrique en trois actes et sept tableaux de Massenet sur un poème de Louis Gallet d'après le roman d'Anatole France, sera créée à l'Opéra de Paris le 16 mars 1894 sous la baguette de Paul Taffanel. Les principaux rôles seront interprétés par Jean-François Delmas (Athanaël), Albert Alvarez (Nicias), François Delpouget (Palémon), Sibyl Sanderson (Thaïs), Jeanne Marcy (Crobyle), Meyrianne Heglon (Myrtale), Laure Beauvaix (Albine).

* Autographe : Archives privées.

278. Massenet fait allusion à la première de *Werther* à Vienne.

Tout cela retarde une réponse que je désire[279].
Voilà le meilleur moment de ma journée passée à vous écrire
Souvenir affectionnés

Massenet

94

Jules Massenet à Wilhelm Jahn

Paris, 20 avril 1894*

Cher Maître,

Voulez-vous me permettre de vous présenter M. Vianesi[280] qui fut l'un des plus admirés chefs d'orchestre de l'Opéra à Paris.

Je sais que la faveur d'être reçu par vous est grande et je vous remercie de l'honneur de votre accueil.

Votre affectionné

Massenet

95

Jules Massenet à Ernest Van Dyck

Paris, 17 mai 1894**

Cher grand ami,

À demain matin plutôt à 11 h 45, qu'à 11 h 30.

Il paraît que s'il y a séance à l'Institut à 1 heure, j'ai une répétition jusqu'à 11 h ½ !

Belle soirée encore et toujours pour vous hier soir à l'Opéra[281]. Ce sera splendide aussi samedi !

Ma femme vous envoie son meilleur souvenir
et moi, tout à vous !

Massenet

---

279. De nouvelles négociations avec Carvalho vont échouer, *Le Ménestrel* écrivant dans son numéro du 25 février 1894 (« Nouvelles diverses », 60e année, n° 8) : « Le ténor Van Dyck a traversé Paris cette semaine. Il y est resté tout juste le temps de s'entendre avec les directeurs de l'Opéra pour venir chanter en avril la centième représentation de *Lohengrin*. Il était disposé aussi à donner à l'Opéra-Comique des représentations de *Werther* et de *Manon*, ses deux grands succès de l'Opéra impérial de Vienne. Mais M. Carvalho, qui n'aime pas les bonnes affaires, a fait la sourde oreille ».

* Autographe : Washington, DC, Georgetown University Library, Special Collections Research Center, *The Leon Robbin Collection*.

280. Chef d'orchestre à l'Opéra de Paris entre 1887 et 1891, Auguste Vianesi dirigea notamment les premières représentations du *Mage* en 1891 puis de *Werther* à Nice en 1893.

** Autographe : Archives privées.

281. Ernest Van Dyck est de nouveau à Paris pour une saison à l'Opéra où il chante *Lohengrin*.

96

Jules Massenet à Ernest Van Dyck

[papier à en-tête : « Le Murier / Pont-de-l'Arche (Eure)[282] »],
17 août 1894*

Cher grand ami,

Vous triomphez à Bayreuth en ce moment[283], mais ce ne sont pas seulement vos grands succès qui me font penser à vous et si je vous écris, c'est pour le plaisir de venir causer avec vous un instant !

Quand nous retrouverons-nous, à Vienne, à Paris, à ... ? ! ! !

Quel théâtre nous réunira-t-il encore une fois dans la vie ?

J'ai voulu, en vous écrivant, vous rappeler que j'ai pour vous une amitié fidèle et reconnaissante.

À vous, de tout cœur

Massenet

Nos plus chers souvenirs à votre charmante femme.

J'ai passé l'été, chez moi, à la campagne[284]. Ma femme, ma fille, son mari, les enfants. Ah ! que c'était un bon temps – et quelles calmes heures de travail.

97

Jules Massenet à Ernest Van Dyck

Paris, 5 septembre 1894**

Je suis venu passer 48 heures à Paris pour suivre quelques répétitions à l'Opéra-Comique[285].

Je trouve votre chère réponse qui me cause une profonde joie.

Encore *Manon*, encore *Werther*[286] !

---

* Autographe : Archives privées.

282. Massenet réside souvent dans l'Eure à cette époque.

283. Pour sa cinquième participation au festival de Bayreuth, Ernest Van Dyck chante le rôle de *Lohengrin*, et pour la première fois celui de *Parsifal*. Il n'en assurera pas la première, interprétée avec peu de succès par l'Allemand Emil Gerhäuser le 20 août. La deuxième représentation, celle du 27 août 1894, est cette fois assurée par Van Dyck qui remporte un véritable triomphe.

284. Massenet y composera la première version de *Grisélidis*.

** Autographe : Archives privées. Lettre publiée par Henri de Curzon dans *Le Ménestrel*, 89e année, no 7, 18 février 1927, p. 70.

285. Massenet supervise la reprise de *Manon* dont la première a lieu le 14 septembre avec Georgette Bréjean-Gravière dans le rôle-titre et Julien Leprestre dans celui de Des Grieux.

286. Pour sa septième saison au Hofoper de Vienne d'août 1894 à avril 1895, Ernest Van Dyck chante dans plusieurs productions : *Manon*, *Werther*, *Bajazzo*, *Roméo*, *Faust*, *Fledermaus*, *Cornelius Schüt* et *Lohengrin*. Il effectue sa rentrée le 5 septembre 1894 dans le rôle de Des Grieux et remporte un succès formidable.

Toujours « vous » ! C'est bien, mon cher et grand ami et vous me rendez absolument heureux.

J'avais besoin de vous écrire ces mots, à la hâte même, mais je les jette à la poste sans perdre une seconde en y courant !

De tout cœur

Massenet

P.-S. – Vous joueriez donc aussi *La Navarraise* [287] ?

Quel bonheur !

98

Jules Massenet à Ernest Van Dyck

Paris, 18 mars 1895 *

Cher grand ami,

Les « feuilles » qui annoncent votre arrivée à Paris [288] dans quelques semaines causent un vrai plaisir à vos admirateurs, à vos amis. Et j'en suis !

Je vous souhaite d'ici la bienvenue et me réjouis de vous revoir et de vous applaudir.

Tous nos souvenirs à Madame Van Dyck et à vous,

Massenet

On me dit que l'on a joué dernièrement notre *Carillon*. J'en serais ravi !

99

Jules Massenet à Ernest Van Dyck

Paris, 24 avril 1895 **

Cher grand ami,

Voici deux jours que je reste sans ma chambre avec un fort mal de gorge.

Ma femme m'apprend que nous devions être réunis samedi soir chez nos amis Dettelbach [289].

---

287. *La Navarraise*, créée le 20 juin 1894 à Covent Garden avec Emma Calvé dans le rôle-titre et Albert Alvarez dans celui d'Araquil, sera à l'affiche du Hofoper de Vienne sous le titre de *Das Mädchen von Navarra* lors de la saison suivante, en 1895-1896. Mais, jouée neuf fois à partir d'octobre, elle ne remportera qu'un succès d'estime malgré la présence de Marie Renard et d'Ernest Van Dyck dans les deux rôles principaux.

* Autographe : Archives privées.

288. Massenet apprend par la presse la venue d'Ernest Van Dyck à Paris pour une saison à l'Opéra d'avril à juin 1895. Le ténor y chante pour la première fois à Paris *Tannhäuser* dont il donnera huit représentations.

**Autographe : Archives privées.

289. Charles et Doris Dettelbach tiennent à Paris, 13 rue Christophe Colomb, un salon fréquenté par de nombreux musiciens. Dédicataire de mélodies de Fauré et de Massenet, proche de Reynaldo Hahn, Doris Dettelbach se produit aussi, chez elle ou dans d'autres salons, car elle est une chanteuse de premier ordre dont « la voix est souple, très étendue, bien conduite ». Voir *Le Ménestrel*, 83 e année, n° 49, 9 décembre 1921, p. 492.

Hélas, c'est le soir, et si d'ici à samedi je peux sortir une heure ou deux dans l'après-midi je ne serai pas assez solide pour risquer « l'air embaumé du soir » (ça se chante[290]) –

Quelle déception pour nous, croyez-le bien.

Votre reconnaissant et vieil ami

Massenet

On dit que Van Dyck sera superbe dans *Tannhäuser*[291]. Est-ce vrai ?

Moi, j'en suis certain, et puis c'est l'avis de tout Paris !

Victoire !

100

Jules Massenet à Ernest Van Dyck

Paris, 6 mai 1895 *

Cher grand ami,

Je n'ai pu encore aller rue Bizet[292]. Je suis enrhumé ! – le rhume annuel.

J'ai encore pour quelques jours à rester chez moi – bouche close – mais je me désole de ne pas vous voir.

Dès que j'irai mieux, je ne ferai qu'un bond d'ici à chez vous ! (sans microbes !)

Votre muet d'ami !

Massenet

101

Jules Massenet à Ernest Van Dyck

Paris, samedi matin, 11 mai 1895 **

Cher ami,

Votre ADMIRABLE création de *Tannhäuser*[293] est le sujet de toutes les conversations. Hélas, moi je ne puis sortir le soir. Et je dois me contenter d'écouter vos louanges et de vous envoyer mes plus chères et enthousiastes félicitations !

Massenet

290. Massenet cite un vers du *Vallon* de Lamartine mis en musique notamment par Gounod.

291. Van Dyck est à Paris du 16 avril au 28 juin 1895 afin de participer aux représentations de *Tannhaüser* à l'Opéra sous la direction de Paul Taffanel.

* Autographe : Archives privées.

292. Comme chaque année, Van Dyck loue un appartement durant ses prestations à l'Opéra. Pour cette saison de 1895, il est logé rue Bizet, n° 1.

** Autographe : Archives privées.

293. La répétition générale de *Tannhäuser*, sous la direction de Paul Taffanel, vient d'avoir lieu, le 9 mai 1895. Le ténor remporte un grand succès. Le soir de cette générale, les Van Dyck soupent au Café de Paris avec leurs amis les Lynen, des Anversois comme lui, les Roddaz et un ami parisien du nom de Bilié. La première prend place quatre jours plus tard.

102

Jules Massenet à Ernest Van Dyck

[Carte de visite : « J. Massenet / 46, rue du général Foy »] [après le 11 mai] 1895 *

Mon plus cher désir vous voir – vous remercier
Vous féliciter.
Encore hier grand succès !
Adresse du *Ménestrel*.

103

Jules Massenet à Ernest Van Dyck

« Savoie, 29 mai 1895 [294] » **

Cher grand ami,

Nous sommes dans les montagnes, ma femme et moi. Et je pense à *Tannhäuser*– « vous » ! Madame Van Dyck a dû être bien heureuse de votre nouveau triomphe.

Je ne sais combien [de temps] vous resterez à Paris. Et je veux déjà vous envoyer un mot de souvenir et un « au revoir » à Vienne, je l'espère !

À votre femme, à vous, nos fidèles sentiments de grande amitié ;
Votre vieil ami – admirateur et collaborateur,
Massenet

104

Jules Massenet à Ernest Van Dyck

« À Aix pour un jour », 31 mai 1895 ***

Cher ami,

Je suis touché de votre lettre, de votre attention !

Nous sommes ici, ma femme et moi, qu'en passant. NOUS ALLONS VERS LES LACS, puis le retour. Donc, ainsi que vous le dites si justement, il est préférable de se voir, de causer pour bien s'entendre et se comprendre [295].

D'ici mon retour, je vous fais signe.

---

* Autographe : Archives privées.

** Autographe : Archives privées.

294. *Le Ménestrel* du 2 juin 1895 (61e année, n° 22, p. 175) informe ainsi ses lecteurs : « M. et Mme Massenet sont partis cette semaine pour un voyage d'excursion dans la Savoie et le Dauphiné. »

*** Autographe : Archives privées.

295. Van Dyck souhaite probablement préparer avec le compositeur la création viennoise de *La Navarraise*.

Voyez donc Heugel en m'attendant, voyez-le et parlez-lui. Il est au courant de tous mes travaux – et comme il y sera toujours, vous pouvez lui dire les projets qu'il connaîtra forcément un jour ou l'autre.

À bientôt, à bientôt et mille bons souvenirs de ma femme et de votre vieux collaborateur et ami reconnaissant.

Massenet

Le Ménestrel OUVERT DEMAIN SAMEDI de 3 h à 6 h ; fermé dimanche et lundi (fête)

Grandes amitiés à ce cher de Roddaz.

105

Jules Massenet à Ernest Van Dyck

[Carte de visite : J. Massenet / Membre de l'Institut / 46, rue du général Foy] *

[fin juin 1895 [296]]

Absent, hélas ! Je venais vous remercier et vous dire au revoir, à bientôt !

Affections

106

Jules Massenet à Ernest Van Dyck

Dieppe, 4 septembre 1895 **

Cher grand ami,

À mon tour de vous annoncer que le G^d^ Théâtre de Lyon (directeur A. Vizentini [297]) jouera cet hiver notre *Carillon* [298].

Et maintenant que je vous remercie tant de votre excellente lettre, et de la nouvelle (! !) dont je vais faire part à Heugel en ce moment à Dieppe.

Votre souvenir et votre attention lui seront comme à moi et comme à ma femme, absolument sensibles.

J'envoie toutes nos pensées à Madame Van Dyck ; certes, c'est bon de savoir à quel point vous nous êtes fidèles.

À vous, d'affectueuses reconnaissances et d'admiration

Massenet

À votre chère femme, nos souvenirs et mes respectueux hommages

---

* Autographe : Archives privées.

296. Van Dyck quitte Paris pour Anvers le 28 juin 1895 après la huitième et dernière de *Tannhäuser*.

** Autographe : Archives privées.

297. Albert Vizentini (1841-1906), critique musical, violoniste et chef d'orchestre. Directeur du Grand-Théâtre de Lyon, il monte et dirige en 1896 la première représentation en France des *Maîtres Chanteurs de Nuremberg*, puis devient directeur de la scène de l'Opéra-Comique de 1898 à sa mort.

298. Le ballet sera donné, en complément de *La Navarraise*, le 18 février 1896, puis de *Werther*, le 5 mars suivant.

107

Jules Massenet à Augusta Van Dyck

Paris, 25 septembre 1895 *

Il est impossible d'être plus aimable, plus charmante que vous, chère Madame, et je vous assure que ma femme est aussi touchée que moi de votre pensée et de votre attention !

Je n'oserai venir à Vienne ne m'y sentant pas autorisé par la direction[299]. Je dis : autorisé – et il n'y a dans ce mot aucune allusion à l'invitation de « 1892 » dont j'avais été très honoré mais absolument confus.

Mais, franchement, si ma présence avait pu sembler agréable et peut-être utile, M. Heugel en aurait reçu l'avis alors que, sans m'en parler, il en disait quelques mots dans ses dépêches.

Je vous en supplie, TOUT CECI ENTRE NOUS TROIS !

Malgré les répétitions de *La Navarraise* à Paris[300], je serais parti car j'aurai pu CES JOURS DERNIERS apporter des indications extrêmement curieuses.

Il est bientôt tard maintenant, mais je sais avec quels soins notre cher et honoré directeur M. Jahn monte ses ouvrages, je sais la merveilleuse interprétation qui m'est donnée !

Ma femme et moi nous vous envoyons à tous deux nos plus reconnaissantes et affectionnées pensées. Je reste vraiment ému de tant d'affabilité et de tout ce que nous allons devoir à votre admirable mari.

de tout notre cœur

Massenet

Si j'étais venu, j'aurais été rejoint par plusieurs amis parisiens et pour ne les point abandonner, je serais descendu simplement ou chez Sacher[301] ou au G[d] hôtel près de l'Opéra.

---

* Autographe : Archives privées.

299. Le compositeur assistera finalement aux dernières répétitions de *La Navarraise* à Vienne où il descend à l'hôtel Sacher dès le 30 septembre, selon l'agenda d'Augusta Van Dyck.

300. Emma Calvé incarne, une nouvelle fois avec succès, le rôle d'Anita pour la création française de *La Navarraise* à l'Opéra-Comique, le 3 octobre 1895. Massenet en a supervisé les répétitions.

301. Ouvert depuis 1876, l'Hôtel Sacher, situé à côté de l'Opéra, est fréquenté par la haute société artistique et politique.

108

Jules Massenet à Augusta Van Dyck

Paris, 21 octobre 1895 *

Chère Madame,

J'ai raconté à ma femme votre accueil, nos belles et bonnes réunions [302], les rires avec vos chéries enfants [303] et puis les soirs au théâtre, la répétition, la 1re, les adieux...

Enfin, je ne pense qu'à ces moments-là et j'ai besoin de vous en reparler encore, à vous et à lui, votre admirable mari, qui m'a prouvé une fois de plus sa précieuse amitié [304] !

De nous deux, ma femme et moi, toutes nos pensées

Massenet

Je suis sans nouvelles de Vienne...

109

Jules Massenet à Ernest Van Dyck

octobre 1895 **
M. E. Van Dyck / Victorstrasse 5A.

Mon cher grand ami,

Le maître Vianesi [305], auquel je dois de remarquables exécutions, désire vous connaître. Je suis heureux de lui donner ces mots de présentation.

Votre dévoué ami

Massenet

---

* Autographe : Archives privées.

302. Augusta note dans son agenda, le 5 octobre : « Massenet, Jahn et Silas dînent à la maison. Massenet part le soir même. »

303. A savoir leurs deux filles, Adrienne et Yseult.

304. Massenet rentre d'un voyage qui l'a mené à Vienne, où il a assisté à la répétition générale de *La Navarraise* avec Van Dyck, puis à Hambourg où il a dirigé les dernières répétitions de *Werther*.

** Autographe : Archives privées.

305. Voir lettre 94.

110

Jules Massenet à Ernest Van Dyck

Paris, 5 novembre 1896 *

et mes biens chers souvenirs pour votre charmante attention – ceci soit dit « en passant[306] » !

Ma femme vous remercie ainsi que votre vieil ami très sensible à votre pensée.

Massenet

À Madame E. Van Dyck mes plus affectionnés hommages.

111

Jules Massenet à Ernest et Augusta Van Dyck

Paris, 26 décembre 1896 **

À vous, cher grand ami,
À vous, charmante Madame,
Tous mes vœux, et tous les souvenirs de ma femme,

Massenet

Votre ami bien reconnaissant.

---

* Autographe : Archives privées.

306. Au début de sa lettre, Massenet cite, avec des paroles différentes, les trois premières mesures de la partie vocale de sa *Sérénade du passant* (voir illustration 7) que Van Dyck a notamment interprétée lorsqu'il s'est « présenté pour la première fois comme acteur dans le rôle de Frantz » du *Piano de Berthe* de Théodore Barrière et Lorin, pour fêter, le 5 novembre 1896, le mariage du Duc d'Orléans à Vienne. « Aux couplets, musique de Couder [...], Van Dyck a ajouté la sérénade du *Passant* de Massenet; *Plaisirs d'amours*, de Martini, et un couplet composé et mis en musique par lui-même ». Voir Ferrari, « Le mariage de M. le Duc d'Orléans », *Le Figaro*, 4 novembre 1896. Le ténor conservait plusieurs exemplaires de cette célèbre mélodie de Massenet. Voir annexe 5 : la liste des partitions de Massenet conservées dans les archives des descendants de Van Dyck.

** Autographe : Archives privées.

41. Jules Massenet, *Das Mädchen von Navarra* [*La Navarraise*], Paris, Heugel, 1894, cotage : H. et Cie 8109, partition chant et piano, version allemande, première page de l'acte I avec note autographe de Henri Heugel : « n°13 Vienne opéra cession / [signé :] Heugel ». Exemplaire d'Ernest Van Dyck (324 × 250 mm). (Archives privées)

42. *Ernest Van Dyck dans le rôle d'Araquil de La Navarraise*.
Photographie originale du studio Adèle, Vienne (166 × 106 mm).
(Archives privées)

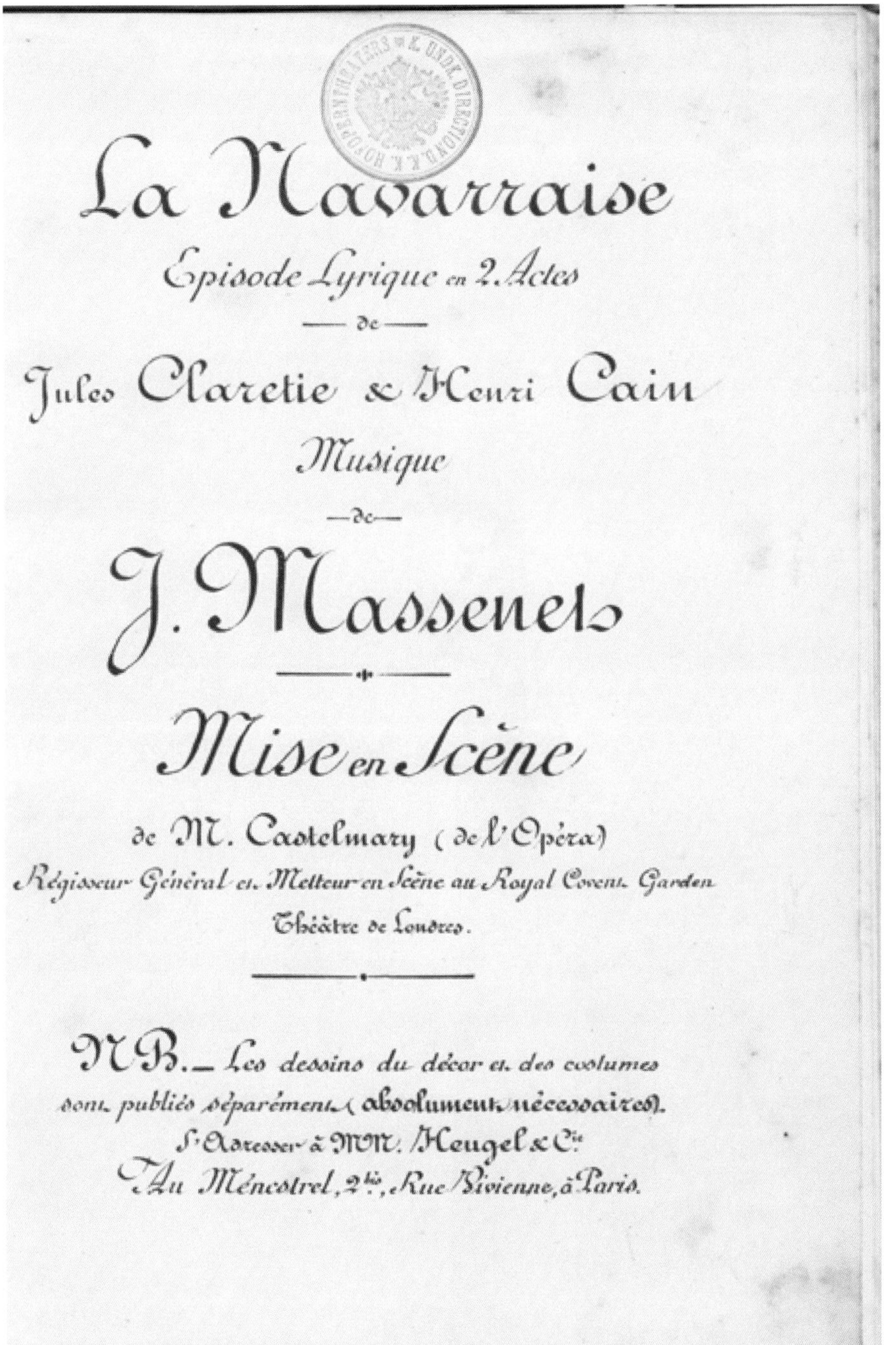

La Navarraise

Épisode Lyrique en 2 Actes

— de —

Jules Claretie & Henri Cain

Musique

— de —

J. Massenet

Mise en Scène

de M. Castelmary (de l'Opéra)

Régisseur Général et Metteur en Scène au Royal Covent Garden

Théâtre de Londres.

N.B. — Les dessins du décor et des costumes sont publiés séparément (absolument nécessaires). S'adresser à MM. Heugel & Cie Au Ménestrel, 2bis, Rue Vivienne, à Paris.

43. Jules Massenet, *La Navaraise*, livret de mise en scène, Paris, Heugel, [1894], page de titre. Exemplaire d'Ernest Van Dyck (283 × 194 mm). (Archives privées)

Observations.

La Navarraise

— Mise en scène réaliste, mouvementée et saisissante.
— les cloches graves, sonores.
— les Costumes des Soldats et des Officiers d'après les indications exactes décrites dans la mise en scène.
(Chapitre des Costumes.)
(en dehors des dessins)

44a. Jules Massenet, *La Navarraise*, livret de mise en scène, Pari
Heugel, s.d., « Observations » manuscrites d'un copiste,
première des quatre pages insérées avant le livret.
Exemplaire d'Ernest Van Dyck (176 × 111 mm).
(Archives privées)

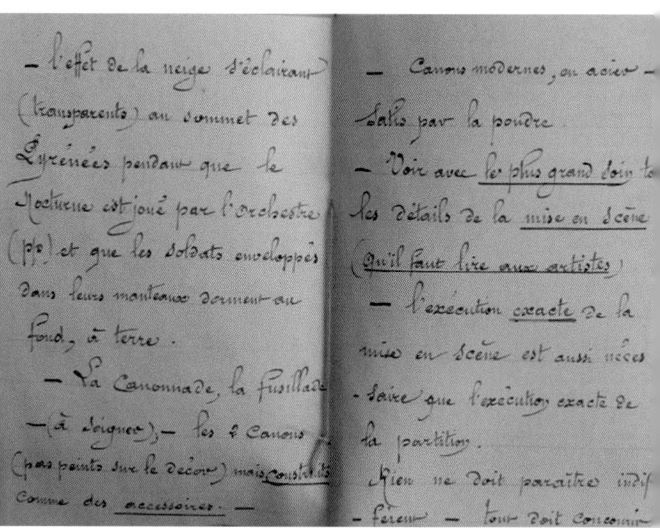

— l'effet de la neige s'éclairant (transparents) au sommet des Pyrénées pendant que le Nocturne est joué par l'orchestre (pp) et que les soldats enveloppés dans leurs manteaux dorment au fond, à terre.
— La Canonnade, la fusillade — (à soigner), — les 2 Canons (pas peints sur le décor) mais construits comme des accessoires. —

— Canons modernes, en acier — salis par la poudre.
— Voir avec le plus grand soin to
les détails de la mise en scène (qu'il faut lire aux artistes)
— l'exécution exacte de la mise en scène est aussi nécessaire que l'exécution exacte de la partition.
Rien ne doit paraître indifférent — tout doit concourir

44b & c. Jules Massenet, *La Navarraise*, livret de mise en scène
Paris, Heugel, s.d. Deuxième et troisième pages des « Observation
manuscrites d'un copiste insérées avant le livret.
Exemplaire d'Ernest Van Dyck (176 × 222 mm).
(Archives privées)

à l'ensemble.
— Même la lanterne très claire posée sur la table près des cartes et des plans du général Garrido
— Le drapeau déchiré, perdu à la posada.
— La lumière devant la Madone.
Tout, enfin.

— Massenet

44d. Jules Massenet, *La Navarraise*, livret de mise en scène,
Paris, Heugel, s.d. Dernière des quatre pages des « Observations
manuscrites d'un copiste insérées avant le livret. Porte la signatu
de Massenet. Exemplaire d'Ernest Van Dyck (176 × 111 mm).
(Archives privées)

112

Jules Massenet à Ernest Van Dyck

Paris, 2 janvier 1897 *

Nous apprenons votre nomination dans l'ordre de François-Joseph[307] – Bravo !
À vous, cher grand ami, NOS PLUS VIVES FÉLICITATIONS.

M. et Mme Massenet

113

Jules Massenet à Ernest Van Dyck

Paris, 29 janvier 1897 **

Cher grand ami,

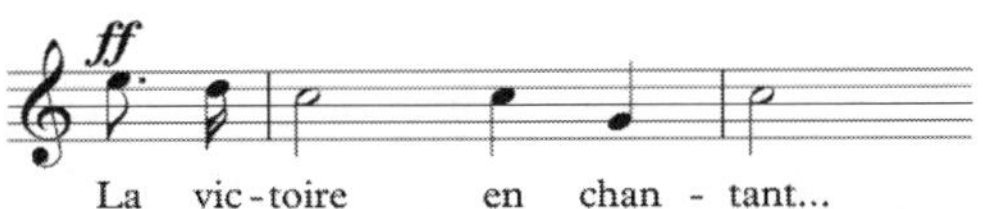

Je modifierai le texte de Méhul, car c'est vous qui chantez et personnifiez la Victoire[308] !

Merci, mon Général ! Et maintenant ... à Monte Carlo[309] ?

Mais j'aimerais tant vous revoir ... et me promener dans votre bonne et belle voiture ... sous les grands arbres ... à Vienne ! ... Ah ! le bon temps aussi.

Votre vieil ami bien touché et reconnaissant

Massenet

Je vous ai remercié par télégramme. Votre dépêche a été et reste une joie.

---

* Autographe : Archives privées.

307. En date du 28 décembre 1896, Ernest Van Dyck est fait Chevalier de l'Ordre de Franz-Josef. Le ténor belge, comme la plupart des artistes de son temps, était très friand de décorations, diplômes et honneurs divers.

** Autographe : Archives privées.

308. Massenet reproduit les premières notes et les premiers mots du *Chant du départ* d'Étienne-Nicolas Méhul sur des paroles de Marie-Joseph Chénier, datant de 1794. Ce chant fut utilisé comme hymne national sous le Premier Empire.

309. Massenet félicite sans doute le ténor de ses engagements à venir dans *Werther* aussi bien à Monaco qu'à Saint-Pétersbourg. Voir lettre 114.

114

Jules Massenet à Ernest Van Dyck

Paris, 11 mars 1897 *

Cher grand ami,

Je vous écris à Vienne parce que je suppose qu'après votre triomphe de Monte Carlo[310], vous êtes sans doute rentré chez vous.

J'ai tant à vous remercier pour les représentations de St Pétersbourg[311].

Et... ne jamais se voir ! Ne jamais vivre une heure ensemble... comme autrefois à Vienne... votre charmante femme, vos enfants, tous réunis dans votre superbe « home ».

À quand donc se revoir !

Dites bien mes sentiments, nos souvenirs, à Madame Van Dyck, et croyez moi votre fidèle et reconnaissant

Massenet

115

Ernest Van Dyck à Jules Massenet

Château d'Oosterling par Anvers, 11 octobre 1899 **

[...] Vous vous souvenez toujours de moi. *Manon – Werther – d'exquis souvenirs* ! Je n'ai donné à Vienne que 5 représentations dont *Manon*[312] qui fut la plus fêtée. [...] Je fais ici ma « veillée de départ[313] » avant de m'embarquer de nouveau pour les États-Unis[314]. [...] J'ai salué à Vienne une autre Manon en robe de jeune veuve[315] – et nous avons beaucoup parlé de vous... « Nous reparlerons du passé[316] »... Que c'est loin tout cela [...]

---

* Autographe : Archives privées.

310. Du 1er au 19 mars 1897, Ernest Van Dyck fait un séjour à Monte-Carlo où il se produit à l'Opéra dans *Werther* (6 mars) et dans *Moïna* d'Isidore de Lara (18 mars). Ces deux prestations lui rapportent chacune 5000 francs. Après Monte-Carlo, le ténor retourne en effet à Vienne pour terminer la saison.

311. Van Dyck interprète *Manon* avec Sibyl Sanderson au Théâtre impérial le 24 janvier 1897. Augusta note dans son agenda : « Public difficile, mais très chaud après St Sulpice et à la fin ». Le ténor belge interprète quatre fois Des Grieux à cette époque. Il est resté à Saint-Pétersbourg du 11 janvier au 2 février : il chante aussi dans *Tannhäuser* sous la direction d'Eduard Napravnik et rapporte 25 000 francs de ce deuxième voyage en Russie.

** Extrait d'une lettre reproduite dans *Les Autographes*, n° 22, automne 1984.

312. Van Dyck a fait ses adieux définitifs du Hofoper de Vienne en août 1898. L'année suivante, en septembre 1899, il y est invité pour cinq représentations, chantant successivement dans *Evangelimann* (opéra en deux actes de Wilhelm Kienzl), *Rheingold*, *Walkyrie*, *Bajazzo* (*Paillasse* de Leoncavallo) et *Manon*.

313. Van Dyck fait allusion aux premières répliques de Des Grieux dans *Manon*.

314. Van Dyck va effectuer sa deuxième tournée aux États-Unis du 20 octobre 1899 au 26 avril 1900.

315. Sibyl Sanderson est veuve depuis peu d'Antoni E. Terry qu'elle avait épousé deux ans auparavant. Elle s'était alors retirée de la scène.

316. Citation de *Manon*, acte V.

116

Jules Massenet à Ernest Van Dyck

Égreville (Seine et Marne), 15 septembre 1900 *

Avec quel contentement je lis votre lettre, cher collaborateur et grand ami, et avec quel empressement j'y réponds !

Je vous assure que je quitterais toute besogne pour me mettre au travail aussitôt que je serai averti par le théâtre [317].

J'attends — j'espère — et je suis tout à vous comme toujours, c'est à dire de tout mon cœur !

Ah ! le lointain temps de Vienne … ah ! les belles heures … les réunions chez vous … les soirées de *Manon* et de *Werther* et du *Carillon* ! …..

À Madame Van Dyck, toutes mes ferventes et respectueuses pensées. Un souvenir cher à vos filles …. et à vous,

profondément attentionné et reconnaissant,

Massenet

L'ami Chevalier [318] que je sais en Belgique ne m'a pas écrit.

117

Jules Massenet à Augusta Van Dyck

Paris, 14 janvier 1901 **

Chère Madame,

Je veux que ma pensée la plus émue aille vers vous ! …

Je conserverai toujours pour votre pauvre frère [319], un grand ami à moi, la plus profonde admiration.

J. Massenet

---

*. Autographe : Archives privées.

317. Projet non identifié.

318. Pierre-Émile Chevalier, neveu d'Henri Heugel. Voir lettre 8.

** Autographe : Archives privées.

319. Le décès de Franz Servais est survenu à Courbevoie, le 13 janvier 1901 ; il était âgé de 55 ans.

118

Jules Massenet à Ernest Van Dyck

[papier à en-tête : « Égreville, Seine-et-Marne [320] »]
16 septembre 1902 *

Voilà une belle et charmante lettre de vous, mon bien cher ami et collaborateur.

Heugel m'a dit que Henri Carvalho [321] (directeur du Théâtre du Casino municipal de Nice) avait l'intention de jouer « notre *Carillon* ».

Comme nous serons à Nice cet hiver, ma femme et moi ; comme vous y viendrez sans doute avec Madame Van Dyck, quelle agréable occupation serait la mise à la scène de notre ballet ! Quelle joie de se retrouver à l'Opéra de Nice avec *Werther* [322] & avec *Le Carillon* [323] !

Vous voici informé.

Tendrement merci de votre fidèle amitié et si à vous !

Une admiration reconnaissante

J. Massenet

Respectueux souvenirs à Madame Van Dyck et à vos filles ! ...

119

Jules Massenet à Ernest Van Dyck

Paris, 16 octobre 1902 **

Cher ami,

On m'envoie, à l'Institut, « vos souvenirs » [324] et si je suis grandement captivé par tout le récit de votre glorieuse existence, je suis aussi bien ému de vos sentiments pour votre vieil ami et admirateur si reconnaissant ... une fois de plus !

J. Massenet

Tous mes respectueux hommages, je vous prie, à Madame Van Dyck.

---

* Autographe : Archives privées.

320. La reproduction du château que Massenet avait acheté en 1899 figure également sur le papier à lettre. Le compositeur a inscrit au dessus du dessin : « des ruines ! ... » ; il va procéder aux restaurations de cette propriété qui restera dans la famille jusqu'en 2003.

321. Après avoir été administrateur de l'Opéra-Comique quand son père en était le directeur, Henri Carvalho prend la direction du Casino municipal de Nice en septembre 1902, mais le projet de représentations du *Carillon* semble avoir avorté.

322. *Le Ménestrel* du 2 novembre 1902 (68 e année, n° 44, p. 351) annonce Van Dyck dans *Werther* et *La Walkyrie* à l'Opéra de Nice où en définitive seules des représentations scéniques de *Marie-Magdeleine* seront données en février 1903 en présence de Massenet, mais sans le ténor qui ira bien chanter à Nice le 9 mars 1903, mais dans la *Walkyrie*, première audition dans cette ville.

323. L'ouvrage chorégraphique ne semble pas avoir été monté à cette occasion.

** Autographe : Archives privées.

324. Dans son premier numéro, où Massenet figure en couverture, *Musica* publie un article de souvenirs signé Van Dyck. Le ténor y rappelle notamment sa première rencontre avec Massenet, auquel il doit ses débuts parisiens, avant d'écrire en guise de conclusion : « Mais ce que j'aime le plus à rappeler parmi les souvenirs

120

Jules Massenet à Madame Van Dyck

Égreville, 5 juillet 1903 *

Bien chère Madame,

Depuis hier soir, M. le Ministre des Affaires Étrangères[325] a ma lettre; comment tarder un instant lorsqu'il s'agit d'un résultat qui me causera une si grande satisfaction et que votre mari mérite si entièrement[326] !

J'ai dit à M. Delcassé que le Prince de Caraman-Chimay[327] s'intéressait tant à cette nomination ainsi que la Légation de Belgique.

Ma lettre est pressante et je n'ai écrit au Ministre qu'une fois dans ma vie...

Toute ma pensée va vers vous, vers Lui et nous vous envoyons, ma femme et moi, tous nos souvenirs, toutes nos admirations

J. Massenet

Je remarque que votre lettre est datée du 2 juin ? ? C'est bien juillet que je dois lire.

N.B. La lettre doit toujours être adressée au Ministre des Affaires Étrangères; si l'on écrivait au Ministre de l'Instruction publique, cette démarche serait sans effet direct; on renverrait à M. Delcassé.

J. Massenet

121

Jules Massenet à Madame Van Dyck

Égreville (S.M.) [Seine-et-Marne],
3 août 1903 **

Chère Madame,

J'ai reçu de M. le Ministre des Affaires Étrangères une lettre de regret de nous faire attendre un peu ... mais il y a plus qu'une formule de sympathie – il y a une ligne de l'écriture du Ministre et cela me cause beaucoup de satisfaction... pour l'avenir.

En si fervent et respectueux souvenir

J. Massenet

Je pourrai vous envoyer cette lettre si vous désirez la posséder.

---

d'une carrière déjà longue de quatorze ans, ce sont mes créations de *Manon* et de *Werther*, à l'Opéra de Vienne, avec l'exquise Marie Renard, comme partenaire. Lorsque je me déciderai à la retraite – oh ! le plus tard possible – et que je me reposerai, au château de Berlaer [propriété de Van Dyck près d'Anvers], des dures fatigues du métier de ténor, c'est avec un certain orgueil que je me souviendrai d'avoir fait aimer, en les chantant plusieurs centaines de fois, tant à Londres et à New York qu'à Vienne, ces deux splendides partitions de mon cher et grand Massenet. » Voir Ernest Van Dyck, « Ma carrière musicale », *Musica*, 1re année, n° 1, [1er] octobre 1902, p. 10-11.

* Autographe : Archives privées.

325. Théophile Delcassé (1852-1923), ministre des Affaires étrangères du 28 juin 1898 au 6 juin 1905.

326. Ernest Van Dyck sera fait Chevalier de la Légion d'Honneur le 10 décembre 1903.

327. Le prince Joseph Marie Anatole Élie de Caraman-Chimay (1858-1937), fils aîné du prince Joseph de Riquet de Caraman-Chimay, ancien ministre des Affaires étrangères de 1884 à 1892. Il est le frère aîné de la Comtesse de Greffulhe (1860-1952).

** Autographe : Archives privées.

122

Ernest Van Dyck à Albert Carré

Berlaer-Hof Berlaer-Lez-Lierre, 14 septembre 1903 *

Mon cher directeur,

Je dois chanter à Paris aux Concerts Lamoureux vers la mi-octobre[328] et je viens vous demander s'il vous serait agréable de me voir donner à l'Opéra-Comique quelques représentations de *Werther* et de *Manon* de fin octobre à fin novembre. Je n'ai jamais chanté d'œuvres françaises à Paris et cela intéresserait peut-être votre public. Voudriez-vous me dire le cas échéant le cachet que vous pourriez m'offrir pour trois Werther et trois Manon par exemple[329].

Veuillez agréer, mon cher directeur, l'expression de meilleurs et respectueux sentiments.

Ernest Van Dyck

123

Ernest Van Dyck à Albert Carré

Berlaer-Hof Berlaer-Lez-Lierre, 23 septembre 1903 **

Mon cher directeur,

Croyez bien que c'est mon vœu le plus cher de chanter un ouvrage français à l'Opéra-Comique et votre aimable lettre m'a ravi[330]. Je commencerai volontiers avec *Manon* mais je tiens essentiellement à chanter Werther. Je masquerai ma corpulence et nous ferons un mourant passable.

Je voudrais donc que vous m'engagiez ferme pour 8 représentations et vous me donnerez un cachet global de 10000 francs pour le gros mois que je serai votre pensionnaire. (Alvarez[331] avait 1200 frs plus un tantième sur les recettes n'est-ce pas ?).

---

* Autographe : Harry Ransom Humanities Research Center, The University of Texas at Austin, Carlton Lake Collection, inv. 63.1.

328. Van Dyck restera à Paris de la mi-septembre à la mi-octobre 1903. Il apparaîtra en effet à l'Opéra-Comique dans *Werther* (voir lettres suivantes), chantera des lieder de Schubert et des mélodies de Fauré à la Société philharmonique et interprétera des extraits de Wagner aux Concerts Lamoureux dirigés par Camille Chevillard.

329. Sur la lettre en haut à gauche sont notés par Van Dyck le montant probable du cachet (1200) et les dates possibles de représentation : « Manon, 5, 7, 12, 14 » novembre « et si possible Werther / 19, 21, 26, 28. »

** Autographe : Harry Ransom Humanities Research Center, The University of Texas at Austin, Carlton Lake Collection, inv. 63.1.

330. Cette lettre n'a pas été retrouvée.

331. Alvarez (voir illustration 51) avait chanté Des Grieux en présence de Massenet lors d'une représentation exceptionnelle de *Manon* à l'Opéra-Comique le 16 octobre 1902 avec Lucien Fugère et Mary Garden, sous la direction de Messager. Le compositeur, « enchanté de cette représentation, allait porter [ses félicitations], sur le théâtre, aux artistes et aux musiciens ». Voir Edmond Stoullig, *Les Annales du théâtre et de la musique : Année 1902*, Paris, Ollendorff, 1903, p. 125.

Ce qui m'ennuie le plus c'est de ne chanter *Manon* qui est fatigant (surtout après la première qui sera pleine d'émotions pour moi) avec un seul jour d'intervalle entre les deux représentations. – aussi vous proposerai-je de commencer ainsi : *Manon*

Abonnés série A samedi 7 nov
// // B jeudi 12 nov.
// // B samedi 14 nov.
// // A jeudi 19 nov.

Puis *Werther*

Abonnés série B jeudi 26 novembre
// // A jeudi 3 décembre
// // A samedi 5 décembre
// // B jeudi 10 décembre

Comme j'ai un concert à Anvers le 29 novembre[332] – concert auquel je ne peux pas manquer – toutes mes dates s'arrangeraient admirablement et j'aurais un peu d'air entre les représentations.

J'espère que vous voudrez faire un petit effort pour agréer mes propositions. J'attends avec impatience votre bonne réponse et je vous présente mon cher directeur l'expression de mes sentiments les meilleurs et les plus dévoués.

Ernest Van Dyck

Voulez-vous présenter mes compliments à Messager[333]. Je lui écrirai avant la fin de la semaine.

N.B. Je possède les costumes de des Grieux et de Werther.

124

Jules Massenet à Ernest Van Dyck

Paris, 29 septembre 1903 *

Cher grand ami,

Les journaux annoncent « la nouvelle » et M. Albert Carré me l'a confirmée hier soir[334] ! !

Quelle joie, quelle gloire, pour votre fervent ami et si profond admirateur

J. Massenet

---

332. Van Dyck a promis son concours à la Société des Nouveaux Concerts à Anvers dont c'est l'inauguration. Étant originaire de cette ville et habitant dans la banlieue, il tenait absolument à être présent.

333. André Messager est, à cette époque, directeur de la musique à l'Opéra-Comique. Carré lui avait fourni le livret de *La Basoche*, opéra-comique créé en 1890 à la salle Favart. Quant à Van Dyck, il participa en décembre 1896 à la création viennoise du *Chevalier d'Harmental*, opéra-comique créé sans succès quelques mois auparavant à Paris (Opéra-Comique, 5 mai 1896).

* Autographe : Archives privées.

334. On peut lire notamment en première page du *Gaulois*, daté du 28 septembre (Tout Paris, « Bloc-notes parisien – L'Opéra-Comique ») : « Le grand ténor Van Dyck, qui, n'a jamais chanté à Paris ni *Manon* ni *Werther*, ses plus grands succès a l'étranger, viendra donner quatre représentations de chacun de ces deux chefs-d'œuvre de Massenet dans le courant des mois de novembre et de décembre prochains. » En définitive, seules seront données six représentations de *Werther*. Voir les lettres suivantes.

125

Ernest Van Dyck à Albert Carré

Paris, 1 rue Lincoln, 27 octobre 1903 *

Mon cher directeur,

Je crois avec Messager qu'il faudrait cependant mieux que je débute dans Werther le 7 novembre. *La Reine Fiammette*[335] n'empêchera pas Mlle Garden de chanter *Manon* fin novembre et en décembre. En commençant par *Manon*, nous tomberions tout de même dans les représentations de *La Reine Fiammette*.

Vous ne devez avoir – comme moi – que le vif désir de me voir réussir auprès du public de l'Opéra-Comique et je suis certain que le rôle de Werther m'offre plus de charmes que celui de des Grieux.

Je chante demain et après demain c'est pourquoi je ne pourrai pas venir causer avec vous: je n'ai pas pu vous voir car vous étiez en répétition et moi je répétais à cinq heures[336].

Faites moi donc l'amitié de m'écrire une petite dépêche pour me dire que vous croyez comme moi que qu'il vaudra mieux que je débute dans Werther.

Agréez, mon cher directeur, l'expression de mes meilleurs et dévoués sentiments.

Ernest Van Dyck

126

Jules Massenet à Ernest Van Dyck

6 novembre [1903] **

Quel admirable ami vous êtes! Jamais je n'ai passé de pareilles heures; j'ai raconté votre répétition intime à ma femme qui enviait mon sort!

Toutes mes pensées respectueuses à Madame Van Dyck.

Votre reconnaissant et affectionné

J. Massenet

Nous avons su, hier, par les directeurs de la Monnaie que l'on jouera notre *Carillon* cet hiver à Bruxelles. C'est décidé.

---

* Autographe : Harry Ransom Humanities Research Center, The University of Texas at Austin, Carlton Lake Collection, inv. 63.1.

335. *La Reine Fiamette*, conte dramatique en quatre actes de Xavier Leroux, créé à l'Opéra-Comique, le 23 décembre 1903 avec dans le rôle-titre Mary Garden (1874-1967) qui rencontre d'immenses succès aussi bien dans les rôles de Manon, Mélisande que de Louise notamment.

336. Van Dyck est dans un premier temps accaparé par les répétions et concerts (3e acte du *Crépuscule des Dieux*) qu'il donne avec Camille Chevillard et les Concerts-Lamoureux, les 18 et 25 octobre. D'après le livre de régie de l'Opéra-Comique (Bibliothèque nationale de France, Bibliothèque-musée de l'Opéra), Van Dyck répète *Werther* le 31 octobre puis, en présence de Massenet, le 4 novembre. Indisposé, il se voit contraint de remettre la présentation prévue le 7 novembre au 14 suivant.

** Autographe : Archives privées.

127

Jules Massenet à Ernest Van Dyck

dimanche matin [15 novembre 1903] **

Vienne 1892 – Paris 1903

Merci à mon admirable ami. Merci encore ! !

Toutes les félicitations de ma femme[337]; et tous mes respectueux souvenirs à Madame E. Van Dyck.

Votre chère lettre m'arrive. Merci et à vous ! ! !

J. Massenet

128

Ernest Van Dyck à Albert Carré

Anvers, 5 Grande Rue Pierre Pot, 30 novembre 1903 *

Mon cher directeur,

En arrivant à Anvers[338] j'ai dû me faire opérer d'un abcès dans la bouche ce qui a provoqué une sérieuse irritation du larynx suivi d'un enrouement absolu.

Je n'ai pas pu chanter ici – ce qui a presque provoqué une émeute.

Je ne sais pas si je serai suffisamment remis pour vendredi 4 prochain. Si vous voyez quelqu'inconvénient à attendre jusqu'à mercredi après midi pour changer l'ordre de vos spectacles je vous prierais de le faire tout de suite et de ne m'afficher dans Werther que pour lundi ou mardi seulement (de préférence pour le lundi 7 déc[embre]) afin qu'à Paris on ignore mon indisposition[339].

J'ai sans le vouloir bon nombre d'adversaires et de jaloux et je voudrais éviter au public toute raison de plainte ou de mécontentement.

J'ose espérer du reste qu'au prochain *Werther* vous voudrez donner des ordres afin que la représentation ne soit plus troublée par des manifestations absolument inconvenantes dont des racontars absurdes avaient déjà dénaturé complètement la portée ici.

Le public a été fort aimable pour moi mais deux claqueurs bizarres ont vraiment dépassé un peu le droit : « qu'à la porte on achète en entrant »

** Autographe : Archives privées.

337. La veille, Van Dyck a interprété, pour la première fois à Paris, le rôle de Werther avec Jeanne Marié de l'Isle (Charlotte), sous la direction d'André Messager. Il le chante encore les 19, 21 et 26 novembre 1903.

* Autographe : Harry Ransom Humanities Research Center, The University of Texas at Austin, Lake Collection.

338. Van Dyck est venu aussi organiser pour l'hiver une série de quatre « concerts symphoniques de premier ordre ». Voir *Le Ménestrel*, 69 e année, n° 45, 8 novembre 1903, p. 358.

339. Van Dyck ne reparaîtra dans *Werther* que les 22 et 27 décembre 1903. Entre-temps, le rôle-titre a été repris par Léon Beyle qui l'interprète les 4 et 11 décembre avant de supplanter définitivement Van Dyck en imposant l'œuvre au répertoire de l'Opéra-Comique.

C'est la première fois depuis vingt ans que j'ai été l'objet de pareilles manifestations et malgré ma philosophie naturelle j'en ai été fort peiné.

Je me permets donc de me mettre sous votre protection absolue et j'espère qu'on empêchera une autre fois des « invités » aussi étrangement bruyants.

Je rentrerai à Paris demain soir, mon cher directeur, veuillez agréer en attendant l'expression de mes affectueux et dévoués sentiments.

Ernest Van Dyck

129

Jules Massenet à Ernest Van Dyck

[Carte de visite : « M. et Mme J. Massenet / 48 rue Vaugirard »]
Égreville, 23 juillet 1909 *

Avec nos plus chères félicitations [340]

130

Jules Massenet à Ernest Van Dyck

[Carte de visite : « Massenet / Membre de l'Institut »]
25 mars 1912 **

Le mandat international [341] part aujourd'hui.
Avec mes plus sensibles sentiments

* Autographe : Archives privées.

340. *Le Ménestrel* (75 e année, n° 30, 24 juillet 1909, p. 240) informe ses lecteurs des fiançailles de la fille du ténor, Adrienne Van Dyck, avec « Jean Van der Linden, avocat et député suppléant d'Anvers. » Le mariage prendra place le 5 octobre 1909. Van Dyck séjourne à Paris où il se produit les 7 et 23 juillet dans *Le Crépuscule des dieux* et le 26 dans *Tannhäuser* dont on célèbre la 200 e représentation. Il se produit également aux Concerts Lamoureux où il tient le rôle de Loge dans *L'Or du Rhin* donné à trois reprises. Il a notamment pour partenaires Francisque Delmas (Wotan), Jean Noté (Donner) et Jeanne Campredon (Freia).

** Autographe : Archives privées.

341. L'objet de ce mandat n'a pas été identifié.

DOCUMENTS

ANNEXE 1

CONTRATS D'ÉDITION

A – CONTRAT DU *CARILLON*[1]

Entre les Soussignés :

MM. J. Massenet, compositeur de musique, demeurant à Paris, 38, rue du Général Foy, Van Dyck et C. de Roddaz, hommes de lettres, demeurant à Paris, le premier rue des Bassins, n° 1, le second boulevard Bonne Nouvelle n° 8

D'une Part,

Et MM. Heugel & Cie, éditeurs de musique, demeurant, Paris, 2 ^bis^, rue Vivienne

D'autre part,

Il a été convenu ce qui suit :

1° MM. J. Massenet, Van Dyck et C. de Roddaz, auteurs en collaboration d'un ballet intitulé *Le Carillon*, déclarent en céder à M. Heugel et Cie qui l'acceptent, la propriété pleine et entière pour tous pays, sans aucune restriction ni réserve. En conséquence, MM. Heugel et Cie sont subrogés dans tous les droits des auteurs, sous les réserves ci-après et auront le droit à l'exclusion de tout autre d'éditer, publier, graver, imprimer, vendre le dit ouvrage avec ou sans musique, en partitions on parties d'orchestre ou dans telle forme réduite ou telle publication que ce soit et cela pendant toute la durée de privilège accordé ou à accorder aux auteurs ou à leurs familles par les lois présentes et futures de tous pays. MM. Heugel et Cie auront également le droit de publier tout arrangement de cet ouvrage pour quelqu'instrument que ce soit. Seuls les droits de représentation en France, Belgique, Suisse et Principauté de Monaco sont exclus de la présente cession.

2° Le prix convenu d'accord pour cette cession est de Douze mille francs payable comme suit : Six mille francs seront donnés aux auteurs lors de la première représentation à l'Opéra Impérial de Vienne et Six mille Francs lors de la première représentation à l'Académie nationale de musique à Paris quand elle aura lieu.

3° En ce qui concerne la représentation à l'Etranger (en dehors de la Suisse, de la Belgique et de la Principauté de Monaco) MM. Heugel et Cie seront chargés de conclure tous traités au mieux des intérêts communs. Tous les droits d'auteurs spécifiés dans ces traités, sommes fixes ou tantièmes sur les représentations, seront partagés de la manière suivante entre les soussignés : un tiers au musicien, M. J. Massenet, un tiers aux librettistes MM. Van Dyck et C. de Roddaz et un tiers aux éditeurs, MM. Heugel et Cie, — le tout sous déduction préalable de dix pour cent représentant la commission à donner aux agents et autres frais. À cet effet MM. Massenet, Van Dyck et C. de Roddaz donnent tous pouvoirs à MM. Heugel et Cie pour fixer et toucher en leur nom les droits d'auteurs sur les représentations du *Carillon* à l'étranger, — sauf en Belgique, en Suisse et dans la Principauté de Monaco —, sans aucune responsabilité pour MM. Heugel et Cie vis à vis des auteurs pour toutes sommes qu'ils ne parviendraient pas à recouvrer.

4° Les auteurs du *Carillon* s'engagent à faire interdire par leur agent, M. Roger, toutes représentations au piano ou autres qui seraient données en province ou à l'étranger, sans que les directeurs aient préalablement traité de la musique avec leurs éditeurs, MM. Heugel et Cie.

1. Archives privées.

5° Les auteurs donnent à MM. Heugel et Cie le droit de faire les poursuites judiciaires pour arriver à l'exécution des traités, lois et conventions. Les frais seront supportés par tiers.

6° Au cas où, dans la suite, MM. J. Massenet, Van Dyck et C. de Roddaz jugeraient utile de modifier tout le poëme, soit la musique du *Carillon* ou d'y ajouter des nouveaux morceaux, il est bien entendu que ces modifications ou adjonctions seront acquises de plein droit et sans aucun supplément de prix à MM. Heugel et Cie qui pourront en profiter à leur gré et sans aucune réserve.

7° Les droits de la Société des auteurs, compositeurs et éditeurs de musique dont M. Victor Souchon est présentement l'agent général, seront partagés comme d'usage suivant les statuts de cette société.

Fait quadruple et de bonne foi. Paris le sept septembre mil huit cent quatre vingt onze
Lu et approuvé
[signés :] J. Massenet, Heugel et Cie, Camille de Roddaz, Ernest Van Dyck

B – CONTRAT DE *WERTHER*[2]

Entre les soussignés :

MM. J. Massenet, compositeur de musique, demeurant, Paris, 38, rue du Général Foy, Édouard Blau, Paul Milliet et Georges Hartmann, tous les trois hommes de lettres demeurant, Paris, le premier rue St Georges n° 6, le second rue Saint Didier, n° 2, le troisième 10, place de la Madeleine

D'une part,

Et MM. Heugel et Cie, éditeurs de musique, demeurant à Paris, 2 bis, rue Vivienne

D'autre part,

1° MM. J. Massenet, Édouard Blau, Paul Milliet et Georges Hartmann, auteurs en collaboration d'un opéra en quatre actes intitulé *Werther*, déclarent en céder à MM. Heugel et Cie, qui l'acceptent, la propriété pleine et entière pour tous pays, sans aucune restriction si réserve. En conséquence MM. Heugel et Cie sont subrogés dans tous les droits des auteurs, sous les réserves ci-après et auront le droit, à l'exclusion de tout autre, d'éditer, publier, graver, imprimer, vendre le dit ouvrage en partition ou parties d'orchestre ou dans belle forme réduite ou telle publication que ce soit, et cela pendant toute la durée du privilège accordée [*sic*] ou à accorder aux auteurs ou à leurs familles par les lois présentes et futures de tous pays. MM. Heugel et Cie auront également le droit de publier tout arrangement de cet ouvrage pour quelqu'instrument que ce soit. Seuls les droits de représentation en France, Belgique, Suisse et principauté de Monaco sont exclus de la présente cession, de même que la publication du livret en librairie. Toutefois le droit de traduction en toutes langues dudit livret est complètement cédé à MM. Heugel et Cie par le présent traité, pour que rien ne puisse venir entraver les représentations de *Werther* à l'étranger.

2° Le prix convenu d'accord pour cette cession est de Soixante mille francs payables comme suit : Douze mille francs seront donnés aux auteurs, lors de le première représentation à l'Opéra impérial de Vienne, Huit mille francs à la vingt cinquième représentation donnée au même théâtre et Cinq mille francs à la cinquantième représentation. Quand l'opéra sera ensuite représenté à Paris, il sera de nouveau compté aux auteurs Quinze mille francs à la première représentation, Cinq mille francs à la trentième, Dix mille francs à la soixantième et Dix mille francs à la centième. À Paris comme à Vienne, toute prime non atteinte dans l'espace de cinq années à partir de la première représentation dans chacune de ces deux villes ne sera plus due aux auteurs. Si, dans l'intervalle, avant les représentations à Paris, *Werther* était d'abord représenté à Bruxelles, au Théâtre de la Monnaie, il est convenu qu'une somme de Cinq mille francs serait versée aux auteurs le lendemain

2. Copie conservée dans les Archives Patrick Gillis.

de la première représentation et une autre somme de Cinq mille francs après la quarantième représentation. Mais ces deux primes de Cinq mille francs seraient à défalquer des primes convenues pour la première et la soixantième représentation données à Paris quand elles auront lieu. Enfin, au cas où MM. Heugel et C ie cèderaient en Amérique la pleine propriété de *Werther* (édition et droits de représentation), soit à un éditeur, soit à un impresario américain, il est convenu qu'ils donneront aux auteurs la moitié du prix total qu'ils pourront obtenir.

3° S'il arrivait que *Werther* fut représenté à Paris avant Vienne, les conditions de vente seraient alors modifiées dans le sens qui suit : Il serait donné aux auteurs à la première représentation à Paris une somme de Quinze mille francs, Dix mille francs à le trentième, Dix mille francs à la soixantième, Dix mille francs à la quatre vingtième et Quinze mille francs à la centième, toujours en l'espace de cinq années, comme il est dit à l'article 2. Si les représentations de Vienne suivaient celles de Paris, il ne serait plus rien dû aux auteurs pour ces représentations, si ce n'est le partage dans les droits d'auteurs, comme il sera dit à l'article 4.

4° En ce qui concerne les représentations à l'étranger (en dehors de la Suisse, de la Belgique et de la principauté de Monaco), MM Heugel et C ie seront chargés de conclure tous les traités au mieux des intérêts communs. Tous les droits d'auteurs spécifiés dans ces traités, sommes fixes ou tantièmes sur les représentations seront partagés de la manière suivante entre les soussignés : un tiers au musicien, M. J. Massenet, un tiers aux librettistes, MM. Édouard Blau, Paul Milliet et Georges Hartmann et un tiers aux éditeurs MM. Heugel et C ie, le tout sous déduction préalable de dix pour cent, représentant la commission à donner aux agents et autres frais. À cet effet, MM. J. Massenet, Édouard Blau, Paul Milliet et Georges Hartmann donnent tous pouvoirs à MM. Heugel et C ie pour fixer et toucher en leur nom les droits d'auteurs sur les représentations de *Werther* à l'étranger, sauf en Belgique, en Suisse et dans la principauté de Monaco, sans aucune responsabilité pour M. Heugel et C ie vis-à-vis des auteurs pour toute somme qu'ils ne parviendraient pas à recouvrer.

5° Les auteurs de *Werther* s'engagent à faire interdire par leur agent M. Roger, toutes représentations au piano ou autres qui seraient données en province ou à l'étranger, sans que les directions [aient] au préalablement traité de la musique avec leur éditeur MM. Heugel et C ie.

6° Les auteurs donnent à MM. Heugel et C ie le droit de faire les poursuites judiciaires pour arriver à l'exécution des traités et conventions. Les frais seront supportés par tiers.

7° Au cas où, dans la suite, MM. J. Massenet, Édouard Blau, Paul Milliet et Georges Hartmann jugeraient utile de modifier soit le poëme, soit la musique de *Werther* ou d'y ajouter de nouveaux morceaux, il est bien entendu que ces modifications ou adjonctions seront acquises de plein droit et sans aucun supplément de prix à MM. Heugel et C ie qui pourront en profiter à leur gré et sans aucune réserve.

8° Les droits de la Société des auteurs, compositeurs et éditeurs de musique dont Victor Souchon est présentement l'agent général, seront partagés comme d'usage, suivant les statuts de cette société

Fait quintuple et de bonne foi, le vingt septembre mil huit cent quatre vingt onze.
Lu et approuvé
[signés :] J. Massenet, Paul Milliet, G. Hartmann, Édouard Blau, Heugel et C ie

ANNEXE 2

TRANSCRIPTION DU LIVRET DU *CARILLON*, « LÉGENDE MIMÉE ET DANSÉE », DE CAMILLE DE RODDAZ ET ERNEST VAN DYCK, MUSIQUE DE JULES MASSENET[1]

Personnages :

Rombalt, aubergiste.
Bertha, sa fille.
Meister Karl, horloger.
Pit, syndic des Ramoneurs.
Jef, syndic des Boulangers.
L'Échevin de Courtrai.
Un Héraut.
Philippe Le Bon, duc de Bourgogne.
Apparition de saint Martin.
Buveurs et Compagnons, Soldats, Bourgeois, Suite du Héraut, Suite du Duc, Peuple de Courtrai.

La scène se passe à Courtrai, dans les Flandres, au XVe siècle.

[Prélude][2]

La grande place de Courtray, à droite l'Église St. Martin avec une partie du porche et, bien en vue, la tourelle de gauche dans laquelle on pénètre par une petite porte ; un escalier contourne la tourelle et conduit à l'horloge encore inachevée qu'un échafaudage cache aux yeux du public.

Au premier plan de gauche la Brasserie de Rombalt ; tables et bancs.

Le premier étage est habité par ROMBALT et sa fille BERTHA ; devant la fenêtre de BERTHA, un grand balcon soutenu par deux piliers ; sous la fenêtre, une porte.

À gauche, la maison habitée par Maître KARL ; au fond, et derrière l'Église, maisons.

[Valse au Cabaret]

Des buveurs, des femmes sont assis autour des tables de la brasserie. Des jeunes filles, des jeunes gens offrent des fleurs à BERTHA, à propos de ses prochaines accordailles.

Pendant la danse, KARL s'est approché de BERTHA ; ROMBALT les surprend au moment où ils s'embrassent, et pourchasse KARL, malgré les supplications de sa fille.

KARL disparaît dans la tour de l'horloge, après avoir envoyé des baisers à BERTHA ;

ROMBALT, calmé, revient vers les buveurs. BERTHA, triste et rêveuse, regarde la tour de l'horloge dans laquelle KARL a pénétré.

---

1. Le livret du *Carillon* ne fut publié qu'en allemand (*Das Glockenspiel*, Vienne, Adolph W. Künast, Paris, Heugel, [1892]). Le présent livret est une transcription des didascalies de la réduction pour piano, Paris, Heugel, 1892.

2. Les titres de section entre crochets proviennent de la table de la partition.

[Les Ramoneurs]

Tout à coup, la foule se porte vers le fond de la place, au devant de PIT, le Syndic des Ramoneurs, accompagné des corporations qui se rattachent à la sienne. PIT s'approche de BERTHA, présenté par ROMBALT, afin de montrer à la jeune fille tous les avantages du métier qu'il exerce. PIT mime, tout en dansant, le travail habituel des Ramoneurs.

Dirigés par lui, les membres des corporations, qui lui font cortège, figurent tout ce qui a trait à leur profession.

À peine le groupe, au centre duquel trône le Ramoneur, est-il formé, que la foule se précipite au devant de JEF, le Syndic des Boulangers. JEF, vêtu de blanc, est comme PIT, accompagné des corporations qui dépendent de la Boulangerie.

[Les Boulangers]

JEF mime le travail habituel des Boulangers. Même jeu que précédemment.

PIT se présent. BERTHA se retourne et refuse.

Consternation des amis. JEF se présente.

Même jeu de BERTHA. Même mouvement des amis de JEF.

[La Moquerie de Bertha]

BERTHA danse en se moquant des deux prétendants et en parodiant leurs gestes.

Rumeurs joyeuses au loin.

[L'Entrée du Héraut]

Une foule d'habitants entre bruyamment. Ils précèdent la Héraut du Duc et l'Échevin de la ville accompagnés par les Sergents de Courtray.

Parvenu au milieu de la place, le Héraut, qui est à cheval, invite le peuple à lire la proclamation que deux valets déroulent :

« Si demain matin à, six heures, le Carillon ne sonne pas pour célébrer la joyeuse entrée de Messire notre Duc de Bourgogne, Maître KARL sera emprisonné. »

Le peuple lit la proclamation avec intérêt. Le voile qui couvrait l'horloge s'est soulevé.

Maître KARL apparaît et tâche de déchiffrer la proclamation.

ROMBALT, PIT et JEF se réjouissent. BERTHA semble désespérée.

Maître KARL, a descendu rapidement l'escalier extérieur et est arrivé sur la place; il supplie l'Échevin de lui accorder un sursis, son travail étant inachevé.

Supplications de KARL.

L'Échevin le repousse.

Maître KARL est atterré, le temps lui manque, l'horloge n'est pas terminée.

Le Héraut s'éloigne, suivi de son cortège.

Subitement, n'écoutant que son amour, BERTHA court à KARL...

[La Déclaration de Bertha]

Lui tend la main et déclare, à la grande stupéfaction de JEF et du PIT, que c'est lui qu'elle aime et qu'elle choisit pour époux.

ROMBALT les sépare.

Il calme JEF et PIT en leur faisant comprendre qu'il ne consentira que si l'horloge sonne, mais comme Maître KARL vient d'avouer que son travail n'est pas fini, ils n'ont donc rien à redouter de ce troisième rival.

BERTHA veut envoyer des baisers à KARL, mais son père l'oblige à rentrer dans la maison.

Tous se retirent.

La nuit vient peu à peu.

Resté seul, Maître KARL regarde son horloge avec désespoir; il semble certain d'être emprisonné dès que le jour paraîtra.

Il jette ensuite les yeux sur la fenêtre de BERTHA… la fenêtre vient de s'éclairer.

Sa douleur augmente à la pensée de perdre celle qu'il adore.

Affolé, Maître KARL finit par tomber à genoux devant la statue de St. Martin qui surmonte la porte de la tourelle.

Il prie…

Il implore…

[L'Apparition de saint Martin]

Tout à coup, la statue illuminée semble faire de la tête un signe protecteur.

Maître KARL, émerveillé, se relève.

Il entend sonner le carillon ! ! … Mais ce n'est qu'un bruit vague, éloigné, une promesse pour le lendemain, une récompense accordée à l'artiste… une espérance donnée à l'amoureux.

[Le Carillon des Anges]

En effet, le sommet de la tourelle s'est éclairé, les murs sont devenus transparents, et l'on aperçoit le Carillon, dont les cloches sont frappées par des Anges. Plus bas, le Cadran s'illumine, l'heure sonne.

La Vision disparaît

À peine la Vision vient-elle de disparaître que Maître KARL appelle BERTHA ; celle-ci ouvre sa fenêtre. Le jeune homme enthousiasmé, plein d'espoir, de courage, lui raconte ce qui vient de se passer. Grâce à l'intervention de St. Martin, le Carillon se fera entendre…

C'est l'avenir assuré, c'est le bonheur !

BERTHA partage sa confiance et n'épousera qui lui.

KARL prend une échelle sous la porte de la tourelle et l'applique au balcon de BERTHA.

BERTHA descend.

Elle tombe dans les bras de KARL.

DIALOGUE SENTIMENTAL.

(KARL et BERTHA)

Une ronde de Bourgeois commandée par le Sergent de nuit s'approche… Les deux amants effrayés se séparent. BERTHA remonte sur son balcon. Maître KARL se dissimule sous le porche de l'Église.

La Ronde passe.

Les Bourgeois, un peu ivres, ont peur. La nuit est si obscure ! … Au moindre bruit ils sont tremblants, ils n'osent avancer… Mais, n'apercevant vraiment rien, ils se rassurent et continuent la ronde…

Bientôt ils disparaissent…

La Ronde passée, KARL, s'approche du balcon, demande un dernier baiser à BERTHA ; la jeune fille consent ; KARL, gravit l'échelle et l'embrasse.

À ce moment, JEF paraît sur la place. Effrayée, BERTHA rentre chez elle et ferme sa fenêtre. KARL s'enfuit dans sa maison, oubliant, près du balcon, la malencontreuse échelle. Furieux, JEF le poursuit jusqu'à sa porte, avec des gestes menaçants.

Puis, il revient sous le balcon, voit l'échelle, hésite, et se décide enfin à en gravir les échelons.

Mais la fenêtre est close, en vain JEF supplie, frappe…

Rien ne parait…

Il s'apprête à descendre, lorsque PIT paraît à son tour.

[La Discussion de Pit, Jef et Rombalt]

PIT est absorbé, il arpente la place de long en large, au grand dépit de JEF qui craint d'être surpris. PIT marche en gesticulant, comme un homme qui médite un projet ; il heurte du pied l'échelle, s'arrête, lève la tête. Et après avoir réfléchi s'apprête à monter…

Lorsque la porte de la maison s'ouvre et ROMBALT, attiré par le bruit, se trouve au pied de l'échelle en même temps que PIT.

Exaspéré, il renverse l'échelle d'un coup de poing et saisit PIT au collet. Celui-ci proteste de son innocence et raconte que l'échelle était là avant son arrivée. JEF qui voit les choses prendre mauvaise tournure, essaie de descendre en s'accrochant aux balustres du balcon, mais il tombe entre PIT et ROMBALT qui le saisissent.

Tous trois gesticulent ensemble sans parvenir à se comprendre.

Tous trois tombent d'accord.

JEF et PIT proposent de détruire la fameuse horloge – ils font semblant de frapper.

L'horloge sera brisée...

KARL sera emprisonné...

Et la jolie BERTHA devra se résoudre à choisir entre eux.

ROMBALT approuve ce projet, rentre chez lui...

Il en ressort aussitôt et remet aux deux syndics des marteaux à l'aide desquels ils jurent de briser le chef-d'œuvre de l'horloger. ROMBALT les encourage, les conduit jusqu'à la porte de la tour et rentre chez lui en se frottant les mains, non sans avoir d'abord fait un geste de menace vers la demeure de KARL.

La scène est vide.

La statue de St. Martin s'illumine de nouveau et l'on voit JEF et PIT porteurs de leurs gros marteaux qui montent l'escalier extérieur. Ils arrivent enfin à l'horloge, soulèvent le voile qui la cache et disparaissent.

On entend aussitôt un bruit épouvantable; ce sont les deux syndics qui accomplissent leur besogne sacrilège.

Tout redevient obscur.

Nuit profonde.

[Le Lever du jour]

Lever du jour. Au loin les coqs se répondent. Les oiseaux s'éveillent...

Des badauds arrivent sur la place, peu à peu la foule augmente.

Le tableau s'anime.

[Le Cortège de l'Échevin]

Le cortège de l'Échevin etc., etc., fait une bruyante entrée.

Fanfares et Tambours

DANSE FLAMANDE.

ROMBALT et sa fille sortent de chez eux. KARL paraît également sur la place. Il se jette aux pieds de BERTHA implore ROMBALT, mais celui-ci, ironique, renouvelle sa promesse de le prendre pour gendre si la Carillon célèbre l'entrée du Duc.

L'Échevin consulte une montre. Des gardes se sont glissés aux côtés de KARL, prêts à le saisir, si l'heure ne sonne pas. BERTHA, qui veut retarder l'instant fatal où son amant sera arrêté, s'approche de l'Échevin et par mille gracieuses surprises essaie de lui faire oublier l'heure. L'Échevin proteste. ROMBALT menace. La foule prend plaisir et s'intéresse à ce jeu.

[Valse de Bertha]

BERTHA a réussi à dérober la montre de l'Échevin, mais celui-ci s'en empare de nouveau, la regarde, fait un geste... La foule attend avec anxiété...

[Le Carillon]

Tout à coup, le Carillon se fait entendre, le voile de l'horloge est arraché. JEF et PIT, transformés en « Jacquemarts » par saint Martin, sonnent l'heure en frappant alternativement de leur marteau les grosses cloches de bronze qui surmontent le cadran.

BERTHA tombe dans les bras de Maître KARL. ROMBALT bénit les deux amants.

Au fond passe le cortège du Duc. Maître KARL se prosterne. Le Duc lui jette une chaîne d'or au cou et continue sa marche. Acclamations.

Annexe 3

SOUVENIRS D'ERNEST VAN DYCK RELATIFS À SA COLLABORATION AVEC MASSENET[1]

A – C. L. De Moncade, « Van Dyck », *La Liberté*, 15 novembre 1903

À Paris je me mis à étudier sérieusement le chant et j'eus le bonheur de faire la connaissance de Massenet. C'est grâce à lui que je pus commencer à me faire connaître, et pendant les années 1884, 1885 et 1886, j'interprétai successivement aux Concerts Lamoureux *La Damnation de Faust*, de Berlioz, *Tristan et Isolde*, de Wagner[2], et *Le Chant de la cloche*[3] de Vincent d'Indy. [...]

J'ai eu la grande joie – et ce sera un des meilleurs souvenirs de ma carrière artistique – de créer *Werther*, de Massenet, à l'Opéra de Vienne. M. Carvalho, alors directeur de l'Opéra-Comique, n'avait pas voulu monter cette œuvre, la trouvant trop triste.

Je me souviendrai longtemps de la première répétition à laquelle assista Massenet. Les interprètes se tenaient sur la scène de l'Opéra de Vienne, attendant le maître. Massenet parut, salua à peine, puis, se dirigeant vers le piano, il se laissa tomber sur le tabouret et éclata en sanglots. Nous étions tous silencieux, horriblement impressionnés. Sa crise calmée, le maître se mit au piano et l'interprétation commença.

Je suis très, très heureux d'interpréter devant le public parisien, *Manon* et *Werther*[4], de ce merveilleux musicien pour lequel j'ai une si profonde admiration.

B – Ernest Van Dyck, « Jules Massenet par un de ses interprètes », *Le Guide musical*, 51e année, N° 52, 24 décembre 1905, p. 846-847

[note préliminaire :] Sous ce titre, le supplément théâtral (*Theater-Zeitung*) du *Fremden-Blatt* de Vienne, numéro du 16 novembre, publiait un petit article signé « Ernest Van Dyck, k.u.k. Kammersänger », dont il nous a paru intéressant de donner ici la traduction, car il est piquant et d'idées très justes. H.[enri] De C.[urzon]

Il y a des grâces d'état [*sic*]. En 1883, quand je fus présenté à Massenet, il était le « jeune maître ». – Il fut le « jeune maître » dès le Conservatoire, car sa maîtrise lui vint comme un don des

1. Ces transcriptions ont été effectuées selon les feuillets de presse conservés dans les « Livres d'Or » rassemblant les coupures de presse de la carrière d'Ernest Van Dyck (Archives privées).

2. Dans son compte rendu du dernier concert de Lamoureux, le chroniqueur du *Ménestrel* écrit : « Cette saison a été fertile en succès pour M. Van Dyck ; après avoir su marquer d'une empreinte personnelle le rôle du Faust de la *Damnation*, il a créé avec beaucoup d'intelligence et de sens musical le rôle de Tristan. Ce sont là des titres qui, si l'on monte jamais à Paris un des drames du maître allemand, attireront certainement l'attention sur le jeune artiste. » G. Morsac, « Concerts et soirées », *Le Ménestrel*, 50e année, n° 21, 20 avril 1884, p. 166.

3. Légende dramatique pour soli, chœur et orchestre, livret, d'après Schiller, et musique de Vincent d'Indy, créée sous la direction de Charles Lamoureux, le 25 février 1885, à Paris.

4. Voir annexe 4 : liste des œuvres de Massenet chantées par Ernest Van Dyck. Le ténor belge ne chantera en définitive que *Werther*.

Muses; et aujourd'hui, sa Muse est encore celle du jeune maître qu'il fut, qu'il est et qu'il restera toujours.

La nature de son tempérament, son élégance et sa grâce natives sont des dons qui lui ont été prodigués, et sa personnalité captivante, sa facilité, sa clarté si essentiellement française, sont la caractéristique même de son talent.

Les compositeurs de « simili-Wagner », en France et un peu partout, ont dirigé plus d'un assaut contre l'auteur de *Werther* et de *Manon*[5], mais ni le mépris ni la mauvaise foi n'ont prévalu contre la très honnête et très personnelle musique de Massenet. Sa vie fut heureuse et sereine. Les honneurs lui vinrent avec le succès, à leur heure, comme une chose toute naturelle. Il ne fut jamais un « méconnu » comme Berlioz, ni un aigri comme... tant d'autres. De là la sûreté de son talent, la confiance si complète qui l'anime et qui lui permet, avec une souplesse peu commune, d'aborder tous les genres. Car Massenet est surtout un peintre de genre, et c'est ainsi qu'on doit le juger.

Les dévots de Michel-Ange qui iraient critiquer un Chardin au sortir de la Sixtine seraient impardonnables. C'est cependant ce qui se fait tous les jours en musique.

Il semble que pour l'art dramatique musical, il n'y ait qu'un critérium : celui que les compositeurs de « simili-Wagner », dont je parlais tout à l'heure, ont imposé. Si nous nous en rapportions à ces farouches aristarques, et si nous osions établir un rapprochement entre la musique et la peinture, il suffirait de Rubens, de Michel-Ange et des autres Titans de la palette : ni Boucher, ni Fragonard, ni Greuze n'auraient le droit d'exister.

Or, Massenet est, en musique, de la même race que Boucher en peinture. L'étude des grands maîtres ne lui a pas ravi sa personnalité : il est le musicien français par excellence, dont les œuvres maîtresses vivront, aux feux de la rampe, à côté des drames lyriques les plus grandioses, comme celles de Boucher auront toujours, à la cimaise des musées, une place de choix à côté des Madones les plus réputées.

À Vienne, on n'a appris à apprécier, de Massenet, que les deux œuvres que je fus appelé à y créer. *Le Cid* ne fut pas un triomphe[6] : l'œuvre manque de souffle, et Corneille lui fait du tort.

Mais *Manon* !

Je me souviens, comme si c'était d'hier, comment Jahn, pendant l'été de 1890 (que je passai au château de Maria-Enzersdorf), me donna à choisir entre *Le Barbier de Bagdad*[7] et *Manon*. Dans le grand salon de cette belle demeure, avec Hans Paumgartner, mon ami regretté, nous déchiffrions les strophes de Saint-Sulpice ou les plaintes de l'amoureux Noureddin. Et j'hésitais, ayant une grande admiration pour Cornelius. Mais le rôle de Noureddin était très haut perché, et celui de Des Grieux me tentait fort ; de sorte qu'enfin nous nous mîmes à l'étude, Mlle Renard et moi.

Ni la direction, ni l'intendance de l'Opéra n'avaient confiance dans le succès de *Manon*. On ne dépensa pas même 5000 couronnes pour la monter... ; quelques vieux décors rapportés, quelques costumes neufs... ; et je me rappelle les protestations de Massenet lorsqu'on voulut faire jouer la scène du séminaire dans les décors de l'église de *Faust* ! ! (Authenthique.) Et voici que, pièce et musique, ce fut un tel triomphe qu'il se prolongea à travers les interprétations les plus diverses. Qui ne s'en souvient à Vienne ?

Au même titre que *Carmen*, *Manon* est une pièce essentiellement française, qui a droit de cité partout. Car il y a une chose absolue en art : c'est que, seules, les œuvres profondément nationales sont universelles.

Après le succès de *Manon*, Massenet reconnaissant donna à l'Opéra de Vienne la primeur – la toute première – d'une œuvre qu'il affectionnait particulièrement : *Werther*.

---

5. Van Dyck vise sans doute Vincent d'Indy.

6. Créé le 30 novembre 1885 au Palais Garnier, *Le Cid* est représenté à Vienne le 22 novembre 1887 dans une traduction allemande de Max Kalbeck, avec Hermann Winkelmann dans le rôle-titre et Mlle Schlager dans celui de Chimène.

7. L'opéra de Cornelius sera en définitive donné en complément du *Carillon*. Voir lettre 79.

Jahn le monta avec amour, et cette fois, on fit des frais. Les quatre tableaux de *Werther* furent des chefs-d'œuvre, et le succès le plus complet répondit à notre attente. Le directeur de l'Opéra-Comique de Paris, Carvalho, avait refusé de jouer la pièce sous prétexte que c'était un ouvrage triste ! ! ? Mais après le succès de Vienne, toutes les portes s'ouvrirent et *Werther* prit sa place au répertoire de tous les théâtres.

C – LOUIS SCHNEIDER, « MASSENET ET SES INTERPRÈTES : CONVERSATION AVEC M. VAN DYCK », *LE GAULOIS*, 18 AOÛT 1912

Bayreuth, 15 août 1912.

J'ai appris, en arrivant à Bayreuth, la mort si inattendue de notre grand, de notre cher Massenet, le maître de la musique française de théâtre. Cette nouvelle a couru comme une traînée de poudre parmi les spectateurs ; il semble que ce public dilettante et artiste a compris tout aussitôt la perte que vient de faire notre pays, et trois noms d'œuvres lyriques voltigeaient de bouche en bouche, trois noms qui immortalisent Massenet – trois fleurs, hélas ! jetées sur son cercueil : *Manon*, *Werther*, *Le Jongleur de Notre-Dame*[8], l'amour léger, l'amour profond et tragique, l'amour mystique, trois évolutions psychologiques de l'être humain, trois musiques de l'âme.

Mais je n'ai pas à faire ici une étude du compositeur ; je ne veux pas non plus me laisser aller à dire combien sera pleuré le Maître par tous ceux qui ont eu la bonne fortune de l'approcher, de le fréquenter ; ceux-là seuls savent quel ami s'en va, quel être de bonté et de bienveillance ils viennent de perdre. Et ce sera la seule fois que Massenet aura pour eux été la cause d'un chagrin.

Parmi bien des lettres, précieuses par l'affection qu'il m'a toujours témoignée, j'en conserverai pieusement une, qu'il m'écrivait d'Egreville, le 31 juillet ; il me disait :

> Je vous envoie mes adieux, bon ami. Sais-je si je vous reverrai ? Mais si je partais pour *là-bas*, que personne ne se dérange ! Je veux qu'on m'emporte à huit heures du matin, avant que les amis de Paris aient eu le temps de venir en chemin de fer. Mon *local* est prêt, mais surtout qu'on ne prépare pas de discours ! ...

Cette lettre, d'une simplicité si mélancolique, prend aujourd'hui l'allure d'une véritable prophétie, après m'être apparue, au moment où elle me parvint, comme une macabre plaisanterie. Car jamais nul n'aurait pu supposer que la fin de Massenet fût si proche[9]...

Tandis que la foule des spectateurs de Bayreuth s'engouffrait dans le temple d'où allaient s'éveiller, s'animer, jaillir les mystérieuses et magiques sonorités de *L'Or du Rhin*, j'ai eu la bonne fortune de rencontrer Ernest Van Dyck, le grand ténor, qui, ces jours-ci, va revêtir à nouveau la blanche tunique et le haubert d'argent des chevaliers du Graal et triompher une fois de plus devant le parvis du Montsalvat. Ernest Van Dyck n'est pas seulement l'admirable Parsifal que vous savez, il a aussi créé *Werther* de Massenet à Vienne. Il m'a semblé que, mêlé jadis à l'existence du grand compositeur, il pourrait me confier quelques souvenirs intéressants sur l'œuvre du maître.

—Le *Cid* n'avait remporté à Vienne, me dit-il, qu'un succès simplement honorable. Le directeur de l'Opéra de Vienne, M. Jahn, avait foi en Massenet ; il tenait à lui donner une revanche. Or, sa foi se manifestait de façon curieuse : il croyait à Massenet, mais il avait résolu de jouer

8. « Miracle » en trois actes, livret de Maurice Léna, créé le 18 février 1902 à Monte Carlo.

9. Auteur de la première importante biographie consacrée au compositeur, lequel en a supervisé la conception (*Massenet*, Paris, Carteret, 1908), Louis Schneider, qui était ensuite en relation constante avec Massenet, ne pouvait ignorer que son état de santé s'était considérablement détérioré depuis 1910. Il s'agit donc d'un pieux mensonge pour masquer la réalité, information que les proches de Massenet avaient passé sous silence.

Manon sans faire aucuns frais de costumes ni de décors. J'avais débuté dans *Lohengrin*; à la suite de ce début des plus heureux, mon directeur décida de me confier la création du rôle de Des Grieux; mais, en même temps, il me fit parvenir deux partitions, celle de *Manon*, de Massenet, et celle du *Barbier de Bagdad*, de Peter Cornélius, en me demandant de choisir. Il avait eu soin d'ajouter, dans la lettre qui accompagnait l'envoi de ces deux œuvres, qu'il n'augurait pas grand'chose de la carrière de l'une comme de l'autre. Je dois ajouter que moi-même, après avoir lu la partition de Massenet, je fus enchanté de la musique, mais que la réussite de l'œuvre devant le public de Vienne me parut fort problématique : le sujet, à mon avis, était trop français pour les spectateurs viennois. Je me mis au surplus avec ardeur à l'étude, et l'événement se chargea de me donner un éclatant démenti.

Massenet arriva de Paris pour présider aux répétitions de son œuvre. *Manon* avait été montée très parcimonieusement par Jahn. Dès que le compositeur vit le décor de l'acte de Saint-Sulpice, il s'écria :

« — Mais c'est le décor de l'église de *Faust*. Je ne veux pas de Gounod dans mon ouvrage. Il me faut une sacristie blanchie à la chaux. Vous voulez donc tuer ma *Manon* ?

« — Le directeur, devant une pareille catilinaire, n'avait plus qu'à s'exécuter : il fit faire la sacristie blanchie à la chaux qu'exigeait Massenet. La répétition eut lieux, comme toujours à l'Opéra de Vienne, à dix heures du matin. Depuis ce moment jusqu'à deux heures de l'après-midi, c'est-à-dire jusqu'au baisser du rideau, ce fut un triomphe. Il y avait vingt journalistes dans la salle et environ quarante autres personnes, amis du directeur ou des artistes; il me fallut bisser l'air : « Ah ! fuyez, douce image », puis le duo avec Mlle Marie Renard, et l'acte de Saint-Sulpice tout entier. Ce fut du délire. Même succès triomphal devant le vrai public. On vit accourir au théâtre des gens qui ne mettaient jamais les pieds dans une salle de spectacle…

« — Vous comprenez, continue Van Dyck, que le directeur Jahn n'était pas moins enchanté que le public. Il demanda à Massenet s'il ne pourrait pas lui réserver une autre œuvre, mais cette fois une primeur. Jahn tombait bien; car précisément, Carvalho, directeur de l'Opéra-Comique, venait de refuser *Werther*. « C'est une pièce trop triste, disait-il. Un coup de pistolet au dénouement ! Mais vous n'y songez pas ! » Massenet avait remporté sa partition. Il fut ravi de la présenter au directeur de l'Opéra de Vienne.

Au commencement de janvier 1892 (la première eut lieu le 16 février), il vint dans la capitale de l'Autriche pour mettre son œuvre au point. Les répétitions ne furent pas houleuses, mais il s'y échangea néanmoins parfois des propos aigres-doux. Massenet n'était pas satisfait de certains détails. Le duo final, pendant lequel la neige ne cessait de tomber, lui semblait mal réglé. Massenet nous faisait recommencer vingt fois ce duo, à Mlle Renard et à moi. À un certain moment, un peu énervé par ces tâtonnements, je me permis de dire au compositeur :

« — Je vous supplie, maître, de laisser la neige tranquille et de nous permettre de chanter votre belle œuvre.

Et Massenet de répliquer vivement :

« — Monsieur, jouez bien votre scène et ne m'en faites pas. »

Quand la répétition fut terminée, nous attendions, ma femme et moi, comme chaque jour, Massenet à déjeuner. Ce jour-là, il ne parut pas… Au bout d'une heure nous allions nous mettre à table, quand la bonne vint nous dire que Massenet était là depuis longtemps, mais qu'il lui avait défendu de nous prévenir, parce que, brouillé avec moi, il voulait déjeuner dans la cuisine ! Est-il utile d'ajouter que cette brouille ne dura guère, et qu'au bout de cinq minutes. Massenet, ma femme et moi nous étions réunis dans la salle à manger ?

Le jour de la première arriva, et *Werther* fut acclamé. Le directeur Jahn avait, cette fois, monté l'œuvre luxueusement; mais il était très soucieux. « Ce ne sera pas le succès de *Manon*, dit-il; les Viennois sont trop préoccupés et déroutés par le *Werther* de Goethe. » Le directeur eut tort : la réussite se dessina complète. On fut séduit par l'émotion, par le sentiment musical de cette partition...

Ce que Van Dyck ne dit pas, c'est qu'il eut une grosse part dans ce succès; il avait compris, fouillé, en grand artiste, tout ce que le rôle de Werther contient d'infinie douleur, d'immense désolation. Les créateurs de *Werther*, à Vienne, étaient le baryton Neidl, qui chantait Albert; la basse Mayerhoffer [10], qui jouait le Bailli. Mlle Renard fut des plus touchantes dans Charlotte, et la jolie Mlle Forster fut inimitable dans Sophie [11].

Cette interprétation du rôle de Werther eut pour Van Dyck une suite inattendue : l'excellent ténor devint le collaborateur de Massenet pour un ballet qui s'appelait le *Carillon*. Mais je laisse à nouveau la parole à mon interlocuteur :

— Le directeur Jahn, au cours des répétitions de *Werther*, s'avisa que la partition de Massenet était un peu courte pour former un spectacle de la durée réglementaire. Il m'en parla; j'avais un scénario de ballet tout prêt, composé autrefois avec mon ami Camille de Roddaz; je le proposai à Massenet qui se mit à l'œuvre tout aussitôt. En quelques jours, il écrivit la partition [12]. Je vois encore devant moi le manuscrit qu'il nous apporta. C'était le moment où le maître travaillait à *Thaïs*; il avait parsemé la musique du *Carillon* de réflexions concernant *Thaïs* et sa gracieuse interprète Sibyl Sanderson [13].

Je n'eux, au surplus, pas de chance avec ce *Carillon*. Les ballets à l'Opéra de Vienne étaient l'apanage du maître de ballet et d'un des chefs d'orchestre. Il me fallut céder devant les obstacles de toutes sortes qui me furent soulevés; notre ballet ne fut représenté qu'une dizaine de fois.

Ce que fut Massenet pour Van Dyck, il le fut pour tous ses interprètes; Van Dyck me disait, avec les larmes dans les yeux, que ses heures de travail aux côtés de Massenet étaient pour lui les souvenirs les plus délicieux de sa carrière d'artiste. Je n'ai voulu, en rapportant ces impressions d'un des plus glorieux interprètes du Maître, que montrer combien curieuse, attachante était la personnalité de notre grand disparu.

---

10. Voir annexe 4 : liste des œuvres de Massenet chantées par Ernest Van Dyck.

11. Voir lettres 37 et 51.

12. Rappelons que le ballet ne sera pas créé avec *Werther* mais, quelques jours plus tard, en complément du *Barbier de Bagdad* de Cornelius.

13. Le folio 36 de la réduction pour piano du *Carillon* (Bibliothèque nationale de France, Bibliothèque-musée de l'Opéra, Rés 2188) porte en effet une note autographe qui, datée du 9 août 1891, fait allusion à *Thaïs* que le compositeur mettra sur le métier à la fin de l'année 1891 : « pense à Thaïs – je me déciderai ». En revanche, si plusieurs notes du manuscrit d'orchestre du *Carillon* (Bibliothèque nationale de France, Bibliothèque-musée de l'Opéra, Rés. 554) évoquent Sibyl Sanderson, elles concernent avant tout la reprise de *Manon* à l'Opéra-Comique en octobre 1891 où la soprano triomphera. D'autres font encore allusion à Van Dyck, présent à Paris pour la création de *Lohengrin* au Palais Garnier : « Paris – mardi 15 sept. /91 / demain 1re Lohengrin à l'Opéra » / « Jeudi – (grand succès Van Dyck ! !) » (f. 1); « Paris – mercredi 23 sept / 91. 11h ½ matin. / aujourd'hui 3e répétition en scène de Manon (reprise à l'Op. Comique) » (f. 36); « Paris – 2 oct[obre] / 91 – matin / hier dîner chez Mme & Mlle Sanderson – (Gille, Van Dyck, Boyer...) » (f. 81).

ANNEXE 4

LISTE DES ŒUVRES DE MASSENET CHANTÉES PAR ERNEST VAN DYCK[1]

Saison 1890-1891

19 novembre 1890 au 28 avril 1891
Vienne, Hofoper (3 e saison pour Ernest Van Dyck)
Manon en allemand, dans une traduction de Ferdinand Gumbert
Ernest Van Dyck (Des Grieux)
Marie Renard (Manon)

19 mai 1891 au 8 juin 1891 : 4 représentations
Londres, Covent Garden
Manon en français
Ernest Van Dyck (Des Grieux)
Sibyl Sanderson (Manon)

Saison 1891-1892

12 novembre 1891 au 18 avril 1892 : 10 ou 11 représentations
Vienne, Hofoper (4 e saison pour Ernest Van Dyck)
Manon en allemand
[20 mars 1892 : 20 e représentation]

16 février 1892 au 16 mai 1892 : 11 représentations
Vienne, Hofoper
Werther en allemand, dans une traduction de Max Kalbeck
Ernest Van Dyck (Werther)
Marie Renard (Charlotte)
Mlle Forster (Sophie)[2]
Franz Neidt (Albert)[3]
Carl Mayerhofer[4] (le Bailli)

16 mars 1892
Vienne, Concert privé dans les salons de chez Mme Schenk[5]
Extraits de *Werther*

---

1. Cette liste a été établie d'après les agendas personnels de l'épouse d'Ernest Van Dyck, Augusta Servais (Archives privées). Les deux dates sous chaque saison correspondent respectivement à la première représentation de la saison (soit création de l'œuvre, soit reprise de celle-ci), la seconde à la dernière de la saison. Les répétitions générales ne sont pas prises en compte.

2. Sur ces deux interprètes, voir lettres 37 et 51.

3. Après ses débuts en 1885, le baryton autrichien Franz Neidl (1855-1926) est engagé en 1889 au Hofoper de Vienne où il interprète, entre autres, le Hollandais volant, Nelusco (*L'Africaine*) ou encore Wotan.

4. Membre du Hofoper de Vienne depuis 1854, la basse autrichienne Carl Mayerhofer (1828-1913) s'illustre surtout dans des rôles de basse-bouffe.

5. Personnalité non identifiée.

8 mai 1892
Vienne, Concert privé dans les salons du prince Constantin de Hohenlohe [6]
Extraits de *Werther*

27 mai 1892 : 1 représentation
Londres, Covent Garden
Manon avec Zina de Nuovina [7]

13 juin 1892
Paris, concert privé dans les salons de Mme Ayer [8]
Extraits de *Werther* et *Manon* avec Sibyl Sanderson

Saison 1892-1893
6 septembre 1892 au 20 mars 1893 : 23 représentations
Vienne Hofoper (5 e saison pour Ernest Van Dyck)
Manon
[11 octobre 1892 : en présence des empereurs Guillaume et François-Joseph]
[20 mars 1893 : 50 e représentation]

24 septembre 1892 au 6 mars 1893 : 7 représentations
Vienne, Hofoper
Werther

Saison 1893-1894
4 septembre 1893 au 13 mars 1894 : 8 représentations
Vienne, Hofoper (6 e saison pour Ernest Van Dyck)
Werther

17 septembre 1893 au 19 mars 1894 : 7 représentations
Vienne, Hofoper
Manon

3 mars 1894 : 1 seule représentation
Nice, Casino
Manon

13 avril au 19 avril 1894 : 3 représentations
Saint-Pétersbourg, Petit Théâtre [9]
Werther
[17 avril : présence du grand-duc Alexis]

3 mai 1894 : 1 seule représentation
Bruxelles, Théâtre royal de la Monnaie
Werther

---

6. Constantin de Hohenlohe (1828-1896) est marié à Marie de Sayn-Wittgenstein (1837-1920). Celle-ci est la fille de Carolyne de Sayn-Wittgenstein (1819-1887) qui fut la compagne de Liszt.

7. La soprano moldave Marguerite-Zinah de Nuovina (1867- ?) fait ses débuts au Théâtre de la Monnaie, le 27 novembre 1889, dans *Esclarmonde*. Delibes lui destinait *Kassya* qu'elle crée à l'Opéra-Comique en 1893.

8. Voir lettre 70.

9. Dans son numéro du 22 avril 1894 (« Nouvelles diverses », n° 16), *Le Ménestrel* écrit : « M. Édouard Colonne rentrera cette semaine à Paris, après avoir remporté à Pétersbourg, pendant la courte saison d'opéra français qu'il vient d'y diriger, de véritables triomphes. Après la première représentation de *Werther*, on ne l'a pas rappelé moins de dix fois sur la scène, à l'égal du célèbre ténor Van Dyck. » Ce dernier y interpréta *Werther* pour la première fois en français comme il le fera à Bruxelles en mai de cette même année.

Saison 1894-1895
5 septembre 1894 au 29 mars 1895 : 4 représentations
Vienne, Hofoper (7 e saison pour Ernest Van Dyck)
Manon

14 septembre 1894 au 2 avril 1895 : 4 représentations
Vienne, Hofoper
Werther

Saison 1895-1896
22 septembre 1895 au 30 décembre 1895 : 2 représentations
Vienne, Hofoper (8 e saison pour Ernest Van Dyck)
Manon

4 octobre 1895 au 23 décembre 1895 : 9 représentations
Vienne, Hofoper
Das Mädchen von Navarra (La Navarraise)
Création en allemand dans une traduction de Max Kalbeck
Ernest Van Dyck (Araquil)
Marie Renard (La Navarraise)

20 décembre 1895 au 30 décembre 1895 : 1 seule représentation
Vienne, Hofoper (8 e saison pour Ernest Van Dyck)
Werther

mai 1896 : représentations annoncées mais annulées
Bruxelles, Théâtre royal de la Monnaie
Manon, *Werther*

Saison 1896-1897
27 août 1896 au 3 mai 1897 : 5 représentations
Vienne, Hofoper (9 e saison pour Ernest Van Dyck)
Manon

17 octobre 1896 au 27 avril 1897 : 4 représentations
Vienne, Hofoper
Werther

4 novembre 1896
Vienne, Petit théâtre de Schönbrunn
Mélodies de Massenet

10 décembre 1896 : 1 seule représentation
Berlin, Neues Theater
Manon avec Gemma Bellincioni [10]

24 janvier au 1 er février 1897 : 4 représentations [11]

---

10. Après avoir participé à la création de *Cavalleria rusticana* en 1890, Gemma Bellincioni (1864-1950) excelle dans le répertoire vériste, collaborant notamment avec Giordano pour *Fedora*. Elle reste aussi une interprète légendaire du rôle-titre de *Salomé* qu'elle crée en Italie en 1906 sous la direction de R. Strauss. Bellincioni impose aussi *Sapho*, lors de la création à Milan en 1898 devant Massenet, lequel se félicitera plus tard d'avoir eu comme interprète « la "Duse" de la tragédie lyrique. » (Jules Massenet, *Mes Souvenirs*, éd. Gérard Condé, Paris, Éditions Plume, 1992, p. 211).

11. Voir lettre 114.

Saint-Pétersbourg, Théâtre impérial
Manon avec Sibyl Sanderson

[1er février : le tsar Nicolas II fait appeler Van Dyck et le félicite]

6 mars 1897 : 1 seule représentation[12]
Monte-Carlo, Opéra
Werther

26 mai au 28 juin 1897 : 2 représentations
Londres, Covent-Garden
Manon

Saison 1897-1898
22 octobre 1897 au 30 novembre 1897 : 2 représentations
Vienne, Hofoper (10e et dernière saison pour Ernest Van Dyck[13])
Werther

22 décembre 1897 au 11 mars 1898 : 3 représentations
Vienne, Hofoper
Manon

[11 mars 1898 : dernière de *Manon*,
« manifestation grandiose –le public est fou – rappels sans fin »]

25 avril au 28 avril 1898 : 2 représentations
Bruxelles, Théâtre royal de la Monnaie
Manon

Saison 1898-1899
21 octobre 1898 au 30 avril 1899
1re tournée aux USA avec l'impresario Maurice Grau
Ernest Van Dyck est engagé comme premier ténor
Son contrat prévoit, entre autres, *Werther* et *Manon*[14] en français

10 juin 1899
Écosse, Château de Balmoral, résidence de la Reine Victoria
Mélodie de Massenet avec Carl Armbruster au piano (répétiteur de Van Dyck)[15]

Septembre 1899 : 1 seule représentation
Vienne, Hofoper (Ernest Van Dyck en représentation)
Manon

---

12. *Ibid.*

13. Après s'être brouillé avec Mahler, le 18 février 1898, Van Dyck quitte l'Opéra de Vienne le mois suivant. Au cours de ces dix années où il fut engagé dans la célèbre institution autrichienne, il a participé à quelque 315 représentations dans quinze œuvres différentes.

14. Peu d'informations sur les dates de représentations, si ce n'est *Manon* chantée en français à Chicago entre le 4 et le 27 novembre 1898.

15. *Le Ménestrel* rapporte l'événement en ces termes : « Au château de Balmoral vient d'avoir lieu un concert intime auquel assistait la reine Victoria avec les membres de sa famille et quelques personnes de la suite. M. Van Dyck défrayait seul le programme de ce concert, dans lequel figuraient deux mélodies françaises : *Au printemps*, de Gounod, et la *Sérénade du Passant*, de Massenet. » (« Nouvelles diverses », 65e année, n° 25, 18 juin 1899).

45. Jules Massenet, *Sapho*, Paris, Heugel, 1897, cotage : H. et Cie 18,648.
Page de couverture. Exemplaire d'Ernest Van Dyck (327 × 253 mm).
(Archives privées)

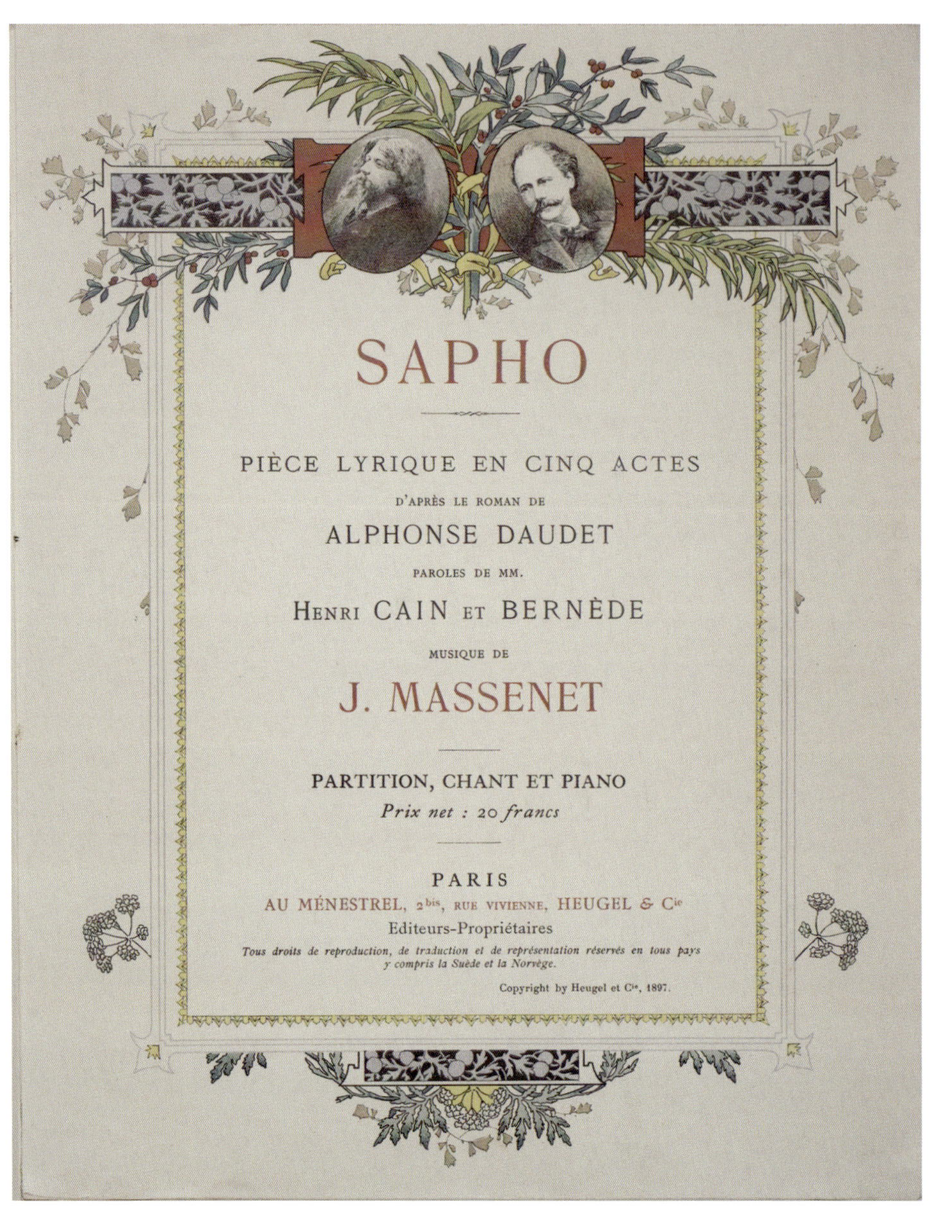

SAPHO

PIÈCE LYRIQUE EN CINQ ACTES

D'APRÈS LE ROMAN DE

ALPHONSE DAUDET

PAROLES DE MM.

HENRI CAIN ET BERNÈDE

MUSIQUE DE

J. MASSENET

PARTITION, CHANT ET PIANO

Prix net : 20 francs

PARIS

AU MÉNESTREL, 2bis, RUE VIVIENNE, HEUGEL & Cie

Editeurs-Propriétaires

Tous droits de reproduction, de traduction et de représentation réservés en tous pays y compris la Suède et la Norvège.

Copyright by Heugel et Cie, 1897.

46. Jules Massenet, *Sapho*, Paris, Heugel, 1897, cotage : H. et Cie 18,648.
Page de titre. Exemplaire d'Ernest Van Dyck (327 × 251 mm).
(Archives privées)

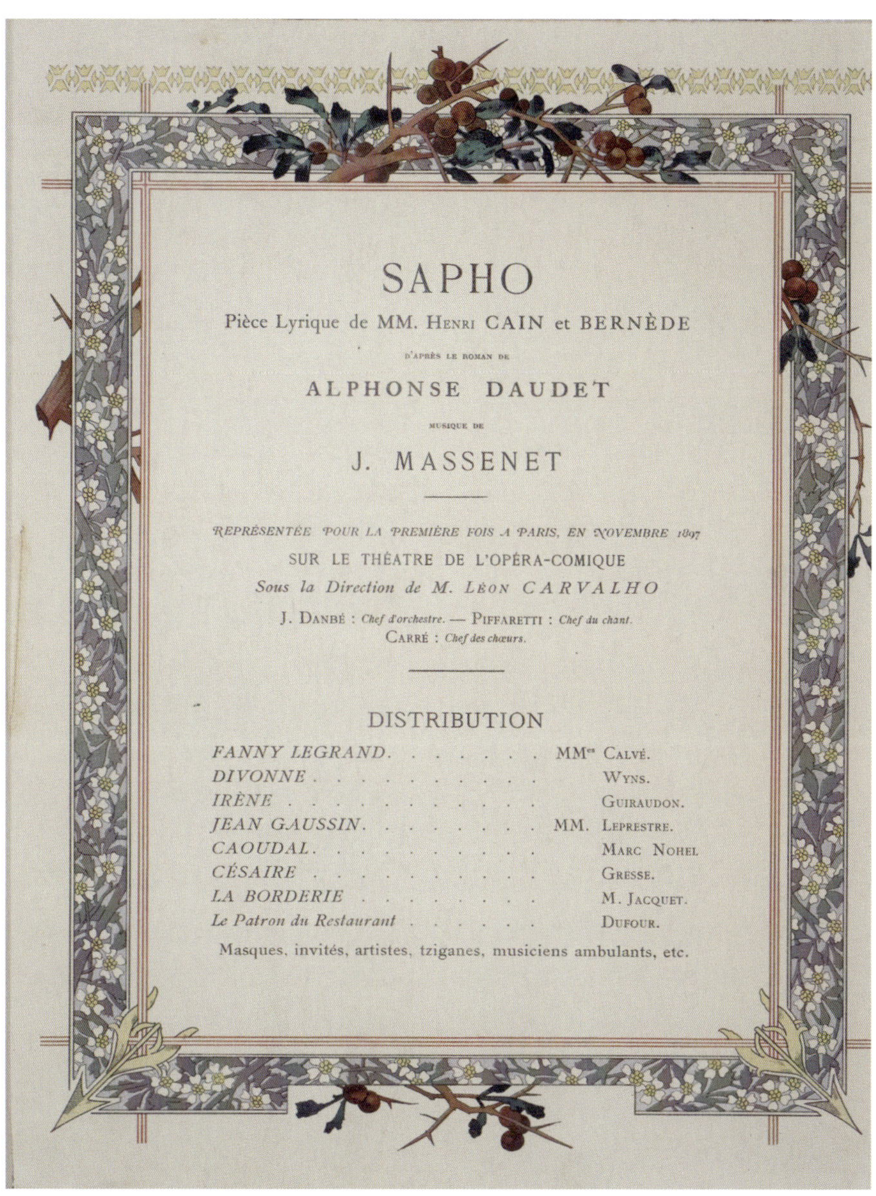

SAPHO

Pièce Lyrique de MM. Henri CAIN et BERNÈDE

d'après le roman de

ALPHONSE DAUDET

musique de

J. MASSENET

Représentée pour la première fois a Paris, en Novembre 1897
SUR LE THÉATRE DE L'OPÉRA-COMIQUE
Sous la Direction de M. Léon *CARVALHO*

J. Danbé : *Chef d'orchestre.* — Piffaretti : *Chef du chant.*
Carré : *Chef des chœurs.*

DISTRIBUTION

FANNY LEGRAND	MMes	Calvé.
DIVONNE		Wyns.
IRÈNE		Guiraudon.
JEAN GAUSSIN	MM.	Leprestre.
CAOUDAL		Marc Nohel
CÉSAIRE		Gresse.
LA BORDERIE		M. Jacquet.
Le Patron du Restaurant		Dufour.

Masques, invités, artistes, tziganes, musiciens ambulants, etc.

47. Jules Massenet, *Sapho*, Paris, Heugel, 1897, cotage : H. et Cie 18,648.
Page de distribution (327 × 251 mm). Exemplaire d'Ernest Van Dyck.
(Archives privées)

TABLE

ACTE I

Un bal costumé chez Caoudal.

ACTE II

La chambre de Jean Gaussin.

48. Jules Massenet, *Sapho*, Paris, Heugel, 1897, cotage : H. et Cie 18,648.
Table des actes I et II. Exemplaire d'Ernest Van Dyck (327 × 251 mm).
(Archives privées)

ACTE III

Le restaurant de Ville d'Avray.

ACTE IV

En Avignon.

ACTE V

La petite Maison de Ville d'Avray.

49. Jules Massenet, *Sapho*, Paris, Heugel, 1897, cotage : H. Cie 18,648.
Table des actes III, IV et V. Exemplaire d'Ernest Van Dyck (327 × 251 mm).
(Archives privées)

50. *Emma Calvé*. Photographie originale d'Aimé Dupont, New York (collée sur carton 245 × 180 mm ; avec carton : 377 × 315 mm). Porte un envoi : « A Mademoiselle Adrienne Lecouvreur / non … Van Dyck / Souvenir amical d'une / grande distraite / [signé :] Emma Calvé / 1901 ». (Archives privées)

51. *Albert Alvarez* dans le rôle d'Hercule d'*Astarté* de Xavier Leroux, [1901].
Photographie originale du studio « Arts Photographie », Du Guy, Paris (163 × 106 mm).
(Archives privées)

52. *Charles Gilibert* probablement dans le rôle de Fritz Kothner des *Maîtres chanteurs de Nuremberg*, s.d. Photographie originale du studio « The London Stereoscopic Company », Londres (166 × 106 mm). (Archives privées)

Après 1903
14 novembre au 27 décembre 1903 : 6 représentations
Paris, Opéra-Comique
Werther

12 mai 1904
Amsterdam
Werther

22 mars 1905, 8 avril 1905 et 6 octobre 1905 : 3 représentations
Prague, Théâtre royal et national de Bohême
Werther

mai 1906
Vienne, Hofoper
Werther et *Manon*

ANNEXE 5

LISTE DES PARTITIONS DE MASSENET CONSERVÉES DANS LES ARCHIVES DES DESCENDANTS DE LA FAMILLE D'ERNEST VAN DYCK

EXEMPLAIRES ANNOTÉS

– *Manon*, opéra en 5 actes et six tableaux, partition chant et piano, Paris, G. Hartmann, s.d., 391 pages.
Exemplaire de luxe avec vignettes illustrées signées « P. Avril », tirée à 50 exemplaires; exemplaire n° 23 avec couverture façon parchemin portant au milieu le titre en lettre dorées « MANON »; en page intérieure, un envoi autographe de Georges Hartmann à Ernest Van Dyck : « À vous, mon cher Van Dyck, en souvenir de / votre si remarquable Des Grieux / Un éditeur bien reconnaissant / [signé :] G. Hartmann » (illustration 9).

– *Six mélodies*, Paris, Heugel, 1902.
Exemplaire avec envoi autographe : « À Monsieur Van Dyck / en souvenir de Tristan et / Isolde au grand opéra / le 19 mai 1905 / Hommage d'Admiration profonde / J. Gruaz[1] » (illustration 6).

– *Werther*, « Drame lyrique en 3 actes et 4 tableaux », partition chant et piano, cotage [G.H. 1812]; 231 pages d'épreuves avec annotations autographes de Massenet.
Exemplaire relié par « Julius Tobak / Buchbinderei / Wien / V Mozartplatz » (étiquette au verso du plat supérieur), sans page de titre ou couverture : il s'agit d'un jeu d'épreuves destiné à Van Dyck[2]; le texte français des parties vocales a été biffé et remplacé, à la main, par un texte manuscrit allemand à l'encre rouge ou noire; transposition d'un demi-ton inférieur de l'air d'Ossian (illustration 31).

– *Werther*, « Lyrisches Drama in drei Akten und vier Bildern », Paris, Heugel & Cie, 1892, 221 pages.
Exemplaire avec envoi autographe du compositeur à Ernest Van Dyck : « à "Werther" / à Van Dÿck [*sic*], / incomparable artiste. / [signé :] J. Massenet / Wien. / 16 février 1892 » (illustration 28).

---

1. Julien Gruaz, auteur de la poésie n° 2 « Avec Toi ! », seule mélodie contenue dans la partition.

2. Un autre exemplaire similaire (nombre de pages, cotage et coupe identiques) est conservé à la Bibliothèque nationale de France, Bibliothèque-musée de l'Opéra, [Clef de sol] 2117 (2). Sur une page de garde blanche est noté au crayon noir : « [signature :] Paul Milliet / décembre 1885 / janvier 1886 / Reçu la partition le 8 mai 1888 » avec ex-libris de Charles Malherbe. Proche de Massenet, Malherbe a pu recevoir cet exemplaire de Milliet ou du compositeur qui lui offrit, en outre, plusieurs de ses manuscrits aujourd'hui conservés au département de la Musique de la Bibliothèque nationale de France.

EXEMPLAIRES SANS ANNOTATION MUSICALE OU ENVOI

– *Le Carillon*, « légende mimée et dansée », partition pour piano, Paris, Heugel, 1892, 65 pages ; un second tirage de 1905.

– *Ève*, « mystère » en 3 parties, partition chant et piano, Paris, G. Hartmann, 115 pages.

– *Hérodiade*, « opéra en 4 actes », partition pour piano seul, Paris, G. Hartmann, 185 pages.

– *Das Mädchen von Navarra* [i.e. *La Navarraise*], « Lyrische Episode » en 2 actes, Paris, Heugel, 1894, 81 pages.
Exemplaire avec mention autographe à l'encre noire, signée par Henri Heugel : « n° 13 Vienne opéra cession [signé : Heugel] ».

– *Le Mage*, [mention au crayon bleu sur la page 386 :] « Ballabile », *Le Mage*, partition d'orchestre, extrait factice de la partition d'orchestre imprimée H & Cie 8897, s.d., p. 386-489.

– *Manon*, « opéra-comique en 5 actes et six tableaux », Paris, G. Hartmann, [G.H. 1356], s.d. ; deuxième édition de 1884, 391 pages.

– *Manon*, « opera-comica in quattro atti e sei quadri », [Paris, G. Hartmann], [G.H. 1528], s.d., 383 pages ; deuxième édition mais en italien avec récitatifs (exemplaire sans couverture, page de titre et table).

– *Manon*, « oper in 4 akten und 6 Bildern », Berlin, Adolph Fürstner, [A. 2700 F.], Paris, Heugel & Cie, s.d., 292 pages ; deuxième édition en allemand.

– *Manon*, « an opera in four acts », London & New York, Paris, G. Hartmann, [1885 ?], 228 pages ; deuxième édition en anglais.

– *Manon*, « opéra-comique en 5 actes et six tableaux », Paris, Heugel, s.d. ; « Nouvelle Edition / 1895 » avec variante sans ballet et « Fabliau » en annexes, 344 pages.

– *Marie-Magdeleine*, « drame sacré » en 3 actes et 4 parties, réduction chant et piano, Paris, G. Hartmann, s.d. ; première édition, 167 pages.

– *Marie-Magdeleine*, « nouvelle édition », réduction chant et piano, Paris, G. Hartmann, s.d., 167 pages.

– *Poème d'Amour*, cycle de mélodies sur des poèmes de Paul Robiquet.
Six exemplaires : Paris, G. Hartmann, [1880], 23 p. (première édition, premier état : deux exemplaires dont un sans couverture) ; Paris, G. Hartmann, [1882-1891], 23 pages (première édition, second état : trois exemplaires ; un premier avec couverture portant la signature autographe d'Ernest Van Dyck et un cachet imprimé d'Henri Possoz sur la page de titre frontispice ; un deuxième sans couverture avec signature autographe du ténor sur la page de titre frontispice ; un troisième sans couverture) ; Paris, Heugel, [1900], 23 pages (nouvelle édition Heugel).

– *Le Portrait de Manon*, « opéra-comique en 1 acte », Paris, Heugel, 1894, 88 pages.
Deux exemplaires : le premier non découpé avec, sur la page de titre-frontispice, cachet du libraire « H. POSSOZ / musique & instruments / 20, marché aux Œufs / ANVERS » ; un second identique mais portant, sur la page de titre-frontispice, le cachet « AU MÉNESTREL / 2 bis R. Vivienne / HEUGEL & Cie »)

– *Sapho*, « pièce lyrique » en 5 actes, Paris, Heugel, 1897, réduction chant et piano avec date de création en blanc, 227 pages ; première édition.

– *20 mélodies*, premier volume, Paris, G. Hartmann, s.d.
Deux exemplaires : édition A (mezzo-soprano ou baryton) avec signature autographe d'Ernest Van Dyck sur la couverture et édition B (soprano) avec signature autographe d'Ernest Van Dyck sur la couverture. Dans l'exemplaire A figure une croix en haut des mélodies « Élégie », « À Colombine », « Nuit d'Espagne » et « Crépuscule »

– *Werther*, « drame lyrique en 4 actes et 5 tableaux », Paris, Heugel, 1892, 229 pages ; deuxième édition de novembre 1892.
Exemplaire relié avec initiales en lettres dorées « F. V. D. » sur le plat supérieur.

– *Werther*, drame lyrique en 4 actes et 5 tableaux, Paris, Heugel, 1892, tirage de 1897, 229 pages
Deux exemplaires de 1897 : le premier avec mention sur la page de titre frontispice « écrit par Iseult » puis « Ernest Van Dyck » ; le second signé « Van Dyck » sur la page de titre frontispice.

Morceaux détachés

– *Chant provençal (Mireille)*, pour chant et piano, Paris, Heugel, s.d., version pour ténor, 5 pages.

– *Le Roi de Lahore*, « Duo », n° 4, Paris, G. Hartmann, [GH 976], s.d.

– *Le Roi de Lahore*, « Arioso », n° 13 bis, Paris, G. Hartmann, [GH 913 (13bis)], s.d., 5 pages.

– *Le Roi de Lahore*, « Arioso », n° 13, Paris, G. Hartmann, [GH 953 (13)], s.d., 5 pages ; un autre exemplaire : Paris, Heugel, [1898], 5 pages.

– *Sérénade du passant*, pour chant et piano :
Quatre exemplaires : Paris, G. Hartmann & Cie, [ca 1882], 5 pages ; Paris, Heugel & Cie, [1909], 5 pages ; Mayence B. Schott's Söhne, s.d., 3 pages (2 exemplaires).

– *Manon*, « Ah ! fuyez, douce image », Paris, G. Hartmann, s.d., 5 pages.

– *Manon*, « duo de la rencontre », acte I, Paris, G. Hartmann, s.d., 17 pages.

– *Manon*, « Le Rêve de Des Grieux », acte II, Paris, G. Hartmann, s.d., 5 pages.

– *Manon*, « Duo du séminaire », acte III, Paris, G. Hartmann, s.d. (2 exemplaires) ; Paris, Heugel & Cie, [1891], 15 pages (2 exemplaires).

– *Le Portrait de Manon*, « Souvenirs de Des Grieux », Paris, Heugel & Cie, 1894, 9 pages (2 exemplaires).

INDEX

TABLE DES MATIÈRES

CAMILLE SAINT-SAËNS

Écrits sur la musique et les musiciens 1870-1921

présentés et annotés par
Marie-Gabrielle Soret

Camille Saint-Saëns (1835-1921) est omniprésent sur la scène musicale française durant une carrière d'une exceptionnelle longévité. Compositeur fécond, pianiste et organiste virtuose, fondateur de la Société Nationale de Musique, chef d'orchestre, pédagogue, poète, librettiste, et infatigable épistolier, cet esprit encyclopédique est aussi célèbre pour ses prises de position affirmées ; il a la plume acérée et le parler franc. Son esprit militant fait de lui l'un des porte-parole des compositeurs de sa génération.

Pendant plus de cinquante années, du début des années 1870 à sa mort, ses articles paraissent dans les journaux. Aux critiques de spectacles des premières années, viennent bientôt s'ajouter des débats d'opinion, des lettres ouvertes au ton polémique, des notes, des billets, des exposés, des portraits, des récits ou des anecdotes.

Certains textes ont été republiés en recueils, du vivant même de leur auteur, beaucoup d'autres ont vécu l'existence éphémère des articles de journaux. Cette édition les sort de l'oubli. Elle rassemble 435 écrits de Saint-Saëns et les replace dans leur chronologie. Elle met en lumière la pensée du musicien, ses goûts et ses choix artistiques, tout en révélant ceux de ses contemporains ainsi que leurs engagements esthétiques ou politiques.

Ces écrits contribuent à brosser le portrait d'une forte personnalité et un vivant tableau de l'histoire de la musique en France sous la Troisième République.

Marie-Gabrielle Soret est conservateur au Département de la musique de la Bibliothèque nationale de France, docteur en musicologie, chercheur associé à l'Institut de recherche sur le patrimoine musical en France (CNRS).

« MusicologieS », 1160 pages, 2012, 52 €
www.vrin.fr

LA SYMPHONIE DANS LA CITÉ

Lille au XIXe siècle

par Guy GOSSELIN

Tout au long du XIXe siècle, la place accordée à la pratique musicale collective dans le nord de la France et notamment à Lille est considérable. Toutefois aucun ouvrage jusqu'à présent n'avait encore été consacré à l'un de ses aspects les plus spécifiques, à savoir l'engouement exceptionnel des auditeurs et des musiciens eux-mêmes pour le concert symphonique. Des festivals grandioses où brillent des interprètes renommés et des compositeurs tels que Berlioz ; des sociétés dynamiques à même de créer plus d'un chef-d'œuvre avant Paris ; de grands ensembles que dirigent tantôt un Alfred Cortot, tantôt l'une des premières femmes chef d'orchestre, constituent autant de précieux témoignages qui, le siècle durant, confèrent à la ville son surnom bien mérité : « Lille, la mélomane ».

Dans une cité douée d'une intense vie politique et économique, l'analyse d'une des formes essentielles de sociabilité démontre le lien profond et permanent qui unit les pratiques symphoniques aux représentants des milieux industriels. La passionnante découverte de toute une richesse insoupçonnée s'offre alors au musicologue, au musicien ou au mélomane pour qui l'apport de riches illustrations agrémente encore la lecture.

Guy Gosselin est professeur des universités à l'université François-Rabelais de Tours, membre de l'équipe de recherche Études transversales en Musicologie et participe à des programmes de recherche au sein de l'IRPMF (CNRS-UMR 200), Paris. Il est l'auteur de nombreuses publications sur l'histoire sociale de la musique et plus spécialement sur la vie musicale dans les provinces du nord de la France au XIXe siècle.

« MusicologieS », 480 pages, 2012, 48 €
www.vrin.fr

GÉNÉALOGIES DU ROMANTISME MUSICAL FRANÇAIS

Olivier Bara et Alban Ramaut (dir.)

La vie musicale entre 1787 et 1830, de la mort de Gluck à la création de la *Symphonie fantastique* de Berlioz, délimite l'espace d'investigation, autant chronologique que géographique, de cet ouvrage. Sur quelles lignes de force a pu se construire une conscience romantique musicale dans la capitale française jusqu'à l'affirmation de 1830 ?

Diverses approches croisées entre spécialistes de la littérature, historiens et musicologues articulent, à partir de cette question, le dialogue ici proposé.

Une enquête lexicale puis philosophique autour du mot « romantisme », de ses significations pour la critique et de ses matérialisations sonores, fonde l'échange. L'ouvrage s'applique ensuite à mettre en lumière les liens complexes qui unissent les générations successives ou contemporaines. La transmission intergénérationnelle passe par les figures tutélaires que furent Beethoven, Méhul et Rossini, Berlioz et Gluck , mais aussi par la nouvelle figure du chef d'orchestre. Le romantisme naissant est enfin ressaisi à partir de ses géographies réelles ou imaginaires : l'Europe du nord, avec Ossian et Walter Scott, les parcours de musiciens entre France, Italie et Allemagne, avec Cherubini et Spontini, le glissement des pays archaïques et mythiques aux contrées plus réelles dans les livrets d'opéra de Rossini, l'ouverture d'un romantisme européen avec Stendhal, l'attention même aux musiques extra-européennes avec Lamartine.

Plus souvent construites que subies, ces « généalogies » du romantisme musical français, contribuent à révéler l'identité parisienne d'un phénomène européen, ouvert et interrogateur.

Olivier Bara est professeur de Littérature française du XIXe siècle et d'Arts de la scène à l'Université Lyon 2, membre de l'UMR 5611 LIRE.

Alban Ramaut, ancien élève du Conservatoire National Supérieur de Musique et de Danse de Paris, est professeur de Musicologie à l'Université Jean Monnet de Saint-Étienne, membre de l'UMR 5611 LIRE.

Avec la collaboration de Olivier Bara, François Bernard, Xavier Bourdenet, Mark Everist, Julien Garde, Malou Haine, Arnold Jacobshagen, Martin Kaltenecker, Sophie-Anne Leterrier, Gaëlle Loisel, Sarga Moussa, Alban Ramaut, Emmanuel Reibel, Rainer Schmusch et Nicolas Southon.

« MusicologieS », 288 pages, 2012, 28 €
www.vrin.fr